LAG Nordrhein-Westfalen

Probleme und Perspektiven räumlicher Planung
in Nordrhein-Westfalen

CIP-Kurztitelaufnahme der Deutschen Bibliothek

Probleme und Perspektiven räumlicher Planung in Nordrhein-Westfalen:
Forschungsberichte d. Landesarbeitsgemeinschaft Nordrhein-Westfalen
d. Akad. für Raumforschung u. Landesplanung/[Autoren: Peter Schöller . . .]. –
Hannover: Schroedel, 1978.
  Veröffentlichungen der Akademie für Raumforschung
  und Landesplanung: Forschungs- und Sitzungsberichte;
  Bd. 126: LAG Nordrhein-Westfalen)
  ISBN 3-507-91490-5

NE: Schöller, Peter [Mitarb.]; Akademie für Raumforschung und Landesplanung
(Hannover)/Landesarbeitsgemeinschaft Nordrhein-Westfalen

Z-141

VERÖFFENTLICHUNGEN
DER AKADEMIE FÜR RAUMFORSCHUNG UND LANDESPLANUNG

Forschungs- und Sitzungsberichte
Band 126

Probleme und Perspektiven räumlicher Planung in Nordrhein-Westfalen

Forschungsberichte der Landesarbeitsgemeinschaft Nordrhein-Westfalen
der Akademie für Raumforschung und Landesplanung

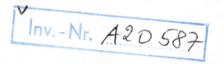

1792
Ehe wag's Dann wag's

HERMANN SCHROEDEL VERLAG KG · HANNOVER · 1978

Zu den Autoren dieses Bandes

Peter Schöller, Prof. Dr. phil., 55, Direktor des Geographischen Instituts der Ruhr-Universität Bochum, Leiter der LAG seit 1976, Korrespondierendes Mitglied der Akademie für Raumforschung und Landesplanung.

Hans-Gerhart Niemeier, Dr. jur., 69, Ministerialdirigent a. D., bis 1973 Leiter der Landesplanungsbehörde des Landes Nordrhein-Westfalen, Präsident und Ordentliches Mitglied der Akademie für Raumforschung und Landesplanung.

Egon Riffel, Dr. rer. pol., 38, Diplom-Handelslehrer, Wiss. Referent für das verwaltungswissenschaftliche Aufbaustudium an der Hochschule für Verwaltungswissenschaften in Speyer.

Heinrich Lowinski, Dr. rer. pol., Dipl.-Volksw., 44, Ltd. Ministerialrat, Gruppenleiter in der Landesplanungsbehörde des Landes Nordrhein-Westfalen, Korrespondierendes Mitglied der Akademie für Raumforschung und Landesplanung.

Hans H. Blotevogel, Dr. rer. nat., 35, Wiss. Assistent am Geographischen Institut der Ruhr-Universität Bochum.

Viktor Frhr. v. Malchus, Dr. rer. pol., Dipl.-Volksw., 49, Direktor des Instituts für Landes- und Stadtentwicklungsforschung des Landes Nordrhein-Westfalen, Ordentliches Mitglied der Akademie für Raumforschung und Landesplanung.

Paul Klemmer, Prof. Dr. rer. pol., Dipl.-Volksw., 43, Seminar für Wirtschafts- und Finanzpolitik an der Ruhr-Universität Bochum, Ordentliches Mitglied der Akademie für Raumforschung und Landesplanung.

Ernst Berg, Dr.-Ing. agr., 30, Wissenschaftlicher Assistent am Institut für landwirtschaftliche Betriebslehre der Universität Bonn.

Günther Steffen, Prof. Dr.-Ing. agr., 54, Direktor des Instituts für landwirtschaftliche Betriebslehre der Universität Bonn.

Best.-Nr. 91490
ISBN 3-507-91490-5

Alle Rechte vorbehalten · Hermann Schroedel Verlag KG Hannover · 1978
Gesamtherstellung: Th. Schäfer Druckerei GmbH, Hannover
Auslieferung durch den Verlag
ISSN 0344-0311

INHALTSVERZEICHNIS

V

Mitglieder der Landesarbeitsgemeinschaft Nordrhein-Westfalen

Die Landesarbeitsgemeinschaft stellt sich als Ganzes ihre Aufgaben und Themen und diskutiert die einzelnen Beiträge mit den Autoren. Die wissenschaftliche Verantwortung für jeden Beitrag trägt der Autor allein.

Einleitung

Es war vorauszusehen, daß die Aufgeschlossenheit für öffentliche Belange und die Planungsfreudigkeit der beginnenden siebziger Jahre, die sich mit Wachstumseuphorie, Wandlungsbereitschaft und Reformwillen verband, nicht anhalten würde; daß sie in einer Zeit sich verengender ökonomischer Spielräume, bei steigenden individuellen Ansprüchen einerseits, zunehmenden komplexen Sachzwängen und Interessenkollisionen andererseits, umschlagen könnte in Resignation, Unbehagen und in ein allgemeines diffuses Mißtrauen gegen jede Art räumlicher Planung.

Dieser Umschlag der psychologischen Einstellung und Planungswilligkeit ist eingetreten. Es war ein komplexer, sich selbst verstärkender Vorgang, der alle politischen Richtungen und alle gesellschaftlichen Schichtungen erfaßte. Am frühesten wurde er dort spürbar, wo der größte politische Widerstand und die breiteste Interessenkoalition gegen eine Veränderung des politisch-räumlichen Status quo bestanden: bei der Länderreform, die das Regierungsprogramm WILLY BRANDTS von 1969 noch einmal gemäß dem Verfassungsauftrag in § 29 als Aufgabe herausgestellt hatte. Die vom damaligen Präsidenten der Akademie für Raumforschung und Landesplanung, Staatssekretär a. D. Prof. Dr. ERNST, geleitete Sachverständigenkommission für die Neugliederung des Bundesgebietes hatte nur im Anfangsstadium ihrer Arbeit – von November 1970 bis Ende 1971 – ein relativ breites Klima der Aufgeschlossenheit für ein Infragestellen des eigenen Status quo vorgefunden. Schon 1972 verstärkten sich die Widerstände, Bedenken und Aversionen gegen jegliche Veränderung, und zur Zeit der Abgabe des Sachverständigen-Gutachtens beim Bundeskanzler am 20. 2. 1973 war der politische Wille und die Bereitschaft zu einer Neugliederung des Bundesstaates spürbar erloschen, und zwar auf allen Ebenen der politischen Mitwirkung.

In den folgenden Jahren der Wirtschaftskrise setzte sich das Mißbehagen an grundlegenden Reformen stufenweise nach unten fort und verdichtete sich zu einem breiten Mißtrauen gegen jegliche Planung. Die Aktivitäten immer militanter werdender Bürgerinitiativen und Umweltschützer, die schwierigen Probleme der Partizipation und die merkwürdige Rolle, die mehrere Gerichte gerade bei der Behandlung öffentlicher Entwicklungsprojekte spielten, mußte jede Art räumlicher Planung immer schwieriger und zeitraubender werden lassen.

Es muß jedoch eingeräumt werden, daß die Hemmnisse und psychologischen Widerstände nicht nur von außen über alle Planung treibenden Institutionen hereinbrachen. Auch die Planungs- und Durchführungspraxis selbst trug etliches zu ihrer eigenen Diskreditierung bei. Dann nämlich, wenn übergeordnete Grundsätze und zielorientierte Richtlinien in einem perfekten deutschen Verwaltungsbürokratismus für die „untere Ebene" aufbereitet und festgenietet wurden. Das Ergebnis war, daß sich immer mehr Bürger gegängelt und immer mehr Gemeinden vergewaltigt fühlen mußten.

In dieser Situation kommt es darauf an, daß ein neues realistisches Planungsbewußtsein möglich wird, maßvoll und klar in seinen Zielsetzungen, auf wesentliche Aufgaben des Gemeinwohls bezogen, kritisch und offen gegenüber allen Betroffenen und ohne obrigkeitliche Selbstgerechtigkeit und Besserwisserei. Ein übersensibel gewordener Struktur-Konservatismus, der in jedem übergeordneten Eingriff das Walten linker Systemzerstörer sieht, ist dabei ebenso fragwürdig wie die Überheblichkeit einer sich progressiv gebärdenden Gesellschaftskritik, die längst alle Maßstäbe der Einordnung und Bewertung verloren hat und immer nur fordert und Ansprüche erhebt.

Es wird viel davon abhängen, welchen Beitrag die Erziehung in der Schule künftig zur Herausbildung eines neuen realistischen Planungsbewußtseins leisten kann. Ansätze gibt es dafür. So fand vom 15. bis 20. Februar 1971 in der Politischen Akademie Tutzing die Begründung eines raumwissenschaftlichen Forschungsprojektes für das Curriculum in den Schulen der Bundesrepublik Deutschland statt. Die Konzeption Professor Dr. ROBERT GEIPELS, München, für diese Neukonzeption ging aus von einer Revision des bisherigen Bildungskanons der Schule, der Notwendigkeit einer Öffnung der bisherigen Schul-Erdkunde zur Raumwissenschaft mit den Inhalten und Problemen benachbarter Bezugsfächer: Raumforschung und Raumordnung, Landesplanung, Städtebau, Ökologie, Verkehrswissenschaft und andere Fächer, die bisher in der Schule nicht vertreten sind, können – das hat Tutzing gezeigt – die Mitträger eines raumwissenschaftlichen Unterrichtsfaches werden.

Seitdem ist die Arbeit an aktuellen, planungsrelevanten Projekten und Unterrichtsbeispielen erfolgreich weitergelaufen. Die ersten Beispiele sind in der Schulpraxis erprobt worden und haben weiterführende Kritik erfahren. Wenn es gelingt, die Ergebnisse dieser Arbeit in den Schulen aller Bundesländer einzuführen und fruchtbar werden zu lassen, dann kann das mehr sein als eine sachliche Anreicherung und Modernisierung des Unterrichtsstoffes. Denn vorrangiges Ziel der Umorientierung ist ja die Erziehung zu einem realitätsbezogenen Planungsbewußtsein. Entscheidungsverhalten und Rollenverhalten menschlicher Gruppen bei der Gestaltung ihrer räumlichen Umwelt sollen modellhaft und rational von den Schülern begriffen und nachvollzogen werden, um sie zu bewußteren und veränderten Verhaltensdispositionen zu führen. Statt Faktenvermittlung und Verfügungswissen sollen Methodenbewußtsein und Leistungswissen im Vordergrund stehen. Sicher wird ein solches Ziel nicht ohne Rückschläge und Kompromisse zu erreichen sein, aber die bisherigen Ergebnisse scheinen ganz überwiegend positiv.

Stärker noch als die gewandelte öffentliche Resonanz auf Planungskonzeptionen haben zwei ineinanderlaufende objektive Entwicklungsabläufe die wissenschaftliche Planungsdiskussion zur Mitte der siebziger Jahre geprägt: die anhaltende Wirtschaftsrezession mit steigender Arbeitslosigkeit und Mittelknappheit sowie der nun immer offenkundiger werdende Bevölkerungsrückgang in fast allen Regionen der Bundesrepublik Deutschland. Diese „veränderten Rahmenbedingungen" forderten für viele bis dahin auf Wachstum und Expansion angelegte Entwicklungsstrategien ein grundsätzliches Umdenken. Für diesen Prozeß des Umdenkens und der Neujustierung von Zielen und Methoden geben die in diesem Band vereinigten Referate und Diskussionen der Landesarbeitsgemeinschaft Nordrhein-Westfalen der Akademie für Raumforschung und Landesplanung aus den Jahren 1976 und 1977 ein deutliches Zeugnis. Es darf an dieser Stelle wohl einmal ausgesprochen werden, daß die Organisationsform derartiger regionaler Arbeitskreise gerade in den Phasen eines Umbruchs von Planungskonzeptionen sinnvoll ist und sich bewährt hat. Im Unterschied zu der älteren Konzeption von „Hochschularbeitsgemeinschaften für Raumforschung" ist an die Stelle akademischer Eifersüchteleien und begrifflichen Schattenboxens der frische, fordernde Anspruch der Praxis getreten.

Freilich, der Sinn der LAG kann und darf sich nicht darin erschöpfen, nur reaktiv auf Fragen der im Tagesgeschehen geforderten Landesplanung zu antworten oder gar politische Ziele und planerische Grundsätze wissenschaftlich mit Argumenten zu unterbauen und abzusichern. Auch die Wissenschaft selbst hat Fragen zu stellen und Anregungen zu geben, und sie hat die Entwicklung von Planungskonzeptionen in kritischer Anteilnahme zu verfolgen. Dadurch muß die Offenheit für Innovationen gewahrt bleiben für neue Ansätze, die weiterführen können. Möglich wird das nur, wenn sich alle Mitglieder, aus welchem Bereich sie auch kommen, in diesem Kreis vor allem der Sache selbst verpflichtet fühlen und nicht vorrangig als Sprecher von Richtungen oder Interessen auftreten. Erst dann wird die verschiedene Herkunft, die unterschiedliche Einstellung und Denkrichtung der Mitglieder wirklich fruchtbar werden. Für die Arbeit der LAG Nordrhein-Westfalen war die fast vollzählige Teilnahme und die aktive Mitarbeit aller ihrer Mitglieder an den Verhandlungen der vergangenen Jahre eine wichtige Voraussetzung für den Erfolg der gemeinsamen Arbeit.

Leitmotiv der sich in diesem Veröffentlichungsband spiegelnden Arbeit der Landesarbeitsgemeinschaft in den vergangenen Jahren waren Grundsatzfragen und konkrete Aufgaben und Zielsetzungen, die sich aus dem nordrhein-westfälischen Entwicklungsprogramm von 1974 und den Landesentwicklungsplänen ergaben. So steht am Anfang eine Darstellung und Würdigung der Grundkonzeption des Landesentwicklungsprogrammes von H. G. NIEMEIER, später ergänzt durch einen Beitrag von H. LOWINSKI über Fragen und Anmerkungen zur „Verdichtung durch Konzentration", ein Thema, das auch die weiteren Diskussionen über den Berichtszeitraum hinaus begleitete und auch künftig aktuell bleiben wird.

Eine weitere grundsätzliche Erörterung von H.-G. NIEMEIER über Unterschiede und Gemeinsamkeiten von räumlicher Planung und allgemeiner Entwicklungsplanung führte auf der 15. Sitzung der LAG zu einer tiefgründigen Auseinandersetzung über das Wesen der Landesplanung und die Prämissen und Grenzen einer Steuerbarkeit gesellschaftlicher Entwicklungen im räumlichen Gefüge eines Landes. Damit war der Hintergrund deutlich und der Horizont abgesteckt, auf dem sich dann die Arbeit konkreten Themen der Raumentwicklung in Nordrhein-Westfalen zuwandte.

V. FRHR. VON MALCHUS vermittelte zunächst einen grundlegenden Gesamtüberblick über die Tendenzen der Bevölkerungsentwicklung und Bevölkerungsverteilung im Lande. Die dabei angesprochenen Fragen künftiger Bevölkerungsentwicklung wurden mit einem weiteren Grundsatzreferat unter Vorlage neuen Materials im Hinblick auf die Regionalisierung von Bevölkerungsprognosen von M. LIMBACHER auf einer zweitägigen Arbeitssitzung im Oktober 1977 auf Burg Schnellenberg bei Attendorn fortgeführt.

Die industrielle Entwicklung in den regionalen Arbeitsmärkten Nordrhein-Westfalens behandelte P. KLEMMER anhand umfangreichen statistischen Materials. Die unterschiedlichen regionalen Entwicklungstendenzen dieses Beitrages wurden auf der folgenden Sitzung ergänzt durch ein Referat von E. BERG und G. STEFFEN über die Entwicklung des Arbeitskräfteangebots aus dem Agrarsektor.

Von der bei allen Sitzungen erfolgten aktuellen Berichterstattung über anliegende Fragen der Landesplanung und insbesondere über den Fortgang der Landesentwicklungspläne durch J. GADEGAST und H. LOWINSKI ist in diesem Band nur ein Kurzbeitrag über „Erfahrungen aus dem Beteiligungsverfahren zur Novellierung der Landesentwicklungspläne I und II" von H. LOWINSKI aufzunehmen gewesen. Um so nachdrücklicher sei auch an dieser Stelle im Namen aller Mitglieder der LAG den verantwortlichen Herren der Landesplanungsbehörde in Düsseldorf dafür gedankt, daß sie es trotz ihrer vielen dringenden Terminverpflichtungen ermöglichen konnten, an allen Sitzungen der LAG teilzunehmen und die Diskussionen immer wieder mit konkreten und aktuellen Beiträgen zu bereichern.

Dem den Referaten folgenden Diskussionsteil liegen im wesentlichen die von H. H. BLOTEVOGEL erarbeiteten und von den Mitgliedern genehmigten Sitzungsprotokolle zugrunde. Für die Aufnahme von Kurzfassungen der Diskussionen in den Verhandlungsband waren zwei Gründe bestimmend. Einmal soll dadurch der Charakter der Landesarbeitsgemeinschaft als eines diskussionsbezogenen Arbeitskreises dokumentiert bleiben und unterstrichen werden. Zum anderen wird der sachliche Problembezug der Referate im Wechselspiel von Einwendungen, Unterstreichungen und Ergänzungen der folgenden Aussprache besonders deutlich herausgestellt.

Peter Schöller

X

Die Grundkonzeption des nordrhein-westfälischen Landesentwicklungsprogramms 1974

von

Hans-Gerhart Niemeier, Düsseldorf

Das nordrhein-westfälische Landesentwicklungsprogramm ist wie Landesentwicklungspläne, Raumordnungspläne, Gebietsentwicklungspläne – oder wie die Bezeichnungen in Bund und Ländern auch immer heißen mögen – ein Plan. Man kann aus der Bezeichnung lediglich drei Gesichtspunkte ableiten. Einmal soll es ein Plan sein für den gesamten Raum des Landes Nordrhein-Westfalen. Zum anderen soll dieser Plan sich nicht nur auf eine Ordnung dieses Gesamtraumes beziehen, sondern auch Aussagen machen über seine angestrebte, also geplante Entwicklung. Und schließlich soll es sich, wie es programmatischen Erklärungen gebührt, beschränken auf prinzipielle Aussagen, soll konkrete Einzelheiten vermeiden.

Jeder, der einen Plan macht, muß eine gewisse allgemeine Vorstellung darüber haben, was er will. Wenn jemand für sich allein, etwa seinen Urlaub oder seinen Beruf, plant, ist ihm und seiner ausschließlichen Verantwortung die Planung überlassen. Das stimmt nicht, wenn für einen anderen geplant wird. Dann muß der Planer die Ideen des anderen kennen und muß seinen Plan der kritischen Stellungnahme des anderen unterwerfen. Am einsichtigsten ist dies zu erkennen an dem Verhältnis zwischen Bauherrn und Architekten. Schwieriger wird es dagegen, wenn für den Planer kein bestimmter Auftraggeber, keine personifizierte Stelle vorhanden ist, die dem Planer bestimmte Vorstellungen für seine Plangestaltung mit auf den Weg gibt. Das ist die Situation des Stadtplaners und noch mehr des Landesplaners.

Es ist nun aber ein Irrtum, anzunehmen, daß Stadt- und Landesplaner in ihrer Plangestaltung völlig frei seien. Ihr Auftraggeber ist die Stadt oder der Staat. Aber mit dieser Erkenntnis ist nicht viel gewonnen. Denn wer ist die Stadt, wer ist der Staat?

Man wird den Auftraggeber Stadt oder Staat nicht gleichsetzen können mit dem jeweiligen Rat, dem jeweiligen Parlament, der jeweiligen Stadtverwaltung oder der jeweiligen Bundes- bzw. Landesregierung. Stadtpläne und landesplanerische Pläne überdauern nach ihrer Durchführung die Wahlperioden von Parlamenten aller Stufen, da durch sie Veränderungen langfristiger Art im Raum geschaffen worden sind. Aber der Einfluß von Parlamenten und Regierungen auf Planungen ist deshalb nicht unbedeutend. Im Gegenteil, er wird immer stärker. Bei Stadtplanungen ergibt sich dies ganz klar aus dem Bundesbaugesetz, da Stadtplanungen bis in die konkreten Einzelheiten hinein durch Parlamentsbeschluß festgelegt werden. Bei der Landesplanung ist dies nicht so eindeutig. Das liegt aber nicht an den Parlamenten, sondern daran, daß die Pläne der Landesplanung nur Rahmenpläne und deshalb ihrem Wesen nach nicht konkrete, parzellenscharfe Festlegungen im Raum treffen dürfen.

Aus dem Umstand, daß Stadtplanungen und Planungen der Landesplanung sowohl in ihrer Plangestaltung als auch in der durchgeführten Planung Langzeitwirkung haben und einen weit in die Zukunft wirkenden Dauerzustand oder aber in einem längeren Zeitraum zu erreichende Ziele festlegen, ergibt sich, daß ein in einem gesetzlich geordneten Verfahren festgelegter Plan nur mit Schwierigkeiten, namentlich unter finanziellen Aufwendungen, abgeändert werden kann. Damit sind aber auch Parlamentsbeschlüsse über Planungen von vornherein nicht der völlig freien, souveränen Gestaltung durch ein Parlament zugänglich. Vielmehr muß auch ein Parlament zurückgehen auf die tragenden gesellschaftlichen Kräfte der Stadt oder des Staates.

Doch diese Kräfte sind einer ständigen Änderung ihrer Meinungen, Auffassungen und Zielwünsche unterworfen, was nur bedingt seinen Ausdruck findet im Wechsel der Parlamentsmehrheiten. Deshalb muß der Planer danach fragen, ob nicht jenseits von Parlamenten und jenseits der Gegenwartsmeinungen der gesellschaftlichen Kräfte der Wille seines Auftraggebers Stadt oder Staat einen konstanteren Ausdruck dafür gefunden hat, wie die Gesellschaft, die Stadt und Staat trägt, oder richtiger, die sich in Stadt und Staat ihre Handlungsform gegeben hat, ihren Raum, ihre Umwelt gestaltet haben will, ob nicht in solchen Festlegungen mit einer gewissen Beständigkeit ein erster Ansatz für die Gestaltung seiner Pläne zu finden ist.

Demgemäß ist die erste Grundlage jeden Planens das den Verfassungen von Bund und Ländern zugrunde liegende Menschenbild, das besonders in den Grundrechten des Grundgesetzes zum Ausdruck kommt. Planung hat also als oberstes Ziel immer vor Augen zu haben die Wahrung, die möglichst gute, aber vor allem freie Entfaltung der Persönlichkeit in der Gemeinschaft, wie es dann in § 1 ROG (= Raumordnungsgesetz vom 8. April 1965 – BGBl. I S. 306 –) und in § 1 LEPro (= Gesetz zur Landesentwicklung [Landesentwicklungsprogramm] vom 19. März 1974 – GV. NW. S. 96 –) ausdrücklich noch einmal herausgestellt worden ist. Aber Planung hat außerdem der Verwirklichung des Sozialstaats und des Rechtsstaats zu dienen; denn beides ist durch das Grundgesetz aufgegeben.

Daß dem so ist, paßt planenden Menschen nicht immer. Es ist auch nicht zu leugnen, daß oft ohne Rücksicht auf die hier nur eben angedeuteten Grundlagen allen Planens gearbeitet wurde und noch immer geplant wird. Es ist ferner nicht zu leugnen, daß zwischen Freiheit der Persönlichkeit und Planung durch die öffentliche Hand ein Spannungsverhältnis gesetzt worden ist. Wer aber die damit gegebenen Hemmungen der Planung angreift, darf dies nicht gegenüber der Planung tun, sondern muß unser gegenwärtiges Gesellschaftssystem angreifen. Man müßte dann etwa die im Grundgesetz verankerte Freizügigkeit oder die Freiheit der Berufswahl oder das Privateigentum beseitigen. Das kann aber nicht der Planer; das können nur die gesellschaftlichen Tendenzen, die sich im Staat und seinem Parlament manifestieren.

Es ergibt sich aus diesen Erwägungen, daß alles Planen nur relativiert gesehen werden kann, da gesellschaftliche Kräfte zu Änderungen der Auffassungen über den Staat und seine Gestaltung, über das Menschenbild der Verfassungen, über Raum und Umwelt, in der wir leben wollen, führen können. Es gibt keine unabänderlichen Vorstellungen, es gibt kein absolutes Idealbild der Gestaltung von Stadt und Staat für den Planer. Es gibt kein Idealbild des Raumes, es gibt kein absolutes Leitbild der Raumordnung. Wie Baustile wechseln, wie Schönheitsideale sich ändern, so entwickeln sich auch Gesamtumweltgestaltungsvorstellungen. Der Planer steht vor der schwierigen Aufgabe, aus dem Gedanken der Freiheit der Persönlichkeit und aus den Vorstellungen über einen sozialen Rechtsstaat seine Planung zu entwickeln, die dann gegenständlich werden soll, aber eben in dem Wissen, daß er etwas entstehen läßt, dessen gedankliche Grundlagen eines Tages überholt sein werden.

2

Dazu kommt aber als weitere Gegenwartsschwierigkeit, daß die inhaltlichen Vorstellungen über das, was Freiheit der Persönlichkeit oder Sozialstaat oder Rechtsstaat seien, durchaus unterschiedlich, wenn nicht sogar gegensätzlich sind. Weiterhin ist der Raumplaner zusätzlich abhängig von natürlichen und künstlich geschaffenen Vorfindlichkeiten im Raum.

Planen bedeutet also, sich für *eine* Lösung entscheiden oder zum mindesten eine Lösung vorzuschlagen. Dabei sollte man nicht verkennen, daß die so oft verlangten Alternativlösungen in den Augen des Planers zwangsläufig in den weitaus meisten Fällen nur die zweit- oder drittbeste Möglichkeit darstellen.

Durch den Auftraggeber Staat sind der Landesplanung für das Land Nordrhein-Westfalen bestimmte Vorbedingungen für seine Planungen aufgegeben. Sie finden sich in den §§ 1 bis 4 LEPro. Man kann katalogartig etwa folgendes nennen, was der Planer zu beachten hat:

die natürlichen Gegebenheiten,
die Erfordernisse des Umweltschutzes,
die infrastrukturellen Erfordernisse,
die wirtschaftlichen Erfordernisse,
die sozialen Erfordernisse,
die kulturellen Erfordernisse,
den Schutz der natürlichen Lebensgrundlagen,
die nachhaltige Leistungsfähigkeit des Naturhaushaltes,
das Gleichgewicht des Naturhaushalts,
die Verhinderung einer wesentlichen Beeinträchtigung der Lebensverhältnisse,
die Verhinderung der Gefährdung der langfristigen Sicherung der Lebensgrundlagen
    der Bevölkerung,
die Einfügung in die Raumordnung des Bundesgebietes,
die Förderung der europäischen Zusammenarbeit,
die bestmögliche Entwicklung aller Teile des Landes.

Diese 14 Punkte der Planungsbedingungen, deren konkreter Inhalt naturgemäß eine unübersehbare Kette von Ausfüllungsmöglichkeiten darstellt, werden mit dem Schluß des § 1 und mit dem Schluß des § 4 eingerahmt durch die prinzipiell zu erstrebenden Zwecke: die freie Entfaltung der Persönlichkeit und die Schaffung von gleichwertigen Lebensbedingungen. Die freie Entfaltung der Persönlichkeit sieht also das LEPro am besten dadurch gewährleistet, daß überall gleichwertige – also nicht gleiche – Lebensbedingungen geschaffen werden.

Damit ist die Errichtung eines Zustandes aufgezeigt, der die Disparitäten zwischen Teilräumen des Landes beseitigen soll. Es ist nicht unbestritten, ob dieses Endziel, das bereits im ROG von 1965 zu finden ist, das letzten Endes auf das Grundgesetz zurückgeht und das im Bundesraumordnungsprogramm von 1975 ganz intensiv verfolgt wird, wirklich noch erstrebt werden soll oder überhaupt im Zeichen des Bevölkerungsrückganges und der wirtschaftlichen Stagnation noch erstrebt werden kann[1]). Es wird die Auffassung vertreten, daß es nicht mehr möglich sei, in allen Räumen Entwicklungen zu fördern, daß der

---

[1]) Vgl. KARL GANSER: Möglichkeiten und Grenzen der Verbesserung der Lebensqualität und der Sozialchancen im ländlichen Raum. Vortrag anläßlich der ordentlichen Mitgliederversammlung der Landesplanungsgemeinschaft Westfalen am 10. Dezember 1974 in Münster, Münster (Westf.), 1975, S. 26 ff.

Rückgang der Landwirtschaft zur Stillegung von Räumen zwinge, daß dies sogar im Interesse der Erhaltung der Natur, im Interesse des Umweltschutzes nicht unerwünscht zu sein brauche. Es kommt hier nicht darauf an zu untersuchen, was nun sachlich richtig ist. Vielmehr ist die Erkenntnis wichtig, daß selbst solch eine klare Vorstellung für die Raumordnung wie die Schaffung gleichwertiger Lebensbedingungen anfängt, in ein Stadium der Relativierung zu treten. Nach dem LEPro ist aber gerade dieses die Grundvoraussetzung für die freie Entfaltung der Persönlichkeit, also das oberste Prinzip allen raumplanenden Handelns.

Für Nordrhein-Westfalen ist dies gesetzlich festgelegt, was naturgemäß die Frage aufwirft, ob es sinnvoll ist, solche obersten Grundsätze für die Raumordnung so starr zu fixieren, wie dies ein Gesetz tut. Denn ein Gesetz ist nicht flexibel genug, um wissenschaftliche oder wirtschaftliche oder gesellschaftliche Entwicklungen aufzufangen. Doch man sollte das Positive an solchen Gesetzes-Festlegungen in den Vordergrund stellen. Man wird aus § 4 S. 2 LEPro die nüchterne Folgerung zu ziehen haben, daß die sogen. passive Sanierung in unserem Land verboten ist, daß sie nicht geplant werden darf, daß sie vom Planer nicht in ein Konzept einbezogen werden kann. Man wird sogar noch einen Schritt weiter gehen müssen, nämlich daß die Landesplanung durch Gesetz angewiesen ist, durch ihre Pläne einer solchen passiven Sanierung entgegenzuwirken, weil sie die Gleichwertigkeit der Lebensbedingungen durch ihre Ungleichwertigkeit ersetzt. Eine völlig andere Frage ist, was sich infolge der veränderten Verhältnisse tatsächlich im Raum trotz allen Gegenmaßnahmen vollziehen wird.

Wenn nun die Gleichwertigkeit der Lebensbedingungen ein Endergebnis, das wichtigste Endergebnis allen Planens zu sein hat, dann ist dem Planer damit von seinem Auftraggeber der Auftrag zu entsprechenden landesplanerischen Plänen gegeben. Man könnte meinen, daß das Endergebnis mit verschiedenen Mitteln erreicht werden kann. Geplant werden könnte eine Gleichartigkeit der Lebensbedingungen für das ganze Land; aber daran hindert die Planer eine ganze Reihe der oben genannten 14 Punkte, z. B. die natürlichen Gegebenheiten oder die Einfügung in die Raumordnung des Bundesgebietes. Geplant werden könnte ein allmählicher Abbau aller Industrie, aber das scheitert an den wirtschaftlichen Erfordernissen und der Bevölkerungszahl. Geplant werden könnte – und das wäre sicherlich vielen aus der Seele gesprochen – eine allmähliche Auflockerung der Bevölkerung in unseren hochverdichteten Gebieten, aber auch das scheitert für uns sowohl an den wirtschaftlichen als auch an den sozialen Erfordernissen.

Denkbar sind nicht nur Einzelplanungen, sondern vielmehr einige Bündel von Maßnahmen, um das Endergebnis anzustreben. Das LEPro, also der Gesetzgeber, hat sich entschlossen, *ein* Mittel, wenn auch in verschiedenen Variationen, vorzuschreiben, das in den Plänen der Landesplanung darzustellen und als Richtlinie anzuwenden ist, nämlich das der Konzentration. Es ist nicht richtig, hier von Verdichtung zu sprechen, denn Verdichtung ist ein Unterfall der Konzentration, nämlich der einer besonders hohen Konzentration. Vielleicht spräche man sogar noch besser von Kontraktion[2]), um den Vorgang anschaulicher zu machen.

Die Konzentration zieht sich als Grundprinzip durch das gesamte LEPro hindurch, was durch Anführung von Einzelbestimmungen des Gesetzes darzustellen und zu beweisen ist.

---

[2]) GERHARD ISBARI: Raum und Gesellschaft. Akademie für Raumforschung und Landesplanung, Beiträge, Bd. 6, Hannover 1971, S. 47 ff.

1. Die Entwicklung der Siedlungsstruktur ist auf Gemeinden mit zentralörtlicher Bedeutung auszurichten (§ 6 S. 1 – vgl. Landesentwicklungsplan I –).

2. Die Entwicklung der Siedlungsstruktur ist auf solche Standorte auszurichten, die sich für ein räumlich gebündeltes Angebot von öffentlichen und privaten Einrichtungen der Versorgung, der Bildung und Kultur, der sozialen und medizinischen Betreuung, der Freizeitgestaltung sowie der Verwaltung eignen, d. h. auf sogen. Siedlungsschwerpunkte (§ 6 S. 1).

3. Bei der räumlichen Abgrenzung von Bereichen der öffentlichen Verwaltung und von Gerichtsbezirken ist diese angestrebte Entwicklung der räumlichen Struktur, insbesondere hinsichtlich der zentralörtlichen Gliederung zu berücksichtigen (§ 5).

4. Verdichtung durch Konzentration von Wohnungen und Arbeitsstätten ist unter bestimmten Bedingungen anzustreben (§ 7 S. 1).

5. Die Konzentration ist vorrangig in den Siedlungsschwerpunkten zu fördern (§ 7 S. 2).

6. Die räumliche Struktur von Verdichtungsgebieten soll gesichert und weiterentwickelt werden (§ 8 S. 1).

7. Die Verdichtung durch Konzentration soll auch außerhalb von Verdichtungsgebieten in zentralen Orten gefördert werden, die als Entwicklungsschwerpunkte in Betracht kommen (§ 9 – vgl. Landesentwicklungsplan II –).

8. Rahmen für die Entwicklung der Erwerbsgrundlagen ist die angestrebte Siedlungsstruktur, d. h. die Konzentration (§ 10).

9. Verkehrsanlagen und Versorgungseinrichtungen sind auf die angestrebte Konzentration der Siedlungsstruktur auszurichten (§ 11).

10. Die Verkehrswege sind als Grundelemente von Entwicklungsachsen zu planen (§ 13).

11. Die Erfordernisse der zivilen und militärischen Verteidigung sollen mit der angestrebten Siedlungsstruktur in Einklang gebracht werden (§ 14 S. 1). Hier wird also der Verteidigungsgedanke dem Ziel der Konzentration angeglichen, wenn nicht sogar untergeordnet. Dasselbe gilt von folgendem:

12. In Verdichtungsgebieten sollen möglichst nur Anlagen der zivilen und militärischen Verteidigung mit geringem Raumbedarf untergebracht werden (§ 14 S. 2).

13. Freizeit- und Erholungseinrichtungen sollen günstig an das Verkehrsnetz, das aber nach § 11 – s. o. Nr. 9 – auf die angestrebte Siedlungsstruktur auszurichten ist, angebunden werden (§ 16).

14. Bei der Erhaltung von landwirtschaftlichen und forstwirtschaftlichen Flächen sind die siedlungsstrukturellen Erfordernisse zu berücksichtigen (§ 17 S. 1).

15. Der Schutz von nutzbaren Lagerstätten ist mit den Erfordernissen des Städtebaues abzuwägen (§ 18).

16. Das Land wird lediglich unter siedlungsräumlichen Gesichtspunkten in drei Zonen mit unterschiedlichen Planungsaufgaben eingeteilt (§ 19 Abs. 1 und 2).

17. In den Ballungskernen sind die Lebensbedingungen zu verbessern oder sie sind zu erhalten (§ 19 Abs. 3).

18. In ihnen sind Siedlungsschwerpunkte auszubauen (§ 19 Abs. 3 a).

19. Auch in den Ballungsrandzonen sind Siedlungsschwerpunkte auszubauen (§ 19 Abs. 3 b).

20. Dies gilt auch für die Ländlichen Zonen (§ 19 Abs. 3 c).

21. In den Ländlichen Zonen ist eine ausgewogene Konzentration von Wohnungen und Arbeitsstätten zu fördern (§ 19 Abs. 3 c).

22. Dies gilt insbesondere für Entwicklungsschwerpunkte (§ 19 Abs. 3 c).

23. Verkehrserschließung und -bedienung sind auf die zentralen Orte auszurichten (§ 19 Abs. 3 c).

24. In den Ländlichen Zonen ist weiterhin vor allem in Entwicklungsschwerpunkten der Flächenbedarf für die Erweiterung und Ansiedlung von Gewerbebetrieben zu berücksichtigen (§ 19 Abs. 3 c).

25. Die zentralörtliche Gliederung hat Grundlage für die Siedlungsstruktur des gesamten Landes zu sein (§ 20).

26. Die Gesamtentwicklung des Landes ist auf ein System von Entwicklungsschwerpunkten und Entwicklungsachsen auszurichten (§ 21 Abs. 1).

27. Entwicklungsschwerpunkte müssen für eine Konzentration von Wohnungen und Arbeitsstätten geeignet sein (§ 21 Abs. 2 S. 1).

28. Dabei ist von einer Tragfähigkeit für einen Versorgungsbereich mit mindestens 20 000 Einwohnern – also Konzentration – auszugehen (§ 21 Abs. 2 S. 2).

29. Dazu kommen sonstige Räume, die diese Konzentration in absehbarer Zeit erreichen können (§ 21 Abs. 2 S. 3).

30. Die Entwicklungsachsen sind das Grundgefüge für eine räumliche Bündelung der Verkehrswege und Versorgungsleitungen (§ 21 Abs. 4). Also auch dabei ist zu konzentrieren.

31. Die gemeindliche Siedlungsstruktur ist auf Siedlungsschwerpunkte auszurichten (§ 24 Abs. 1). Ein entsprechendes Maß baulicher Nutzung ist durch die Bauleitplanung zu ermöglichen (§ 24 Abs. 3).

32. Bandartige bauliche Entwicklungen sind zu vermeiden (§ 24 Abs. 4 S. 1).

33. Streusiedlungen sind zu verhindern (§ 24 Abs. 4 S. 2).

34. Campingplätze, Wochenendhäuser, Ferienheime und Ferienwohnungen sind an Ortslagen anzuschließen (§ 24 Abs. 4 S. 3).

35. Einkaufszentren und Verbrauchermärkte sind städtebaulich zu integrieren (§ 24 Abs. 5).

36. Bildungs- und Kultureinrichtungen sind städtebaulich zu integrieren (§ 24 Abs. 6).

37. Die Schaffung gewerblicher Arbeitsplätze ist vorrangig in Entwicklungsschwerpunkten zu fördern (§ 25 Abs. 3).

38. Rohrfernleitungen sollen im Verlauf von Entwicklungsachsen trassiert werden (§ 26 Abs. 4).

39. In den Ländlichen Zonen sind neue Arbeitsplätze möglichst in Entwicklungsschwerpunkten oder zentralen Orten zu schaffen (§ 27 Abs. 1 c).

40. Die Flurbereinigung hat der angestrebten Entwicklung der räumlichen Struktur, also auch der Konzentration, Rechnung zu tragen (§ 27 Abs. 1 d).

41. Im Schienenverkehr sind bei Errichtung neuer Fernverbindungen die Verdichtungsgebiete zu berücksichtigen (§ 28 Abs. 1a).

42. Die Planung für Container-Umschlagplätze ist auf das System von Entwicklungsschwerpunkten und Entwicklungsachsen auszurichten (§ 28 Abs. 1 c S. 2).

43. Das Straßennetz ist entsprechend dem System der Entwicklungsschwerpunkte und Entwicklungsachsen auszubauen (§ 28 Abs. 2 b).

44. In Verdichtungsgebieten ist durch das Straßennetz eine bedarfsgerechte Versorgung der Bevölkerung zu erhalten oder zu erreichen (§ 28 Abs. 2 c).

45. Das Straßennetz in zurückgebliebenen Gebieten soll die zentralen Orte, insbes. die Entwicklungsschwerpunkte fördern (§ 28 Abs. 2 d).

46. Das Straßennetz soll die Verdichtungsgebiete mit Erholungsräumen verbinden (§ 28 Abs. 2 e).

47. Auch im Luftverkehr ist räumliche Schwerpunktbildung anzustreben (§ 28 Abs. 3 a 4. Abs.).

48. Im Binnenwasserstraßenverkehr sind für die Industrie günstige Standortbedingungen zu schaffen (§ 28 Abs. 4 a).

49. Der öffentliche Personennahverkehr hat Haltepunkte an Schwerpunkten des Verkehrsaufkommens vorzusehen (§ 28 Abs. 5 a S. 1).

50. Dabei ist die Gestaltung der Haltestellen den städtebaulichen Planungen für die Siedlungsschwerpunkte und sonstigen Standorte anzupassen (§ 28 Abs. 5 a S. 2).

51. Der öffentliche Personennahverkehr in den Ländlichen Zonen muß auf eine enge Verknüpfung der zentralen Orte untereinander abgestellt sein (§ 28 Abs. 5 b S. 2).

52. Innerhalb der Siedlungsbereiche ist für die Tageserholung zu sorgen (§ 29 Abs. 1 S. 4).

53. In den Verdichtungsgebieten sind Schwerpunkte für die Tageserholung vorzusehen (§ 29 Abs. 2).

54. Die Anlage von Sport- und Spielanlagen ist auf die zentralörtliche Gliederung auszurichten (§ 29 Abs. 4 S. 2).

55. Die räumliche Verteilung von Bildungs- und Kultureinrichtungen ist auf die zentralörtliche Gliederung auszurichten (§ 30 Abs. 2 S. 1).

56. Die Einrichtungen des öffentlichen Gesundheitswesens, der Sozialhilfe und der Jugendhilfe sind entsprechend der zentralörtlichen Gliederung auszubauen (§ 31 Abs. 1).

57. Die Standorte von Krankenhäusern sind auf die zentralörtliche Gliederung auszurichten (§ 31 Abs. 2 S. 2).

58. Die ambulante ärztliche Versorgung hat die zentralörtliche Gliederung zu berücksichtigen (§ 31 Abs. 3).

Das Landesentwicklungsprogramm umfaßt 39 Paragraphen. Zieht man davon die fünf Paragraphen des Schlußabschnitts und die ersten vier Paragraphen, die die Grundbedingungen der Landesplanung enthalten, ab, so ergibt sich, daß in 23 von den verbliebenen 30 Paragraphen die Konzentration angesprochen ist. Die sieben verbleibenden Bestimmungen, in denen von Konzentration nicht ausdrücklich die Rede ist, betreffen die

Koordination von Verkehrsplanungen (§ 12), den Immissionsschutz (§ 15), die Gebiete mit besonderer Bedeutung für Freiraum-Funktionen (§ 22), die Bevölkerungsentwicklung (§ 23), die Landschaftsentwicklung, also die Landschaftspflege, die Grünordnung, den Naturschutz (§ 32), die Wasserwirtschaft (§ 33) und die Abfallbeseitigung (§ 34). Bis auf die statistische Prognose über die Bevölkerungsentwicklung in § 23 haben alle übrigen genannten Bestimmungen ebenfalls mit der Konzentration, d. h. besonders mit ihren Folgen bis hin zu negativen Auswirkungen, zu tun. Denn Emissions- und Immissionsschutz (§ 15) sind natürlich bei Konzentration wichtig, weshalb auch diese Frage in den Bestimmungen über Städtebau und Wohnungswesen noch einmal besonders angesprochen wird (§ 24 Abs. 7). Abfallbeseitigung, Fürsorge für die Wasserwirtschaft, Schutz und Pflege der Landschaft bedürfen bei Konzentrationszielen ebenfalls einer besonderen Beobachtung, Ordnung und Entwicklung (§§ 34, 33, 32, 22), wie auch zur Verkehrsbedienung der flächenmäßig konzentrierten Siedlungsbereiche eine Koordination der Verkehrsplanungen und im Interesse von Gewerbe und Wirtschaft eine Einfügung der Verkehrssysteme in den weiteren Wirtschaftsraum der Bundesrepublik und Europas notwendig ist (§ 12 S. 2 und S. 1).

Es ist nicht zu einseitig gesehen, wenn festgestellt wird, daß das LEPro als Mittel zur Schaffung von gleichwertigen Lebensbedingungen nahezu ausschließlich – ich meine sogar nur – die Konzentration vorschlägt und in gesetzlicher Form festlegt. Natürlich ist dieses Mittel abgemildert, wie bereits der Wortgebrauch immer wieder beweist:

berücksichtigen	(§§ 5, 6, 17, 18, 19 Abs. 3 a, b, 29 Abs. 1)
ausrichten	(§§ 6, 11, 19 Abs. 3 b, c, 30 Abs. 2, 31 Abs. 2 und 3)
anstreben	(§§ 7, 12, 14, 19 Abs. 3, 24 Abs. 8, Abs. 9)
hinwirken	(§§ 15, 24 Abs. 3)
abwägen	(§ 18)
beachten	(§§ 1, 25 Abs. 2).

Man könnte auch eine Anzahl von Adjektiven und Adverbien anführen, die ebenfalls eine Auflockerung des Konzentrationsgrundsatzes bedeuten, z. B.

bestmöglich	(§§ 4, 21 Abs. 4, 27 Abs. 2a)
möglichst	(§§ 10, 14, 17, 24 Abs. 10, 25 Abs. 2, 27 Abs. 1 c)
soweit möglich	(§§ 26 Abs. 2, 28 Abs. 1 c)
nach Möglichkeit	(§ 26 Abs. 4)
vor allem	(§ 5)
insbesondere	(§§ 5, 15, 18, 19 Abs. 3)
vorrangig	(§§ 7, 19 Abs. 3 a, b, c, 24 Abs. 4, 24 Abs. 9)
bevorzugt	(§§ 9, 21 Abs. 2).

Mit den vorstehenden beiden Aufzählungen, sowohl der Worte als auch der Gesetzeszitate, sind nur Beispiele genannt. Eine Analyse und gesetzestreue Wortinterpretation würde ergeben, daß kaum eine Einzelfolgerung aus dem Konzentrationsgrundsatz ganz uneingeschränkt und unbedingt zwingend ist. Das gilt selbst von einem so apodiktisch klingenden Satz, daß Streusiedlungen zu verhindern sind (§ 24 Abs. 4 S. 2); denn auch dieser Satz wendet sich nicht unmittelbar an den „Streusiedler", sondern an die Bauleitplanung, und wenn sie die Streusiedlung nicht verhindert, wird selbst dieser scheinbar so starre Gesetzesbefehl nicht eingehalten.

Von „müssen" ist im LEPro nicht die Rede, sondern von „sollen". Zwar besteht für die staatliche Verwaltung rechtlich kein Unterschied zwischen müssen und sollen, aber praktisch ist „sollen" doch weicher.

8

All das ist kein Vorwurf gegen Gesetz und Gesetzgeber; sondern dies folgt aus der notwendigen Flexibilität landesplanerischer Pläne, aus der allgemein geltenden Gesetzesform des Programms trotz aller Unterschiedlichkeiten des Landesgebiets, aus der Tatsache, daß ein LEPro nur einen Rahmen abstecken kann, daß aber ein solcher Rahmen sehr viele Inhalte aufnehmen kann und muß, daß ein Grundsatz immer auch der Ausnahmen fähig sein muß. Die Formulierungen müssen zudem der Motivation, dem weltanschaulichen, dem ethischen Grundgehalt, dem obersten Ziel der Landesplanung Rechnung tragen, daß sie der freien Entfaltung der Persönlichkeit in der Gemeinschaft zu dienen hat.

Der Wortgebrauch ist also auf keinen Fall ein Hinweis darauf, daß Landesgesetzgeber und Landesplanung den Konzentrationsgrundsatz nicht mehr für richtig halten. Bei der Kritik an diesem Grundsatz wird man sich immer wieder hüten müssen, Konzentration mit Verdichtung gleichzusetzen. Was Verdichtung ist, wird in § 19 Abs. 2 genau definiert, nämlich eine durchschnittliche Bevölkerungsdichte von 2000 Einwohnern/km² für Ballungskerne und eine durchschnittliche Bevölkerungsdichte von 1000 bis 2000/km² für Ballungsrandzonen. Das Gesetz erkennt durchaus die Mängel dieser beiden Verdichtungsgebiete. Diese Schäden sind zu beseitigen, nur die im Interesse der infrastrukturellen, wirtschaftlichen, sozialen und kulturellen Erfordernisse notwendige Verdichtung ist, wenn sie „gesund" ist, zu fördern. Und diese Verdichtung, aber auch die Beseitigung oder Herabminderung von Verdichtungsschäden bewegt sich im Rahmen der Grundsätze des § 2 Abs. 1 ROG.

Der Konzentrationsgedanke für das ganze Land ist festgelegt in den Begriffen zentraler Ort – Siedlungsschwerpunkt – Entwicklungsschwerpunkt – Entwicklungsachse. Und das ist eben die kritische Frage an das LEPro, ob eine solche Einseitigkeit für ein ganzes Land mit 17 Mio. Einwohnern und mit einer Größe von 30 000 km² richtig ist. Wenn man dieser Frage nachgehen will, muß man auf den Auftrag, den die Landesplanung hat, zurückgehen, nämlich, daß sie in allen Teilen des Landes die Voraussetzungen, d. h. die räumlichen Voraussetzungen für gleichwertige Lebensbedingungen zu schaffen hat.

In Raumforschung und Landesplanung, d. h. in Wissenschaft und Praxis der Ordnung des Raumes, ist nichts unbestritten, weder die Verdichtung noch die zentralen Orte, die ursprünglich nur für ländliche Räume ein Ordnungskonzept waren, noch die Entwicklungsschwerpunkte mit Achsensystem, die mehr in die Zeit des wirtschaftlichen Wachstums und der Bevölkerungsvermehrung als in die Zeit der Stagnation oder des Rückganges auf beiden Gebieten zu passen scheinen. Aber diese Kritik greift im Grunde die gleichwertigen Lebensbedingungen, also das Endergebnis allen Planens, nicht die landesplanerischen Mittel (zentrale Orte usw.) dafür an. Da man aber die gleichwertigen Lebensbedingungen nicht tangieren darf, hält man sich an die Mittel. Denn wenn man diese Mittel in ihrer absoluten Grundwahrheit anzweifelt, erklärt man eigentlich, daß das Endziel, die gleichwertigen Lebensbedingungen, nicht zu erreichen ist, politisch ausgedrückt: in unserem Gesellschaftssystem nicht zu erreichen ist. Die Bedenklichkeit dieser Argumentation bedarf keiner näheren Erläuterung, ebensowenig wie es hier einer näheren Prüfung bedarf, ob die Gleichwertigkeit der Lebensbedingungen in einem anderen Gesellschaftssystem mit absoluter Sicherheit zu erreichen wäre, wenn man sie wollte.

Man braucht nicht allzu weit in der Geschichte zurückzugehen, um zu erkennen, daß die Gleichwertigkeit der Lebensbedingungen kein absolut und immer feststehendes Ziel staatlichen Handels gewesen ist. Begriffe wie Stände, Klassen, Adel, Erbuntertänigkeit, Bauernkrieg, Einparteienherrschaft lassen sofort einige hundert Jahre Geschichte bis ins 20. Jahrhundert in uns aufklingen. Es soll nicht ausgeschlossen werden, daß angesichts der Relativität aller gesellschaftlichen Vorstellungen auch einmal wieder etwas anderes an die

Stelle der gleichwertigen Lebensbedingungen als oberstes Ideal treten kann, etwa die völlige politische und wirtschaftliche Unabhängigkeit des Staates oder ausschließlich die völlige Wiederherstellung der natürlichen Umwelt unter Verzicht auf technische Weiterentwicklung, auf wirtschaftliche Gewinne, auf Steigerung des Bildungsniveaus usw. Der Phantasie sind hier keine Grenzen gesetzt, wohl aber der Verwirklichung.

Doch es ist nicht Aufgabe der Landesplanung, über die Richtigkeit des ihr gesetzten Oberzieles nachzudenken. Dann engt sich aber die an das LEPro gestellte kritische Frage und der Vorwurf gegen die einseitige Herausstellung des Konzentrationsgedankens auf die Frage ein, ob räumliche Konzentration das einzige landesplanerische Mittel ist, um gleichwertige Lebensbedingungen zu erreichen.

Und diese Frage muß nun allerdings bejaht werden. Die Basis menschlichen Lebens ist die Gemeinsamkeit. Es mag genügen, auf des Aristoteles zoon politikon oder auf die Erkenntnis des Alten Testaments zu verweisen, wonach es nicht gut ist, wenn der Mensch allein ist. Die Gemeinsamkeit der Menschen hat Kultur und Zivilisation geschaffen. Dabei waren Träger des Fortschreitens die größeren Gebilde von menschlichem Zusammenleben. Die Stadt war dem Dorf überlegen, die Gesellschaften, die Gemeinschaften von Menschen schufen sich Einrichtungen, die ihre Lebensumstände verbesserten, erleichterten, erträglicher machten. Das reicht von der gemeinsamen Verteidigung des Mauerrings bis zur Müllverbrennungsanlage der Gegenwart, vom Analphabetentum bis zur Universität, von der sich in allem selbst versorgenden Bauernwirtschaft bis hin zur differenziertesten Arbeitsteilung, von Wasserbrunnen und Kerzenlicht für die Behausung der Großfamilie bis hin zur komplizierten Infrastruktur unserer Tage, vom Aussetzen der nicht lebensfähigen Kinder und der Kranken und Alten bis hin zum spezialisierten Gesundheitswesen und zu den Sozialversicherungen.

Aber all das und vieles mehr setzt Ansammlung von Menschen in Knotenpunkten, setzt,³ um das Vokabularium der Landesplanung zu gebrauchen, eine bestimmte Tragfähigkeit, eine bestimmte räumliche Siedlungsstruktur voraus. Von diesem Zusammenwohnen von Menschen sind unsere Lebensbedingungen abhängig. Wenn also die Lebensbedingungen gleichwertig werden sollen, dann ist die bewußte und gewollte Ansammlung von Menschen dazu die räumliche Voraussetzung.

Über die Nachteile der dadurch geschaffenen Abhängigkeiten sind wir durch Kriegs- und Krisenzeiten, durch Streiks oder Versagen von technischen Systemen genügend unterrichtet. Über die Nachteile von Menschenansammlungen überhaupt werden wir durch Umweltschäden, durch Verkehrsschwierigkeiten, durch Elendsquartiere, durch Asozialwerden von Menschen tagtäglich belehrt.

Rückkehr zu Natur- oder Urzuständen bedeutet Verzicht auf eine Fülle von Lebensbedingungen. Wer bedauert, daß die Konzentration mit all ihren Nachteilen und Schäden unser Schicksal ist, ist nie bereit, auf ihre Vorteile zu verzichten.

Es wird hier bewußt davon abgesehen, auf die Fühlungsvorteile, auf Kontaktmöglichkeiten, auf Standortvorteile u. ä. für unsere Wirtschaft hinzuweisen. Es kommt vielmehr darauf an, zu klären, daß das Normalleben des Gegenwartsmenschen unter Einschluß der Säuglinge und der Greise Konzentration zur unumgänglichen Basis hat.

Immer wird es Einzelgänger geben, denen die Nachteile der Konzentration zu groß sind und die deshalb auf ihre Vorteile verzichten. Sie können und müssen auch auf Planung für den Raum verzichten, und sie werden auch das noch als Vorteil ansehen, vielleicht bis sie eines Tages alt und krank werden und dann gern die Ergebnisse der Konzentration einschließlich der Autoschnellstraßen zur nächsten Spezialklinik in Anspruch nehmen.

10

Natürlich hat das Land Nordrhein-Westfalen den Gedanken der Konzentration nicht erfunden. Er ist in weltweiter Wissenschaft und Praxis entwickelt worden. Aber es scheint, daß Nordrhein-Westfalen diesen Gedanken besonders konsequent seinem Gesetz zur Landesentwicklung zugrunde gelegt hat, und das ist richtig, weil es keine andere Methode gibt, gleichwertige Lebensbedingungen zu erreichen, denn die Institutionen, die unser Leben bedingen, können nur von einer Vielzahl von Menschen errichtet und aufrechterhalten werden.

Gleichwertigkeit ist nicht Gleichförmigkeit. Man muß die Vor- und Nachteile jeder einzelnen Lebensbedingung miteinander abwägen, man muß weiter die Fülle der Lebensbedingungen mit ihren Mängeln und ihren Chancen gegeneinander abwägen. Dann hat das Leben in Ländlichen Zonen einiges Unangenehme, aber das Leben in Verdichtungsgebieten anderes Unangenehme. Es sollte eigentlich nicht das Interesse der Landesplanung dahin gehen, aus der Gleichwertigkeit eine Gleichförmigkeit zu entwickeln, wenn auch derartige Tendenzen nicht zu übersehen sind. Doch das verbietet die gesetzlich angeordnete Pflicht, für die freie Entfaltung der Persönlichkeit zu sorgen; denn Freiheit bedingt Entwicklungsmöglichkeit.

Die Landesplanung ist nicht allein dafür verantwortlich, daß die Persönlichkeit sich frei in der Gemeinschaft entfalten kann und daß dafür gleichwertige Lebensbedingungen geschaffen werden. Das ist vielmehr Aufgabe der gesamten öffentlichen Verwaltung mit all ihren Zweigen und Ebenen. Die Landesplanung kann dafür nur einen Teil planen, nämlich die räumliche Struktur des Landes. Nach § 4 S. 2 LEPro sind auf Grund ihrer Planungen nicht *die* Voraussetzungen für gleichwertige Lebensbedingungen zu schaffen, sondern nur Voraussetzungen innerhalb des Aufgabenkreises der Landesplanung, also innerhalb der Planung für die räumliche Struktur des Landes.

Es ist ein Irrtum, zu meinen, daß der Konzentrationsgedanke in der Gegenwart durch Stagnation in Wirtschaft und Bevölkerung ad absurdum geführt werde. Das mag vielleicht die Taktik beeinflussen, aber nicht die Strategie. Das mag die Zeitetappen beeinflussen, aber nicht das Endziel. Der Gedanke der Konzentration ist durchführbar auch bei gleichbleibender Bevölkerungszahl, wie sie § 23 LEPro, also im gleichen Gesetz, das den Konzentrationsgrundsatz postuliert, ja sogar voraussetzt. Er ist durchführbar bei sinkender Bevölkerungszahl, da er auch für die vorhandene, die im Augenblick lebende Anzahl gilt. Demgegenüber ist die Wirtschaftsstagnation bedenklicher, da sie den Ausbau der Infrastruktur in noch hinter dem Landesniveau zurückgebliebenen Räumen beeinträchtigen und zu deren Leerlaufen führen kann, zumal der Sog einiger Verdichtungsgebiete des Landes nicht abnehmen wird, wie aus dem Bundesraumordnungsprogramm ersichtlich ist. Dann wird aber die Aufgabe, in allen Teilen des Landes gleichwertige Lebensbedingungen zu schaffen, erschwert. Es muß erreicht werden, daß in allen Teilen des Landes eine Mindestbesiedlung erhalten bleibt. Vielleicht sind zeitliche und finanzielle Abstriche erforderlich, aber das Mittel der Konzentration ist mit dem Ziel der gleichwertigen Lebensbedingungen unabdingbar verbunden. Änderungen des Mittels sind nur zulässig und möglich, wenn zuvor das Ziel durch den politischen Auftraggeber der Landesplanung geändert wird. Das wird aber nur dann geschehen können, wenn ein neues Blatt der Geschichte aufgeschlagen wird, das 1789 und all seine Folgen der Vergangenheit überliefert.

Diskussionsbericht zum Beitrag von Hans-Gerhart Niemeier: Die Grundkonzeption des nordrhein-westfälischen Landesentwicklungsprogrammes 1974

Herr ERNST eröffnet die Diskussion mit dem Hinweis, daß Konzentration ja keine Entdeckung des Gesetzgebers sei, sondern ein empirischer Befund, der sich überall auf der Welt sowohl bei Staaten gleichartiger als auch niedrigerer Entwicklungsstufe feststellen lasse. Im übrigen könne kein Staat „Gleichwertigkeit der Lebensbedingungen" garantieren, sondern lediglich Leistungen, im wesentlichen Infrastrukturleistungen, anbieten, ob und inwieweit diese von den Bürgern angenommen würden, liege in der Freiheit des Einzelnen.

Herr VON MALCHUS schlägt vor, den Begriff Konzentration genauer zu definieren; mit aller Vorsicht äußert er die auf Untersuchungen des Instituts für Landes- und Stadtentwicklungsforschung (ILS) gründende Vermutung, die freilich noch durch weitere empirische Arbeiten zu erhärten sei, daß die Zentralen Orte Nordrhein-Westfalens bereits Bevölkerung abgeben, der ländliche Raum dementsprechend zugenommen habe. Auch Herr BLOCH hält eine Konkretisierung des Konzentrationsbegriffs für dringend notwendig.

Entgegen Herrn VON MALCHUS vertritt Herr LOWINSKI die Ansicht, daß die räumlichen Konzentrationstendenzen noch nicht gebrochen seien; im übrigen sei die Landesplanung heute längst über das Stadium der Anpassungsplanung hinaus. Die Fachplanung sei durch die Vorstellungen der Landesplanung in praxi so eingeengt, daß die räumliche Festlegung und räumliche Verteilung durch diese vorgegeben sei. An Beispielen der Hochschul- und Krankenhausplanung erhärtet er diese Feststellung.

Herr ERNST räumt ein, daß bei der Hochschulplanung Akzente gesetzt worden seien, im übrigen sei die Krankenhausplanung aber typisch für eine Anpassung der Landesplanung an aus sachlichen Gründen ohnehin notwendig werdende Entwicklungen. Großräumliche Entwicklungen, wie etwa die Nord-Süd-Wanderung, könne die Landesplanung bislang aber nicht wesentlich beeinflussen. Dem widerspricht Herr GADEGAST: Lediglich bei der Schließung kleinerer Krankenhäuser könne man von einer Anpassungsplanung sprechen, keineswegs aber bei der Neuplanung; hier seien originäre Vorstellungen der Landesplanung verwirklicht worden.

Herr OTREMBA weist darauf hin, daß Arbeitsteilung und Arbeitsvereinigung Konzentration notwendig voraussetzen. Auch eine Obergrenze der Konzentration sei nicht ohne weiteres ersichtlich. Dem widersprechen Herr ERNST und Herr LEHMANN. Letzterer verweist auf die im Bundesbaugesetz vorgegebenen rechtlichen Grenzen. Im übrigen seien die Konzentrationstendenzen aber teilweise durchaus gerechtfertigt, so seien eine Reihe von Forderungen, z. B. auf dem Gebiet des Umweltschutzes, ohne Konzentration nicht mehr zu befriedigen. Eine gewisse Degeneration der Regionalplanung zur Anpassungsplanung ergebe sich allerdings daraus, daß zunehmend planerische Vorstellungen auf den entschiedenen Widerstand einer vermeintlich oder tatsächlich betroffenen Bevölkerung stoßen.

Herr RÖPER betont, daß Konzentration in der Volkswirtschaftslehre durchaus unterschiedlich bewertet werde: Räumliche Konzentration bedeute in erster Linie Konzentration der Arbeitsplätze, aber nicht notwendigerweise, wie der empirische Befund ohne weiteres zeige, auch eine Konzentration der Wohnplätze. Herr SCHÖLLER stimmt zu und ergänzt, daß die Frage des Planungsmaßstabes von großer Bedeutung sei; so müsse die Vergrößerung des Kommunalrasters auch notwendigerweise zu neuen Kriterien für die funktionale Versorgung der Bevölkerung führen.

In seinem Schlußwort stellt Herr NIEMEIER nochmals Konzentration als durchgängiges Prinzip des Landesentwicklungsprogrammes heraus und betont die Verpflichtung der Landesplanung auf mehr als nur die jeweiligen staatlichen Organe. Im übrigen sei die mehrfach angesprochene Anpassungsplanung in dem Versuch, abzufangen und zu steuern, was sich in der Zukunft abzeichnet, nicht nur durchaus vertretbar, sondern auch notwendig und gehöre insofern mit zu den elementaren Aufgaben der Landesplanung.

Egon Riffel

Fragen und Anmerkungen zur „Verdichtung durch Konzentration"

von

Heinrich Lowinski, Düsseldorf

Das Gesetz zur Landesentwicklung (Landesentwicklungsprogramm/LEPro) vom 19. März 1974 enthält Grundsätze und allgemeine Ziele der Raumordnung und Landesplanung. Der vom Gesetzgeber bewußt auf Auslegung angelegte Charakter der Grundsätze und die notwendigerweise relative Abstraktheit der allgemeinen Ziele des Landesentwicklungsprogramms gewährleisten ihrer Natur nach keine räumlich gleichzeitige und sachlich widerspruchsfreie Anwendung aller Teilziele des LEPro. Das ist ein Grund für offene Fragen, die sich aus dem LEPro ergeben. Ein anderer Grund liegt in der Notwendigkeit, jedes programmatische Zielsystem dieser Art ständig kritisch daraufhin zu hinterfragen, ob und inwieweit es im Zeitablauf nicht zuletzt bei sich erheblich verändernden Rahmenbedingungen gültig bleibt oder im Wege der Rückkoppelung durch Zielkorrektur reagieren muß. Darum hat der Gesetzgeber gemäß § 38 LEPro den Berichten der Landesregierung ausdrücklich eine „Wecker-Funktion" zugewiesen, „damit der Landtag rechtzeitig das LEPro entsprechend den neuen Erkenntnissen und Entwicklungen fortschreiben kann".

Ihrer besonderen Rolle im Rahmen des LEPro wegen gibt die Formulierung „Verdichtung durch Konzentration" immer wieder Anlaß zu Fragen, die geklärt werden müssen. Fragen dieser Art sind z. B.:

1 Werden die Begriffe „Verdichtung" und „Konzentration" nicht immer wieder unterschiedlich interpretiert?

- Gibt es einen grundlegenden Unterschied zwischen Verdichtung und Konzentration im landesplanerischen bzw. im städtebaulichen Sinne?

- Wie kann man die definitorische Subsumption „Verdichtung durch Konzentration" (§ 7 LEPro) ggf. verbessern?

2 Gibt es angesichts

- veränderter quantitativer und struktureller Rahmenbedingungen der Bevölkerungsentwicklung

- und insbesondere deren Konsequenzen für die Erwerbsstruktur und die Infrastrukturplanung einschließlich des Wohnungsbaus (Bestandspflege, Modernisierung statt Neubau)

- sowie veränderter wirtschaftlicher Wachstumsbedingungen (Umweltschutz, sektoraler und regionaler Strukturwandel)

Anlaß zur

2.1 generellen Überprüfung der Ziele der Landesplanung für die raumstrukturelle Entwicklung des Landes auf der Grundlage zonenbezogener Aufgabenstellung und räumlich-funktionaler Arbeitsteilung (§ 19 Abs. 3 und § 22 LEPro) oder zur

2.2 Überprüfung von Schwellenwerten im einzelnen nach Art und Maß

 – für die Abgrenzung von Verdichtungsgebieten (§ 19 Abs. 2 LEPro),

 – für die Auswahl von „Wachstumspolen" im Sinne von Entwicklungsschwerpunkten (§ 21 Abs. 2 LEPro),

 – für die Konzentration von Wohnungen und Arbeitsstätten in Siedlungsschwerpunkten (§ 6 LEPro)?

2.3 Im Zusammenhang mit den Siedlungsschwerpunkten ist von besonderem Interesse die Konkretisierung der Vorschrift des LEPro gemäß § 24 Abs. .:

„Es ist darauf hinzuwirken, daß in den Verdichtungsgebieten und den Entwicklungsschwerpunkten außerhalb der Verdichtungsgebiete ein ihrer jeweiligen Aufgabenstellung entsprechendes Maß baulicher Nutzung möglich ist.

Das gilt vor allem für Siedlungsschwerpunkte, die an Haltepunkten leistungsfähiger Linien des öffentlichen Personennahverkehrs liegen."

 – Gibt es zonenspezifische Ausprägungen von Siedlungsschwerpunkten?

 – Kann man funktionstypische Ausprägungen von Siedlungsschwerpunkten analog zur zentralörtlichen Gliederung unterscheiden?

 – Welchen Einfluß kann die Verkehrsentwicklung (Verkehrsverbundmodelle, Rückzug der Schiene aus der Fläche) auf die Ausprägung von Siedlungsschwerpunkten haben?

3 Die Strategie des Zielsystems des LEPro zur Entwicklung der Siedlungsstruktur sieht für alle drei Zonen gemäß § 19 LEPro trotz unterschiedlicher teilräumlicher raumstruktureller Funktionen als einheitliches räumliches Bezugsraster für die standortbezogene Bündelung des Angebots an öffentlichen und privaten Einrichtungen der Daseinsvorsorge eine das ganze Landesgebiet flächendeckend erfassende zentralörtliche Gliederung vor. In konzeptioneller Kongruenz mit dieser zentralörtlichen Gliederung ist gemäß § 21 LEPro „die Gesamtentwicklung des Landes auf ein System von Entwicklungsschwerpunkten und Entwicklungsachsen auszurichten".

Je nach den Antworten, die sich zu den Fragen zu 1 und 2 ergeben, müßte ggf. auch geprüft werden, ob, inwieweit und wann die im LEPro zugrundegelegte Kongruenz der zentralörtlichen Gliederung einerseits und des Systems der Entwicklungsschwerpunkte andererseits aufgrund veränderter Rahmenbedingungen zu modifizieren wäre.

4 Für die relative Dauerhaftigkeit der Erfordernisse „Verdichtung im Sinne von siedlungsräumlicher Schwerpunktbildung" spricht, daß es bei realistischer Beurteilung der weltwirtschaftlichen Entwicklungstendenzen solange weder sachlich noch ideologisch gesehen zur Disposition steht, als sich keine grundlegende Alternative zur industriellen Wirtschaftsweise als tragender Grundlage unserer Lebensbedingungen abzeichnet. Ob die wissenschaftlich diagnostizierte Fortentwicklung der Industriegesellschaft zur Dienstleistungs- und Funktionsgesellschaft zu einer solchen Alternative führen wird, bleibt abzuwarten. Soweit man das zur Zeit übersehen kann, dürfte diese Entwicklung in absehbarer Zeit das Erfordernis der Verdichtung der Besiedlung allerdings eher verstärken als mindern[1]).

5   Es darf nicht übersehen werden, daß der Gesetzgeber seine grundsätzliche Bejahung der Verdichtung an bestimmte Bedingungen geknüpft hat, weil ihm die vielfältigen Argumente, die gegen das Verdichtungsprinzip generell wie im einzelnen vorgebracht wurden und werden, durchaus bekannt waren. Aber er hat sich diese Argumente nicht unbesehen zu eigen gemacht, die vielfach einseitig nur die Nachteile der Verdichtung hervorkehren, ohne sie gegen die auch von ihren Kritikern als unverzichtbare Selbstverständlichkeit konsumierten Vorteile abzuwägen. Er hat sich vielmehr von der Überlegung leiten lassen, daß die siedlungsräumliche Verdichtung danach zu beurteilen ist, ob sie den Bedürfnissen der Menschen entspricht und die Grenzen der Raumkapazität im Sinne quantitativer und qualitativer sozioökonomischer und ökologischer Belastbarkeit einhält oder ob sie diese Grenzen überschreitet und deshalb der Grenznutzen ihrer unbestreitbaren Vorteile so gering wird, daß er die mit steigender Intensität der Raumordnung zwangsläufig verbundenen Nachteile (z. B. Vermassung durch Tendenz zu sozialer Entfremdung, Beeinträchtigung der Umweltverhältnisse, Verkehrsschwierigkeiten) nicht mehr aufwiegt (überproportionale social costs)[2].

6   Für die weitere Ausgestaltung des Verdichtungsprinzips in Form Allgemeiner Ziele (vgl. Abschnitt II des LEPro) und deren Entfaltung in Landesentwicklungsplänen sind aus den vorgenannten Rahmenbedingungen für die räumliche Struktur als Voraussetzung der anzustrebenden Verdichtung drei Teilaspekte von besonderem Interesse:

Was ist unter gesunden Lebens- und Arbeitsbedingungen zu verstehen?

Wann kann man von ausgewogenen infrastrukturellen, wirtschaftlichen, sozialen und kulturellen Verhältnissen sprechen?

Wodurch ist eine bedarfsgerechte Versorgung der Bevölkerung gekennzeichnet?

Alle drei Teilaspekte sind

–   weder aus einem statischen Blickwinkel heraus zu betrachten, da sie überwiegend an zeitbedingten, also variablen Bedürfnissen zu messen sind,

–   noch darf man sie ausschließlich oder in erster Linie isoliert ohne Berücksichtigung ihrer wechselseitigen Verflechtung als Bewertungskriterien heranziehen,

–   noch darf man sie rein standortbezogen ohne Berücksichtigung funktionaler Raumverflechtungen in Betracht ziehen[3].

---

[1]) Vgl. NIEMEIER – DAHLKE – LOWINSKI: Landesplanungsrecht Nordrhein-Westfalen, Essen 1977, S. 311 f.

[2]) Vgl. Ebenda, S. 315.

[3]) Vgl. Ebenda, S. 315 f.

Räumliche Planung und Entwicklungsplanung im nordrhein-westfälischen Landesentwicklungsprogramm – Der Versuch einer Synthese –

von

Hans-Gerhart Niemeier, Düsseldorf

Wenn im Zusammenhang mit räumlicher Planung, Raumordnung, Raumplanung oder Landesplanung von Entwicklungsplanung gesprochen wird, dann sind damit zwei völlig verschiedene, sich aber nicht widersprechende Begriffsinhalte gemeint.

Einmal – und das ist relativ einfach – wird darunter verstanden, daß die Landesplanung aus einer Negativ-, Anpassungs- oder Auffangplanung zu einer Positivplanung, eben zu einer Entwicklungs- oder Landesentwicklungsplanung geworden sei. Das also ist ein sozusagen interner Vorgang im angeblichen Selbstverständnis der Landesplanung. Demgegenüber ist mit Entwicklungsplanung in der nun seit Jahren andauernden Diskussion zwischen Raumordnern und Entwicklungsplanern in Wissenschaft und Praxis etwas völlig anderes gemeint, nämlich eine Planung aller öffentlichen Ebenen für einen möglichst großen Katalog von öffentlichen Aufgaben mit und ohne räumlichen Bezug, wobei jedoch Terminierung und Finanzierung dieser Planungen von vornherein mit prognostiziert und mit geplant werden[1]).

Zur Negativ- und Positivplanung muß gesagt werden, daß hierin kein gedanklicher, sondern höchstens ein historischer Entwicklungsschritt der Landesplanung zu sehen ist. Negativplanung soll bedeuten, daß sich die Landesplanung nur um das Freihalten von Räumen gekümmert habe, nicht aber um die Entwicklung in und auf diesen Räumen. Die Landesplanung habe ähnlich wie zunächst auch die Stadtplanung[2]) nur Auffang- oder Anpassungsplanung betrieben, also lediglich gewisse Rahmen abgesteckt für Initiativen öffentlicher und noch nicht einmal privater Stellen. Das ist zwar allgemeine Meinung, aber

---

[1]) Es wird davon abgesehen, hier das gesamte Schrifttum noch einmal anzuführen. Vollständig bis 1974 ist es erfaßt in dem Gutachten von FRITZ OSSENBÜHL für den 50. Deutschen Juristentag in Hamburg 1974: Welche normativen Anforderungen stellt der Verfassungsgrundsatz des demokratischen Rechtsstaates an die planende staatliche Tätigkeit? Dargestellt am Beispiel der Entwicklungsplanung, München 1974, s. B. 11 – B 18; vgl. ferner noch GERHARD WEGENER: Von der Entwicklungsplanung zur Aufgabenplanung? Die Öffentliche Verwaltung 1975, S. 365 ff., mit Erwiderung von FRIDO WAGENER, ebds., S. 370 ff.; FRIDO WAGENER: Stichwort Planung II (Lage und Zukunft der öffentlichen Planung), in: Evangelisches Staatslexikon, 2. Aufl., Stuttgart – Berlin 1975, Sp. 1827 ff.

[2]) GERD ALBERS: Stichwort Stadtentwicklungsplanung. In: Handwörterbuch der Raumforschung und Raumordnung, 2. Aufl., Hrsg. Akademie für Raumforschung und Landesplanung, Hannover 1970, Sp. 3202 f.

darum doch nicht richtig. Zwar hat die Landesplanung im Lauf der Jahre ihr Vokabularium immer stärker von „Ordnung" auf „Entwicklung" umgestellt. Aber der Entwicklungs- gedanke war von vornherein in ihrer Arbeit angelegt, denn Freihalten von Räumen beinhaltete selbstverständlich die Frage nach dem Zweck des Freihaltens, nach dem „wofür". Da nun aber in den Anfängen eine der wichtigsten Aufgaben der Landesplanung das Freihalten von Räumen im Interesse der Erhaltung von Natur und Landschaft war, entstand nur zu leicht der Eindruck, daß Landesplanung eine nur konservative Sache sei.

Einer der ersten deutschen Planungsverbände, der Siedlungsverband Ruhrkohlen- bezirk, wurde 1920 gegründet „zur Förderung der Siedlungtätigkeit", also doch wohl eindeutig für eine Entwicklung. Natürlich hat er bei seiner Tätigkeit Raum freigehalten, aber eben z. B. für Verkehrsbänder oder für Grünflächen. Die Landesplanungsgemein- schaft Rheinland hat in ihren Plänen Trassen freigehalten, aber eben für das mögliche Projekt eines Rhein-Maas-Kanals[3]), also eben doch für einen bestimmten Zweck.

Die Negativ-Planung, die die Landesplanung angeblich durch Jahrzehnte betrieben hat, ist in ihrer Rechtssituation begründet, die ihr die Ausführung ihrer Planungen und die Finanzierungsmittel dafür versagt. Aber an sich war der Landesplanung immer aufgegeben, auch die Entwicklung zu sehen und zu planen. So heißt es bereits in einer Schrift aus dem Jahre 1929[4]): „Die Ziele der Landesplanung sind zweifacher Art: positive und negative. Die negativen, zunächst wichtigeren, Ziele bestehen darin, den wilden und unorganisierten Anbau zu verhindern, die zukünftigen Verkehrslinien der Verbauung zu entziehen und die Bevölkerung vor den hygienischen und sozialen Schäden einer übertriebenen Konzentration zu schützen. Die positiven Ziele bestehen darin, nach großen volkswirtschaftlichen Gesichtspunkten, nicht nach Augenblicksvorteilen, der Bevölke- rung sowie der landwirtschaftlichen, industriellen und bergbaulichen Produktion durch Bereitstellung der erforderlichen Flächen den Lebensraum für die Zukunft zu sichern." Und fast 25 Jahre später, 1953, definierte die Arbeitsgemeinschaft der Landesplaner der Bundesrepublik Deutschland[5]): „Landesplanung (Regionalplanung) ist die Aufgabe, ein Programm zur planmäßigen Entwicklung menschlicher Kräfte und dem Menschen nutzbarer, natürlicher Gegebenheiten ... aufzustellen." Und dieser Aufgabe haben ein „Entwicklungsprogramm" und „Entwicklungspläne" – dies der Sprachgebrauch von 1953 – zu dienen. Und schließlich hieß es wiederum fast 10 Jahre später im 2. Landesplanungs- gesetz von Nordrhein-Westfalen vom 7. Mai 1962 (GV.NW. S. 229), daß die Landesplanung die Gestaltung des Raumes in der Weise beeinflussen solle, daß erwünschte Entwicklungen ermöglicht und gefördert würden. Damit ist beispielhaft ein Weg aufgezeigt vom Schrifttum (1929) über offizielle Beschlüsse von Fachleuten (1953) bis hin zum Eingehen in den Gesetzeswortlaut (1962).

Landesplanung war immer auch dem gedanklichen Ansatz nach Landesentwicklungs- planung. Daß die praktische Arbeit der Landesplanung erst allmählich von der Koordination von Raumansprüchen in konkreten Einzelfällen zu einer Gesamtschau der Landesentwicklung vorstoßen konnte, bedarf wohl nicht der Erklärung, da es eine Binsenwahrheit ist, daß jeder Wissenschaftszweig und jede neue Verwaltungsaufgabe nicht sofort in Vollkommenheit vorhanden ist, sondern einen Entstehungs- und Fortschritts- zeitraum benötigt.

---

[3]) Auswertungsbericht der Sachverständigenkommission zum Generalverkehrsplan Nordrhein- Westfalen, Düsseldorf 1970, S. 72 ff.

[4]) JÜRGEN BRANDT: Landesplanung, Berlin 1929, S. 15.

[5]) Landesplanung – Begriffe und Richtlinien, Düsseldorf 1953, S. 14.

Die Unterscheidung von Negativ- und Positivplanung ist also vielleicht hier und da eine praktische Stufenfolge im Verwaltungsgeschehen gewesen, aber im Selbstverständnis der Landesplanung nicht begründet. Das bedarf der Klarstellung, um die Konfrontation mit der eigentlich gemeinten Entwicklungsplanung deutlicher zu sehen. Dabei soll allerdings nicht geleugnet werden, daß die Entwicklungsplanung sehr viel dazu beigetragen hat, daß die Landesplanung sich ihrer Entwicklungsaufgabe bewußter geworden ist. Um der klaren Unterscheidung willen wird im Kommenden von Landesentwicklungsplanung als der räumlichen Planung und, etwas ungenau, von Gesamtentwicklungsplanung gesprochen.

Hier kommt es nicht darauf an, den Streit um die Gesamtentwicklungsplanung fortzusetzen. Allerdings sollte man auf Seiten dieser Planung auch etwas davon sehen, welche sachlichen Vorteile darin liegen, daß es Landesentwicklungsprogramme ohne Zeit- und Ressourcen-Bezug gibt. Diese Programme bedürfen allerdings der Durchführungsplanungen, die diese Bezüge haben müssen. Im übrigen ist es auch nicht sehr problematisch, landesplanerische Pläne selbst, wenn man es absolut will, durch zeitliche Vorstellungen und finanzielle Fundierungen zu ergänzen, obwohl mir das nach wie vor eine unnötige Konzession zu sein scheint, weil Landesplanung ihre lang- und höchstens mittelfristigen Vorstellungen zunächst unabhängig von Augenblickssituationen einmal darstellen sollte.

Aber die eigentliche Schwierigkeit der Annäherung zwischen Gesamtentwicklungsplanung und Landesplanung liegt im Raumbezug, in der Raumorientiertheit der Landesplanung.

Es ist aber nun doch die Frage, ob dieser Raumbezug nicht schon in manchen Beziehungen so abstrahiert, so mittelbar gemacht worden ist, daß die absolute und starre Grenze zwischen Landesplanung und Gesamtentwicklungsplanung längst nicht mehr so hart ist, wie man aus den Diskussionen schließen müßte. Etwas optimistisch könnte man meinen, daß der Streit zwischen beiden Richtungen nun doch allmählich einen überzeugenden praktischen Wert verloren hat. Man ist versucht zu sagen, daß einerseits der Gesamtentwicklungsplanung große Erfolge nicht beschieden wurden, daß aber andererseits die Landesplanung soweit in die Entwicklungsplanung vorgestoßen ist, daß die Aufrechterhaltung der Fronten in etwa sinnlos zu werden scheint. Es ist einsichtig, daß das nicht kristallklarer Wissenschaftlichkeit entspricht, vielleicht aber doch etwas praktischen Notwendigkeiten, und diese dürften für die Raumordnung wichtiger sein als lupenreine methodische Streitigkeiten. Es ist doch recht überraschend, daß F. WAGENER, einer der Hauptvertreter der Gesamtentwicklungsplanung, von Hessen, das das erste Bundesland mit umfassender Entwicklungsplanung war (Großer Hessenplan – Hessen '80), sagt und sagen muß, hier sei Entwicklungsplanung gleichzeitig Landesplanung[6]. Das ergibt sich aus § 1 des Hessischen Feststellungsgesetzes[7].

Am Landesentwicklungsprogramm von Nordrhein-Westfalen, d. h. also am Gesetz zur Landesentwicklung vom 19. März 1974 (GV.NW. S. 96), soll untersucht werden, inwieweit es einen Ansatz bietet zur Gesamtentwicklungsplanung, ob eine etwaige Weiterentwicklung zu einem umfassenden Entwicklungsprogramm daraus möglich ist, wenn auch vielleicht nicht in Gesetzesform, wie weit also der Raumbezug nur noch Basis,

---

[6]) Ev. Staatslexikon (s. Anm. 1), Sp. 1828.

[7]) Gesetz über die Feststellung des Hessischen Landesraumordnungsprogramms und zur Änderung des Hessischen Landesplanungsgesetzes (Hessisches Feststellungsgesetz) vom 18. März 1970 (GVBl. I S. 265).

nicht aber mehr ausschließlicher Betrachtungsgegenstand dieses Gesetzes ist, wie weit es sich nicht mehr um die Ordnung des Raumes, um die Planung für ein Gebiet, sondern vielmehr um die Ordnung, Planung und Gestaltung des Lebens in diesem Raum, in diesem Gebiet handelt.

Ein solcher Zug vom Raum zum Leben zeigt sich auch schon andeutend in der Beschreibung der Aufgabe der Landesplanung in den vier nordrhein-westfälischen Landesplanungsgesetzen[8]). 1950 heißt es eindeutig, daß die Landesplanung die übergeordnete zusammenfassende Planung für eine den sozialen, kulturellen und wirtschaftlichen Erfordernissen entsprechende Raumordnung im Lande Nordrhein-Westfalen zu entwikkeln habe. Es ist also auf den Raum, die Erdoberfläche und auf das Staatsgebiet Bezug genommen. 1962 wird als Gegenstand und Aufgabe der Landesplanung die übergeordnete, überörtliche und zusammenfassende Planung für eine den sozialen, kulturellen und wirtschaftlichen Erfordernissen entsprechende Raumordnung bezeichnet. Es soll sicherlich nicht überbewertet werden, daß der Hinweis auf den konkreten Raum Nordrhein-Westfalen weggefallen ist, aber eine gewisse Loslösung vom Raum kann man doch darin sehen. Interessanter ist schon, daß es 1962 zusätzlich der Landesplanung aufgegeben wird (§ 1 Abs. 2), die Gestaltung des Raumes in der Weise zu beeinflussen, daß unerwünschte Entwicklungen verhindert und erwünschte Entwicklungen ermöglicht und gefördert werden. Damit wird zweierlei gesagt: einmal, daß Landesplanung Entwicklungsplanung sei, und zum anderen, daß der Raum nicht etwas Unabänderliches, sondern etwas Beeinflußbares, Manipulierbares, Machbares darstellt. Nicht der ewig sich gleichbleibende Raum, nicht Natur und Landschaft sind Gegenstand der Landesplanung, sondern Leben und Geschehen, negative und positive Entwicklungen auf diesem Raum.

1972 wird der Gedanke der Landesentwicklung in den Vordergrund gestellt. Vom Raum ist überhaupt nicht mehr die Rede; nur werden die „Grundsätze der Raumordnung" aus dem Bundesrecht (§ 2 Abs. 1 ROG) in Landesrecht transformiert. 1962 hieß es noch, daß die Landesplanung „die Gestaltung des Raumes" beeinflussen sollte; das ist 1972 durch „die Landesentwicklung" ersetzt worden, so daß es nun heißt, die Landesplanung solle die Landesentwicklung in der Weise beeinflussen, daß unerwünschte Entwicklungen verhindert und erwünschte Entwicklungen ermöglicht und gefördert werden. Und diese Landesentwicklung ist in keinerlei Beziehung mehr zum Raum gesetzt. Dem isolierten Wortlaut nach geht das natürlich weit über alle bisherigen Vorstellungen zum Gegenstand und zur Aufgabe der Landesplanung hinaus. Angesprochen ist damit die gesamte Landesentwicklung ohne jeglichen räumlichen Bezug. Da dies aber in einem Landesplanungsgesetz steht, kann man um des guten Verhältnisses zu den Fachverwaltungen willen diesen Satz wohl doch nur restriktiv auslegen, zumal in § 10 des Gesetzes von 1972 als Inhalt des Landesentwicklungsprogramms die Grundsätze und allgemeinen Ziele der *Raum*ordnung und Landesplanung für die Gesamtentwicklung des Landes, für alle *raum*bedeutsamen Planungen und Maßnahmen einschließlich der *raum*wirksamen Investitionen bezeichnet werden.

Aber es kann einfach nicht übersehen werden, daß es 1972, als die Diskussion um Landesplanung und Gesamtentwicklungsplanung schon recht lebhaft war, dem Verwaltungszweig Landesplanung gelungen ist, in den Gesetzesbestimmungen eine recht umfassende Generalklausel für seinen Aufgabenbereich durchzusetzen. Es gelang, ein bißchen die Grenzen, die sich die Landesplanung durch die Bezugnahme auf den Raum

---

[8]) S. jeweils § 1 der Gesetze vom 11. März 1950 (GV.NW. S. 41), vom 7. Mai 1962 (GV.NW. S. 229), vom 1. August 1972 (GV.NW. S. 244) und vom 3. Juni 1975 (GV.NW. S. 450).

22

selbst gesetzt hatte, zwar nicht zu überwinden, aber doch auszuweiten und elastischer zu gestalten. Dahinter steht natürlich die Erkenntnis, daß eine moderne Landesentwicklung nicht nur raumbezogen ist, also auch nicht nur raumbezogen betrieben werden kann. In diesen Zusammenhang gehört, daß der Innenminister des Landes in einer im Zuge der Verwaltungsreform am 30. November 1971 abgegebenen Erklärung von der neuen Sinngebung der Landesplanung als Landesentwicklungsplanung für die räumliche *und strukturelle Gesamtentwicklung* des Landes sprach.

In der Gesetzesfassung von 1975 wurde die fortschrittliche Fassung von 1972 unverändert übernommen. Allerdings ist in § 1 Abs. 3 der Bezug auf Nordrhein-Westfalen wieder etwas verstärkt worden, da dort von der Landesplanung „im Lande und im Regierungsbezirk" die Rede ist. Das ist aber darauf zurückzuführen, daß durch das Gesetz von 1975 bei den Bezirksregierungen Bezirksplanungsräte eingeführt worden sind; es bedurfte deshalb der Betonung, daß in Nordrhein-Westfalen Landesplanung nach wie vor eine gemeinschaftliche Aufgabe von Staat und Selbstverwaltung ist, was eben in § 1 Abs. 3 der Gesetze von 1962, 1972 und nun auch 1975 gesagt wurde.

Die Frage ist nun, ob es der Landesplanung im Landesentwicklungsprogramm von 1974 gelungen ist, entsprechend der 1972 und 1975 gesetzlich festgelegten Klausel über ihre Aufgabe den Raumbezug ihrer Tätigkeit zurückzudrängen. Das ist nicht ganz klar und eindeutig ersichtlich. Auch eine Gesamtentwicklungsplanung kann nicht auf jeden räumlichen Bezug verzichten, wie das Nordrhein-Westfalen-Programm 1975 oder das Landesentwicklungsprogramm Niedersachsen 1985 deutlich zeigen. Man könnte sogar das Gegenteil für das Landesentwicklungsprogramm feststellen, nämlich daß der Raumbezug doch sehr deutlich ist. Denn die „räumliche Struktur" wird im Landesentwicklungsprogramm wörtlich angesprochen in den §§ 1, 3, 4, 5, 8, 14, 19, 25, 32, 33, 34 und die Siedlungsstruktur außerdem in den §§ 6, 10, 17, 19, 20, 24, 31. Die Generalklausel des § 1 Abs. 2 des Landesplanungsgesetzes von 1972 wäre also nicht ausgenutzt. Natürlich ist das ganze Programm auf den Raum bezogen angelegt. Das ergibt sich ganz klar aus dem ihm zu Grunde liegenden Gedanken der Konzentration der Bevölkerung, die natürlich eine räumliche Konzentration ist. Dieser Gedanke findet seinen Ausdruck in der zentralört-lichen Gliederung, im System der Entwicklungsschwerpunkte und Entwicklungsachsen und in dem Ziel der Ausrichtung auf Siedlungsschwerpunkte.

Aber dennoch finden sich Ansätze, die den räumlichen Bezug nicht so stark in den Vordergrund stellen. Dafür finden sich Beispiele in den Abschnitten I (Grundsätze der Raumordnung und Landesplanung) und III (Allgemeine Ziele der Raumordnung und Landesplanung für Sachbereiche), verständlicherweise weniger in Abschnitt II, der die allgemeinen Ziele der Raumordnung und Landesplanung für die *räumliche* Struktur des Landes behandelt.

Aus dem Abschnitt I verdienen in diesem Zusammenhang folgende Bestimmungen der Betrachtung: § 1 behandelt zwar die räumliche Struktur des Landes und ihre natürlichen Gegebenheiten, aber einmal sind bei der Entwicklung dieses Raumes der Umweltschutz und die infrastrukturellen, wirtschaftlichen, sozialen und kulturellen Erfordernisse zu beachten. Das bedeutete, daß der Raum nicht als Selbstzweck genommen wird, sondern Plattform für menschliche Erfordernisse vielfältiger Art ist. Entscheidend aber ist, daß Aufgabe der Landesplanung nicht der Raum, sondern die freie Entfaltung der Persönlichkeit in der Gemeinschaft ist. Das entspricht bekanntlich wörtlich § 1 Abs. 1 ROG. Daß diese Freiheit der Persönlichkeit Aufgabe der Landesplanung ist, ist aber nicht selbstverständlich. Der Zweck der Raumordnung könnte viel raumbezogener sein, etwa: „Grund und Boden sind die Grundlagen von Volk und Reich . . . Die Reichsstelle (für

Raumordnung) hat darüber zu wachen, daß der deutsche Raum in einer den Notwendigkeiten von Volk und Staat entsprechenden Weise gestaltet wird"[9]). Und weiter wird 1936 angeordnet, daß die Organisationen der Landesplanung auf die zweckmäßigste Ausnützung dieses Raumes hinzuwirken haben[10]). Eigentlich wäre doch das gegebene Ziel der Raumordnung eine gute, sinnvolle, zweckmäßige Gestaltung und Ausnutzung des Raumes. Aber die Aufgabe der Raumordnung hat sich vom Raum gelöst; Freiheit der Persönlichkeit ist ihr Zweck, obwohl die Persönlichkeit und ihre Freiheit zunächst nichts mit Raum zu tun hat. Der Zweck der Raumordnung wird also nicht aus dem Raum entwickelt, sondern stellt sich als ein Gesichtspunkt dar, der irgendwie von außen an die Raumordnung herangetragen wird. Das kann aber nicht ohne Auswirkungen auf die Raumordnung sein.

Auch § 4 LEPro spricht von der räumlichen Struktur. Aber Sinn aller raumordnenden Tätigkeit ist darüber hinaus die Schaffung von Voraussetzungen für gleichwertige Lebensbedingungen. Freiheit der Persönlichkeit kann nur gewährleistet werden durch gleichwertige Lebensbedingungen. Sie zu erreichen ist Sinn des gesamten Programms mit all seinen Unterzielen für die gesamte räumliche Struktur und für die gesamten Sachbereiche.

Die eigentliche Aufgabe des Landesentwicklungsprogramms ist also nicht mehr raumbezogen oder, etwas vorsichtiger ausgedrückt, nicht mehr überwiegend raumbezogen. Nach unserem derzeitigen Verfassungssystem, dessen Aufgabe die Verwirklichung des Sozial- und Rechtsstaates ist, könnte ein Gesamtentwicklungsprogramm *auch* kein anderes Ziel haben als die Herstellung gleichwertiger Lebensbedingungen, um die Freiheit der Persönlichkeit in der Gemeinschaft zu schaffen und zu sichern.

Wenn das Programm bestimmt (§ 2), daß die natürlichen Lebensgrundlagen, dargestellt durch Luft, Wasser, Boden, Pflanzen- und Tierwelt, zu schützen sind und daß zur Landesentwicklung auch die nachhaltige Leistungsfähigkeit des Naturhaushalts gehört, so liegt dem in etwa noch ein gewisser Raumbezug zu Grunde, aber primär ist doch das Leben und Treiben, das Wesen und Unwesen dieses Lebens und Treibens auf der Erde gemeint. Wenn die Bevölkerung vor unzumutbaren Auswirkungen von Einrichtungen und Maßnahmen der Wirtschaft, des Verkehrs und der Versorgung geschützt werden soll (§ 15), dann ist das einfach nur noch eine sehr mittelbare Ordnung des Raumes.

Ähnliche Beispiele lassen sich aus Abschnitt III anführen: § 25 (Gewerbliche Wirtschaft) erstrebt die Erhöhung der Produktivität, die Erweiterung der wachstumsstarken Bereiche der Wirtschaft, die Sicherung der Erwerbsgrundlagen der Bevölkerung. Das hat mit Raumordnung im alten Sinne nur noch sehr wenig zu tun.

Was zu Freizeit und Erholungsbedürfnissen der Bevölkerung gesagt wird (§§ 16, 22 [Gebiete mit besonderer Bedeutung für Freiraumfunktionen], 27 [Land- und Forstwirtschaft], 29 [Erholung, Fremdenverkehr, Sportanlagen], 32 [Landschaftentwicklung]) hat zwar unterschiedlich starke Raumbezüge, ist aber alles nur zu verstehen unter dem Gesichtspunkt der Schaffung von einigermaßen guten und gleichwertigen Lebensbedingungen.

---

[9]) Gesetz über die Regelung des Landbedarfs der öffentlichen Hand vom 29. März 1935 (RGBl. I S. 428) in Verbindung mit dem Erlaß über die Reichsstelle für Raumordnung vom 26. Juni 1935 (RGBl. I S. 793).

[10]) § 4 II der Ersten Verordnung zur Durchführung der Reichs- und Landesplanung vom 15. Februar 1936 (RGBl. I S. 104).

Es sei stichwortartig noch auf folgende Regelungen des Abschnitts III hingewiesen, die mit Ordnung des Raumes nicht mehr allzuviel zu tun haben:

§ 24 Abs. 8: die unterschiedlichen Wohnbedürfnisse der Bevölkerung sind sicherzustellen,

§ 26: preisgünstige Energieversorgung,

§ 27: Rentabilität der Landwirtschaft,

§ 28: hohe Reisegeschwindigkeit für Eisenbahnen, interkontinentaler Luftverkehr, Rationalisierung des Binnenwasserstraßenverkehrs, detaillierte Vorschriften für den öffentlichen Personennahverkehr bis zu technischen Einzelheiten,

§ 29: nicht nur Räume für Erholung, sondern ein differenziertes Angebot von Freizeit- und Erholungseinrichtungen für alle Freizeitbedürfnisse der Bevölkerung wird verlangt,

§ 30: fachliche Gliederung der Bildungseinrichtungen, Einrichtungen der Weiterbildung, außerschulische Jugendbildung, Umschulung,

§ 31: abgestuftes System von Krankenhäusern,

§ 32: Zugänglichkeit der Uferbereiche, Erholungsanlagen nach Abschluß von Abgrabungen.

Es ist nicht der Sinn dieser Untersuchung, nun für das gesamte Landesentwicklungsprogramm darzustellen, wieweit man sich dabei bewußt und unbewußt vom Raumbezug gelöst hat; wichtig ist vielmehr zu sehen, daß dieses überhaupt, und zwar sowohl im Grundsätzlichen, in den Grundsätzen der Raumordnung und Landesplanung (Abschnitt I) als auch in den Bestimmungen für einzelne Sachbereiche (Abschnitt III), in einem nicht zu übersehendem Ausmaß geschehen ist.

Man wird auch feststellen dürfen, daß eine Fülle, und zwar die große Masse der Aufgaben der öffentlichen Hand, angesprochen wird. Für jedes Ministerium, abgesehen vom Finanzministerium, das dafür im Hintergrund aber fast immer mitgemeint ist, finden sich Hinweise. Vergleicht man das Landesentwicklungsprogramm mit den Abschnitten eines Gesamtentwicklungsprogramms, nämlich dem Nordrhein-Westfalen-Programm 1975, so ergeben sich folgende Beziehungen:

Nordrhein-Westfalen-Programm	Landesentwicklungsprogramm	
Arbeit und Wirtschaft	§ 10	Standortvoraussetzungen
	§ 17	Erhaltung von Land- und Forstwirtschaft
	§ 18	Nutzbare Lagerstätten
	§ 25	Gewerbliche Wirtschaft
	§ 26	Energiewirtschaft
	§ 27	Land- und Forstwirtschaft als Wirtschaftszweige
Bildung und Forschung	§ 30	Bildungswesen
Planung	§ 1	Zweck des Planens
	§ 3	Integration in Bundesgebiet und Europa
	§ 4	Ziel: gleichwertige Lebensbedingungen

Planung	§ 8	Strukturverbesserung in Verdichtungsgebieten
	§ 19	Siedlungsräumliche Grundstruktur
	§ 20	Zentralörtliche Gliederung
	§ 21	Entwicklungsschwerpunkte und Entwicklungsachsen
Bau	§ 6	Siedlungsschwerpunkte
	§ 7	Konzentration von Wohnungen und Arbeitsstätten
	§ 9	Konzentration in zentralen Orten
	§ 24	Städtebau und Wohnungswesen
Verkehr	§ 11	Ausstattung mit Verkehrsanlagen
	§ 12	Großräumige Lage des Landes
	§ 13	Verkehrswege – Entwicklungsachsen
	§ 28	Detaillierte Vorschriften für Schienenverkehr, Straßenverkehr, Luftverkehr, Binnenwasserstraßenverkehr, öffentlichen Personennahverkehr
Freizeit und Kultur	§ 16	Sicherung von Räumen
	§ 22	Erholungsfreiräume
	§ 29	Erholung, Fremdenverkehr, Sportanlagen
	§ 32	Landschaftsentwicklung
Gesundheit und Soziales	§ 31	Gesundheitswesen, Sozialhilfe, Jugendhilfe
Wasser	§ 2	Schutz des Wassers
	§ 22	Wasserschutzgebiete
	§ 33	Wasserwirtschaft
Abfall	§ 2	Schutz der natürlichen Lebensgrundlagen
	§ 34	Abfallbeseitigung
Luft	§ 2	Schutz der Luft
	§ 15	Immissionsschutz
Lärm	§ 15	Immissionsschutz
Regierung und Verwaltung	§ 3	Integration im Bundesgebiet und Europa
	§ 5	Verwaltungs- und Gerichtsbezirke
Finanzierung	– – –	

Hiermit soll gezeigt werden, daß die überwiegende Zahl der Probleme, die in einem Gesamtentwicklungsprogramm zur Sprache kommen, auch in Programmen der Landesplanung angesprochen werden müssen. Allerdings fehlen neben Finanzierung und Zeitbezug manche Dinge, die auch nicht im entferntesten einen Raumbezug haben. Aus dem Nordrhein-Westfalen-Programm seien etwa genannt: Steinkohlenverstromung, Kohletechnik, Forschung (z. B. Friedensforschung), Versicherungswesen, Datenverarbeitung, Aus- und Fortbildung des Personals im öffentlichen Dienst.

Natürlich sind Landes- und Gesamtentwicklungsplanung nicht deckungsgleich. Aber auf die sachlichen und methodischen Auseinandersetzungen wird viel Kraft und Zeit vertan. Die bekannten Gesamtentwicklungsprogramme einerseits und die Programme der Landesplanung andererseits nähern sich einander immer mehr; der Weg zum Streit um reine Theoreme, also um des Kaisers Bart, scheint allmählich beschritten zu werden.

Man könnte wagen zu sagen, daß die Gesamtentwicklungsplanung noch nicht zur Ausreifung gediehen ist. Das ist das klare Ergebnis der Verhandlungen des 50. Deutschen Juristentages in Hamburg 1974[11]). Man muß aber andererseits feststellen, daß Raumordnung und Landesplanung über ihren ursprünglichen Denkansatz hinaus nicht nur den Entwicklungsgedanken strikt in den Vordergrund gestellt haben, sondern auch erheblich über den reinen Raumansatz hinausgewachsen sind und ihre Aufgabe nicht mehr nur in der Koordination von Raumansprüchen, sondern in der Gestaltung des Lebens auf der Bühne des Raumes sehen. Deshalb wird hier die Auffassung vertreten, daß es nicht sinnvoll ist, die Auseinandersetzungen um Gesamtentwicklungsplanung und Landesentwicklungsplanung fortzusetzen, daß es vielmehr gedanklich und praktisch ergiebiger ist, die in der Landesplanung vorhandenen Planungsansätze, die über Ordnung des Raumes und Raumbezug hinausweisen, in Richtung einer Gesamtentwicklungsplanung auszubauen.

Das ist allerdings nicht ganz ungefährlich. Der Raumbezug darf bei solcher Planung nicht übersehen werden. Auf Länder- und Gemeindeebene haben die meisten Planungen Folgen für den Raum. Raumkoordination, Raumgestaltung bleiben Aufgabe der Landesplanung, aber eben nicht mehr nur diese.

So ohne weiteres ist das natürlich nicht durchführbar. Aber es wäre schon sehr viel gewonnen, wenn organisatorisch Gesamtentwicklungsprogramm und Landesentwicklungsprogramm nicht mehr in unterschiedlichen Verwaltungseinheiten erarbeitet würden. Es müßte eine Verwaltungseinheit gesucht werden, die Landesplanung, Finanzplanung und Einzelabschnitte der Durchführungsplanung zu einer Gesamtentwicklungsplanung in sich vereinigt.

Eine weitere Gefahr der erweiterten Raumordnung ist die darin angelegte Gefahr einer zentralisierten Staatsplanung. Sie ist verfassungwidrig, aber einmal sind Verfassungen abänderbar, und zum anderen können sie durch theoretische und praktische Entwicklungen ausgehöhlt werden.

Das nordrhein-westfälische Gesetz zur Landesentwicklung ist allerdings isoliert betrachtet als Ansatz für eine Gesamtentwicklungsplanung zu abstrakt. Nur im Zusammenhang mit den darauf aufbauenden Landesentwicklungsplänen mit ihren ganz eindeutigen konkreten Aussagen sind darin Möglichkeiten für eine Gesamtentwicklungsplanung zu sehen; aber sie sollte man auch sehen. Es wird hier davon abgesehen, die Möglichkeiten gedanklicher, rechtlicher und organisatorischer Art für eine Vereinigung von Landesentwicklungsplanung und Gesamtentwicklungsplanung bis in Einzelheiten zu erörtern. Hier sollte nur die Behauptung, die These verdeutlicht werden, daß dazu im Landesentwicklungsprogramm von Nordrhein-Westfalen bei gutem Willen gute Möglichkeiten gefunden werden könnten.

---

[11]) Gutachten Ossenbühl – vgl. Anm. 1 –, S. B 205, und Sitzungsbericht dazu S. I 229: „. . . unter Ablehnung der Kodifikationsreife der Entwicklungsplanung.

Diskussionsbericht zum Beitrag von Hans-Gerhart Niemeier:
Räumliche Planung und Entwicklungsplanung
im nordrhein-westfälischen Landesentwicklungsprogramm

Eine ausgedehnte und lebhafte Diskussion schließt sich an. Als erster Redner stimmt Herr ERNST den Grundzügen des Referats zu und bestätigt die „Klarstellung" von Herrn NIEMEIER, daß Landesplanung nie nur Negativplanung gewesen sei und daß der Raumbezug heute in einem viel weiteren Sinne verstanden werde. Das zentrale Problem bilde das Verständnis des Raumbezugs. Herr ERNST schlägt die Definition „Verteilung menschlicher Aktivitäten im Raum" vor, womit ein menschlicher bzw. gesellschaftsbezogener Raumbegriff angesprochen sei, der über das Verständnis von „Raumbezug" im älteren Sinne hinausgehe. Verstehe man Raumbezug in diesem Sinne, so ließen sich die öffentlichen Aufgaben relativ eindeutig klassifizieren: So seien die Aufgaben des Bundes überwiegend *nicht*, die des Landes dagegen *teilweise* raumbezogen, während auf der Ebene der Kommunen nahezu *alle* Aufgaben Raumbezug aufweisen. Im übrigen schlägt Herr ERNST vor, an Stelle des Begriffs „Gesamtentwicklungsplanung" den Begriff „Aufgaben-planung" für den Gesamtbereich der öffentlichen Aufgaben zu verwenden. Damit ergebe sich eine klare Gliederung zwischen der „Raumplanung" im engeren Sinne und der „Aufgabenplanung" im weiteren Sinne, innerhalb deren die Raumplanung einen gewichtigen Teil ausmache. Das unterscheidende Kriterium sei der Raumbezug im genannten Sinne, wobei sich eine weitgehende Deckungsgleichheit höchstens auf der untersten Ebene der Kommune zeige, während auf den höheren Ebenen der Raumbezug immer weiter zurücktrete.

Auch Herr GADEGAST spricht sich für das alternative Begriffspaar „Aufgabenplanung" und „Raumplanung" aus und sieht bei beiden Planungsarten zusätzlich einen Unterschied hinsichtlich der Beteiligung der „Betroffenen", die bei der Raumplanung stärker als bei der nicht raumbezogenen Aufgabenplanung bestehe.

Demgegenüber betont Herr NIEMEIER, daß die Beteiligung der „Betroffenen" auch bei den nicht raumbezogenen Regierungsaufgaben gegeben sei, wenn auch in anderer Form. Im übrigen weist Herr NIEMEIER noch einmal darauf hin, wie bedenklich die organisatorische Trennung von Raumplanung und Aufgabenplanung in Anbetracht ihrer ständigen Annäherung sei. Herr GADEGAST stimmt der Notwendigkeit organisatorischer Konsequenzen zu, doch seien sie praktisch undurchführbar, da die gesamte Aufgabenpla-nung nicht in einem Ressort zusammengefaßt werden könne.

Herr OTREMBA fragt nach einer Klärung der sachlichen Gegensätze zwischen Raumordnung und Entwicklungsplanung und betont die vielfältigen Raumbezüge von Maßnahmen auch auf der Ebene des Bundes.

Herr ERNST spricht sich noch einmal für den Terminus „Aufgabenplanung" an Stelle von „Gesamtentwicklungsplanung" aus, da Planung nur einige Elemente der Gesellschaft, jedoch nicht die Gesamtentwicklung steuern könne. Bezogen auf die Frage von Herrn OTREMBA stellt Herr ERNST die mangelnde Deckungsgleichheit von Raumplanung und Aufgabenplanung heraus. So bestehe bei der Raumplanung juristisch eine Rechtshierarchie von oben nach unten, indem beispielsweise ein Regionalplan höhere Rechtskraft besitze als ein kommunaler Bebauungsplan. Bezogen auf eine Bemerkung von Herrn GADEGAST betont auch Herr ERNST, daß auch bei der nicht raumbezogenen Aufgabenplanung die

Mitwirkung der Betroffenen gegeben sei, wenn auch nicht im staatlich-institutionalisierten Raum, sondern im vorstaatlich-parteipolitischen Raum. Herr NIEMEIER stellt klar, daß er die völlige Deckungsgleichheit in seinem Referat nicht behauptet habe; auch auf der Ebene des Landes bestünden Aufgaben ohne Raumbezug.

Herr SCHÖLLER fragt, ob generell ein Ausgleich der alternativen Planungskonzeptionen festzustellen sei oder ob dies in der Hierarchie staatlicher bzw. kommunaler Ebenen unterschiedlich sei. Herr GADEGAST stimmt für die Ebene des Landes im Sinne des Referats von Herrn NIEMEIER zu: Die Landesplanung sei im letzten Jahrzehnt viel konkreter geworden. An der Erarbeitung des Landesentwicklungsplans III seien beispielsweise fast alle Ressorts beteiligt gewesen, so daß die Landesplanung in der Praxis eine Vielzahl von Aufgaben aufgreife. Demgegenüber seien die Ergebnisse der umfassenden Entwicklungsplanung eher enttäuschend, und es sei kaum damit zu rechnen, daß das „Nordrhein-Westfalen-Programm 1975" weiterentwickelt werde. Die Ansprüche der Entwicklungsplanung seien radikal zurückgeschraubt, so daß sich auf der unteren Ebene der Planungspraxis eine Annäherung ergebe.

Herr LOWINSKI betont jedoch, daß der Weg von der Fachplanung über die Landesplanung zur Entwicklungsplanung irreversibel sei. Eine Verschiebung bestehe wohl im Bereich der Zielsetzung, jedoch weniger hinsichtlich der Umsetzung, denn bei der Planungsverwirklichung werde der Raumbezug aktuell, so daß in der Planungspraxis die Unterschiede an Gewicht verlören. Dennoch bleibe als Hauptproblem die organisatorische Koordination zwischen Landesplanung (Staatskanzlei) und Ressortplanung.

Herr ERNST stimmt zu und wendet sich gegen das mögliche Mißverständnis, daß alle Aufgaben mit Raumbezug Entscheidungsaufgabe des Raumplaners sein könnten. Bei Ressortaufgaben mit Raumbezug könne (und müsse) der Raumplaner höchstens auf räumliche Auswirkungen hinweisen und beratend mitwirken. In diesem Zusammenhang verweist Herr LOWINSKI auf die Problematik der Ressortkompetenz, wie sie sich vor allem beim Wirtschaftsministerium zeige, und spricht sich statt dessen für eine stärkere Verlagerung der Entscheidungsbefugnis in das Kabinett aus.

Herr BLOCH möchte den Begriff „Aufgaben" näher differenzieren und trennt zwischen langfristigen Plänen und der Planungsverwirklichung. Letztere können als „koordinierte Prozeßplanung" nicht ressortgebunden durchgeführt werden.

Herr KLEMMER geht auf das Koordinations- und Abstimmungsproblem am Beispiel der Regionalen Wirtschaftspolitik ein, die zwar ebenfalls Raumbezug aufweise, sich aber doch hinsichtlich ihrer Ziele von der Raumplanung unterscheide, da sie nicht wie die Raumplanung primär ausgleichsorientiert, sondern wachstumsorientiert sei. Gegen eine solche Zieldivergenz wendet sich Herr LOWINSKI. Der Gesamtbereich der öffentlichen Aufgabenplanung müsse sich gemeinsamen Oberzielen unterordnen lassen, um dann bei den konkreten Zielsetzungen der Prozeßplanung kompatibel zu bleiben. So sei es fraglich, ob es den sektoralen Planungsbereichen gestattet bleiben könne, abweichende räumliche Bezugssysteme zu entwickeln.

In der Praxis der Erarbeitung des Landesentwicklungsplans III – so Herr NIEMEIER – habe sich gezeigt, daß die Zusammenarbeit der verschiedenen beteiligten Ressorts bemerkenswert reibungslos funktioniert habe, so daß die Bereitschaft zur Integration in der Praxis vielleicht größer sei als häufig erwartet werde. Das größte Problem bilde die Regionale Wirtschaftspolitik, die beispielsweise wegen ihrer Wachstumsorientierung an eigenen räumlichen Bezugssystemen festhalte, die mit dem versorgungsorientierten System der Zentralen Orte bisher noch nicht deckungsgleich seien.

In der folgenden Diskussion wird das Problem der Zieldivergenz der Ressorts weiter vertieft. Herr ERNST verweist darauf, daß bei den einzelnen Ressorts häufig verschiedene und teilweise durchaus entgegengesetzte Interessen und Absichten bestünden und dies in einer Demokratie durchaus legitim sei. Gemeinsame Oberziele seien häufig weit auslegbar, so daß Kompromisse zwischen den Einzelinteressen hergestellt werden müßten. Auch Herr KLEMMER wendet sich gegen die Vorstellung, von allgemeinen Oberzielen sei für den gesamten öffentlichen Aufgabenbereich eine einheitliche konfliktfreie Prozeßplanung ableitbar. Statt dessen sollten für die Einzelbereiche konkrete Teilziele formuliert und verfolgt werden.

Herr LOWINSKI verweist darauf, daß Nordrhein-Westfalen mit der Aufstellung der einzelnen Landesentwicklungspläne in dieser Weise verfahre. Es gehe jedoch darum, Ressortziele nicht isoliert zu konzipieren und zu verfolgen, sondern diese eben als *Teil*ziele zu verstehen und in das gesamte Zielsystem einzupassen. So sei es wichtig, die räumlichen Versorgungs- und Entwicklungsraster nicht isoliert voneinander zu bestimmen, sondern zu einer Übereinstimmung der räumlichen Bezugssysteme zu gelangen.

Herr STEFFEN bezweifelt die Möglichkeit, einheitliche Zielsysteme für die gesamte Volkswirtschaft zu entwickeln. Diese seien aufzulösen in untereinander divergierende Einzelsysteme. Dem stimmt Herr LOWINSKI zwar zu, doch hält er an der Forderung nach einem in sich kompatiblen Gesamtzielsystem fest. Es sei zwar richtig, daß Ressortvertreter häufig divergierende Einzelinteressen vertreten, doch könne dies nicht der richtigen Konzeption einer integrierten Entwicklungsplanung entsprechen.

Hans Heinrich Blotevogel

Tendenzen der Bevölkerungsentwicklung
und der Bevölkerungsverteilung im Lande Nordrhein-Westfalen

von

Viktor Frhr. v. Malchus, Dortmund

I. Bevölkerungsentwicklung und das Konzentrationsziel
des Landesentwicklungsprogramms 1974

Das Gesetz zur Landesentwicklung (Landesentwicklungsprogramm) vom 19. März 1974 (GV. NW. 1974 S. 96) legt in § 23 unter der Überschrift „Bevölkerungsentwicklung" fest: „Im Rahmen der angestrebten Gesamtentwicklung des Landes ist bis zum Jahre 1985 von einer im wesentlichen unveränderten Einwohnerzahl auszugehen." Dies war der ausdrückliche Wille des Gesetzgebers im Jahre 1974. Bei dieser Formulierung handelt es sich schon um eine abgeschwächte Fassung, denn im Gesetzentwurf war der § 23 noch mit „Richtwerte der Bevölkerungsentwicklung" überschrieben. Seither hat sich durch die tatsächliche und prognostizierte Bevölkerungsentwicklung deutlich herausgestellt, daß dieses Entwicklungsziel nicht zu erreichen sein wird.

Bereits das Landesentwicklungsprogramm von 1964 enthielt Bevölkerungsrichtwerte für das Jahr 1980, die – worauf der Landesentwicklungsplan I in der Fassung vom 17. 12. 1970 bei seinen Richtwerten für die zu erwartende Bevölkerungsentwicklung bereits hinwies – nicht erreicht werden können. Die landesplanerischen Zielaussagen von 1964 und 1970 hatten jedoch lediglich Richtliniencharakter und nicht den Rang verbindlicher Zielaussagen. Obwohl die Voraussagen über Bevölkerungsentwicklung mit großen Unsicherheiten belastet sind, hat der Gesetzgeber 1974 im § 23 LEPro erstmals verbindliche Zielaussagen zur Bevölkerungsentwicklung in Gesetzesform gemacht.

Es erhebt sich nun die Frage, ob und ab wann von einer „im wesentlichen unveränderten" Bevölkerungszahl gesprochen werden kann, ab -4%, ab -7% oder ab -10% der Bevölkerung von 1974 im Lande Nordrhein-Westfalen. Der Gesetzgeber wird also in naher Zukunft nicht umhinkommen, die „Bandbreite der negativen Abweichung ($= -x\%$?) vom derzeitigen Bevölkerungsstand" zu konkretisieren[1], weil dies im Hinblick auf die Durchsetzung der Ziele der Landesentwicklung für das Landesparlament, die Landesregierung und damit indirekt auch für den regionalen und kommunalen Bereich von ganz besonderer Bedeutung ist.

---

[1] H.-G. NIEMEIER, W. DAHLKE, H. LOWINSKI: Landesplanung in Nordrhein-Westfalen, Kommentar zum Landesplanungsgesetz und Landesentwicklungsprogramm, Essen 1977; S. 271 ff.

Letztendlich muß in diesem Zusammenhang die Frage diskutiert werden, ob eine aktive Bevölkerungspolitik wünschenswert ist und ob sie von Seiten der Landes- und Bundesregierung angestrebt werden sollte. Die Bevölkerungsentwicklung ist eine Rahmenbedingung für staatliches Handeln[2]).

Der Landtag des Landes Nordrhein-Westfalen hat mit dem Landesentwicklungsprogramm 1974 (LEPro) darüber hinaus die Grundsätze und die allgemeinen Ziele der Raumordnung und Landesplanung für die räumliche Struktur des Landes und die allgemeinen Ziele der Raumordnung und Landesplanung für Sachbereiche gesetzlich fixiert. Darin kommt, wie dies von H.-G. NIEMEIER[3]) in seinen Ausführungen über „Die Grundkonzeption des nordrhein-westfälischen Landesentwicklungsprogramms 1974" sehr eingehend dargelegt wurde, der Wille des Gesetzgebers zum Ausdruck, in allen Teilen des Landes gleichwertige Lebensverhältnisse bevorzugt mit den Mitteln der „Konzentration" herzustellen, wobei Konzentration jedoch nicht mit dem Begriff „Verdichtung" gleichzusetzen ist.

Konzentration oder Kontraktion bedeutet demnach, daß Bevölkerung und Arbeitsplätze in eine Raum- und Siedlungsstruktur eingebettet werden sollen, die künftig auf zentrale Orte, Entwicklungsschwerpunkte, Siedlungsschwerpunkte und Entwicklungsachsen auszurichten ist (§§ 19–22 und § 24 LEPro)[4]). Dieser Auftrag des Staates an die Landesplanung konnte bei wachsender Bevölkerungszahl relativ leicht erfüllt werden. Auch bei stagnierender Bevölkerungszahl stößt er nicht auf unüberwindliche Probleme. Gerade durch die Ausrichtung der Gesamtentwicklung des Landes auf ein System von Entwicklungsschwerpunkten und Entwicklungsachsen werden die räumlichen Bezugsraster für eine bestmögliche Versorgung der Bevölkerung mit Infrastruktureinrichtungen aller Art geschaffen und die Optimierung der Gesamtentwicklung des Landes angestrebt[5]). Die Durchsetzung dieser Ziele wird jedoch bei rückläufiger Bevölkerungsentwicklung insbesondere dann problematisch, wenn diese mit einer Abwanderung aus den Verdichtungszentren und Konzentrationspunkten einerseits und mit einer abnehmenden Bevölkerungsdichte in größeren Gebietsteilen in den Randzonen des Landes andererseits verbunden ist. Dann ergeben sich unter Umständen für die Durchsetzung des gesetzlich fixierten Konzentrationszieles gewichtige Fragestellungen. Die Hauptfrage dabei lautet immer: Reicht das vorhandene Entwicklungspotential aus, um alle zentralen Orte und Entwicklungsschwerpunkte mit ausreichender Tragfähigkeit zu erhalten bzw. auszubauen?

Es gilt deshalb festzustellen, und dies soll in diesem Beitrag versucht werden, inwieweit ein Bevölkerungsrückgang bereits eingetreten ist, welcher weitere Rückgang zu erwarten sein wird und wo im Lande Nordrhein-Westfalen sich ganz besonders starke

---

[2]) Vgl. Antwort der Landesregierung auf die Kleine Anfrage 646 der CDU (Landtagsdrucksache 8/1536), Landtagsdrucksache 8/1810 vom 8.2.1977, S. 4.

[3]) Vgl. H.-G. NIEMEIER: Die Grundkonzeption des nordrhein-westfälischen Landesentwicklungsprogramms 1974, in diesem Band.

[4]) Vgl. Gesetz zur Landesentwicklung (Landesentwicklungsprogramm) vom 19. März 1974 (GV. NW. S. 96 – SGV. NW. 230 –), abgedruckt in: H.-G. NIEMEIER, W. DAHLKE, H. LOWINSKI: Landesplanung in Nordrhein-Westfalen, a. a. O., S. 273–278.

[5]) Vgl. Ministerpräsident des Landes Nordrhein-Westfalen – Landesplanungsbehörde – (Hrsg.): Landesentwicklungsplan I/II „Raum- und Siedlungsstruktur", Entwurf vom 1.6.1977, S. 13; H. LOWINSKI: Novellierung der Landesentwicklungspläne I und II (Entwurf), in: Landesentwicklungsplan I/II „Raum- und Siedlungsstruktur", ILS-Kurzbericht, Dortmund 1978, S. 7–11.

Veränderungen in der Bevölkerungszahl bemerkbar gemacht haben. Die Beantwortung dieser Fragen hinsichtlich der Tendenzen der Bevölkerungsentwicklung und der Bevölkerungsverteilung im Lande können vielleicht Hinweise dafür erbringen, ob und inwieweit die landesplanerischen Ziele im Einklang mit den Wünschen der Kommunen und mit denen der Bevölkerung stehen, denn die Bevölkerung entscheidet letztendlich darüber, ob sie mit den politischen und landesplanerischen Zielsetzungen des Staates einverstanden ist und ob der Staat es verstanden hat, mit Hilfe von guten Argumenten und den ihm zur Verfügung stehenden Mitteln seine Ziele durchzusetzen.

II. Zur Gesamtentwicklung der Bevölkerung von 1950 bis 1977

1. Bevölkerungsentwicklung von 1950 bis 1977 insgesamt*)

In Nordrhein-Westfalen (NW) lebten am 31.12.1977 insgesamt 17,036 Mio. Einwohner (Ew), das sind 27,7% der Einwohner der Bundesrepublik Deutschland. 1950 waren es hingegen nur 13,075 Mio. Ew (26% der Bevölkerung des Bundesgebietes). Die Einwohnerzahl ist also in den letzten 25 Jahren um ca. 4 Mio. gestiegen, d. h. um rund 31%. Dabei waren in allen Jahren bis einschließlich 1973 Bevölkerungszunahmen zu verzeichnen. Der mit knapp 17,250 Mio. Einwohnern gegen Ende des Jahres 1973 erreichte höchste Stand der Einwohnerzahl ist seither um rund 215 000 Einwohner zurückgegangen. Ende 1976 lebten in Nordrhein-Westfalen insgesamt 17,062 Mio. Einwohner. Bis zum 1.1.1978 ist die Bevölkerungszahl weiterhin auf 17,036 Mio. Ew abgesunken. Gegenüber 1976 nahm die Bevölkerung in NW also um 37 000 Ew (−0,2%) ab. Dieser Rückgang war zu etwa 85% auf einen Sterbefall-Überschuß und zu etwa 15% auf Wanderungsverluste zurückzuführen.

In allen Jahren von 1950 bis einschließlich 1965 waren sowohl die Bilanzen der natürlichen Bevölkerungsentwicklung als auch die Bilanzen der Wanderungsbewegung für das Land Nordrhein-Westfalen positiv. Die Bevölkerung wuchs dabei im Durchschnitt der Jahre 1950 bis 1958 um rund 310 000 Ew, im Durchschnitt der Jahre 1959 bis 1965 um rund 190 000 Ew. Nach 1966 traten erstmals Wanderungsverluste bzw. Sterbefallüberschüsse ein, aber die Gesamtbilanz der Bevölkerungsentwicklung blieb noch bis einschließlich zum Jahre 1973 positiv und brachte jährlich eine durchschnittliche Zunahme der Bevölkerung von rund 100 000 Einwohnern. Ab 1971 gab es wachsende Sterbefallüberschüsse, ab 1975 auch Wanderungsverluste. Im Jahre 1975 waren erstmals im Lande Nordrhein-Westfalen sowohl die Bilanz der natürlichen Bevölkerungsentwicklung als auch die Bilanz der Wanderungsbewegungen negativ. Der Einwohnerrückgang des letzten Jahres 1977 war mit einem Sterbefallüberschuß von −32 000 und einem Wanderungsverlust von −5 000 Einwohnern erstmals weit überwiegend auf eine negative natürliche Bevölkerungsbilanz zurückzuführen. Hier hat sich also in den letzten Jahren ein deutlicher Wandel vollzogen (vgl. Tab. 1).

Die Bevölkerungsverluste des Landes NW betrugen im Jahre 1975 knapp 90 000 Ew, im Jahre 1976 rund 56 000 Ew und gingen im Jahre 1977 auf −37 000 Ew zurück (vgl. hierzu Abb. 1 und Tabelle 1). Diese Entwicklung setzt sich voraussichtlich mit gewissen

---

*) Zur „Bevölkerungsentwicklung von 1837–1970 in den Gemeinden" vgl. Deutscher Planungsatlas, B I: Nordrhein-Westfalen, Karte und Erläuterungstext, bearbeitet von D. BARTELS, H. H. BLOTEVOGEL, P. SCHÖLLER, hrsg. von der Akademie für Raumforschung und Landesplanung, Hannover 1978.

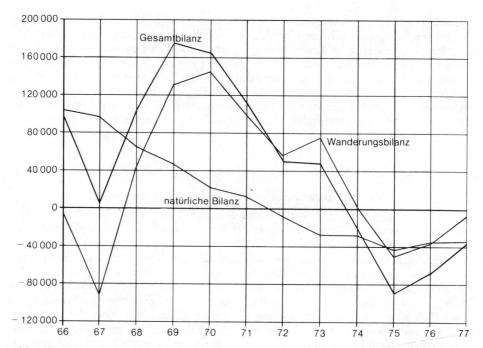

Abb. 1: *Bevölkerungsentwicklung in Nordrhein-Westfalen insgesamt 1966 bis 1977 (Natürliche Bevölkerungsentwicklung und Wanderungen der Deutschen und Ausländer)*

Quelle: Darstellung durch das ILS auf der Grundlage von Daten des Landesamtes für Datenverarbeitung und Statistik (LDS) im Frühjahr 1978.

Abweichungen auch im Jahre 1978 fort. Dies bedeutet, daß die Bevölkerung des Landes Nordrhein-Westfalen voraussichtlich zum Jahreswechsel 1978/79 auf rund 17 Mio. Einwohner absinken wird.

Tabelle 1:

Bevölkerungsentwicklung in Nordrhein-Westfalen 1950–1977

Jahr	Gesamt-bevöl-kerung in Mio.	Natürliche Bevölkerungs-veränderung			Wanderungen			Gesamtbilanz
		Ge-borene in 1000	Gestor-bene in 1000	natürliche Bilanz	Zuge-zogene in 1000	Fortge-zogene in 1000	Wanderungs-bilanz	
1950	13,1	204,7	136,6	+ 68 081	376,3	128,8	+ 247 472	+ 315 553
1951	13,4	206,3	140,6	+ 65 644	418,6	147,7	+ 270 860	+ 336 504
1952	13,6	215,0	142,3	+ 27 658	376,3	152,2	+ 224 084	+ 296 742
1953	14,0	220,8	153,4	+ 67 432	497,0	173,4	+ 323 528	+ 390 960
1954	14,3	231,7	148,1	+ 83 565	397,2	188,4	+ 208 801	+ 292 366

34

noch Tabelle 1:

Jahr	Gesamt-bevöl-kerung in Mio.	Natürliche Bevölkerungs-veränderung			Wanderungen			Gesamtbilanz
		Ge-borene in 1000	Gestor-bene in 1000	natürliche Bilanz	Zuge-zogene in 1000	Fortge-zogene in 1000	Wanderungs-bilanz	
1955	14,6	234,3	157,7	+ 76 605	415,9	197,8	+218 045	+294 650
1956	14,9	243,8	165,4	+ 78 464	427,4	217,6	+209 824	+288 288
1957	15,2	256,7	165,1	+ 91 609	458,7	237,0	+221 629	+313 233
1958	15,4	261,3	163,6	+ 97 745	340,0	237,4	+162 279	+260 031
1959	15,6	275,6	164,6	+111 050	328,6	248,1	+ 80 536	+191 586
1960	15,8	277,3	175,2	+102 038	356,2	260,7	+ 95 480	+197 518
1961	16,0	286,0	172,2	+113 847	399,0	277,1	+121 814	+235 662
1962	16,2	286,8	176,8	+109 994	359,3	304,1	+ 55 202	+165 196
1963	16,4	297,8	185,0	+112 789	354,8	313,8	+ 40 973	+153 761
1964	16,5	300,4	175,3	+125 140	392,2	324,3	+ 67 908	+193 048
1965	16,7	294,6	184,8	+109 732	402,3	330,3	+ 71 989	+181 721
1966	16,8	294,5	188,7	+105 817	358,8	365,5	− 6 684	+ 99 133
1967	16,8	286,0	187,9	+ 98 126	264,5	355,8	− 91 347	+ 6 779
1968	16,9	269,8	202,2	+ 67 532	330,7	290,4	+ 40 368	+107 900
1969	17,1	251,6	203,0	+ 48 658	424,9	294,7	+130 190	+178 848
1970	17,0	222,0	200,5	+ 21 503	454,6	308,3	+146 335	+167 838
1971	17,1	213,5	201,1	+ 12 372	434,5	334,0	+100 494	+112 866
1972	17,2	191,7	199,3	− 7 539	392,4	334,3	+ 58 095	+50 556
1973	17,2	172,4	199,7	− 27 295	410,4	333,8	+ 76 552	+ 49 257
1974	17,2	169,0	198,0	− 28 874	325,6	324,9	+ 711	− 28 163
1975	17,1	164,2	205,0	− 40 829	261,0	309,2	− 48 180	− 89 009
1976	17,1	166,1	200,0	− 33 802	275,7	298,3	− 22 621	− 56 423
1977*)	17,0	160,0	192,0	− 32 000	283,0	288,0	− 5 000	− 37 000

*) Vorläufige Werte

Quelle: Zusammenstellung durch das ILS auf der Grundlage von Daten des Landesamtes für Datenverarbeitung und Statistik des Landes NW (LDS) im Frühjahr 1978.

2. Natürliche Bevölkerungsentwicklung und Wanderungen

Die Gründe für die sinkenden Bevölkerungszahlen des Landes Nordrhein-Westfalen liegen seit 1972 in der *negativen natürlichen Bevölkerungsbilanz*, die zunehmend durch Sterbefallüberschüsse gekennzeichnet ist. Bis Ende der sechziger Jahre stiegen die Zahlen der jährlich Gestorbenen an. Von 1970 bis 1977 ist die Zahl der Gestorbenen – mit geringen Abweichungen in den Jahren 1975 und 1977 – mit rund 200 000 Sterbefällen praktisch gleich hoch geblieben. Seit 1965 steht dieser Entwicklung ein starker absoluter Rückgang der Geburtenzahlen gegenüber, der 1977 seinen tiefsten Stand erreichte. Die bis 1975 sinkende natürliche Bevölkerungsbilanz ist auch 1976 noch negativ, aber mit rückläufiger Tendenz. Bemerkenswert sind die für 1976 erstmals wieder zu verzeichnenden ansteigenden Geburtenzahlen (1,7 % mehr als 1975). Ob dieser Anstieg, der zu einem erheblichen Teil auf die wachsende Zahl von Personen im üblichen Heiratsalter und nicht auf ein verändertes generatives Verhalten zurückzuführen ist, das Ende des seit 1965 andauernden Geburtenrückganges andeutet, kann wegen des kurzen Beobachtungszeitraumes noch nicht gefolgert werden. 1977 jedenfalls erreichte die absolute Zahl der Geborenen in NW mit −3,4% gegenüber dem Vorjahr den niedrigsten Stand nach dem Kriege. Der seit den sechziger Jahren zu beobachtende Geburtenrückgang, der 1976 leicht unterbrochen wurde, setzt sich somit weiterhin fort.

Diesem relativ stabilen und deutlichen Trend in der natürlichen Bevölkerungsbilanz steht eine sehr schwankende Bewegung in der *Wanderungsbilanz* gegenüber. Aber auch bei der Wanderungsbilanz ist der Trend der letzten 5 Jahre eindeutig negativ ausgerichtet, wenn auch 1976 und besonders 1977 ein Rückgang der Wanderungen erfolgt ist. Während hier die Zahl der Fortgezogenen relativ stabil blieb und nach einem Anstieg auf 334 000 in den Jahren 1971/72 im Jahre 1977 in etwa wieder den Zahlen zu Beginn der sechziger Jahre entspricht, ist die Zahl der Zugezogenen – mit Ausnahme des Jahres 1973 – von etwa 455 000 im Jahre 1970 auf 261 000 im Jahre 1975 zurückgegangen. 1976 und 1977 sind wieder vermehrte Zugänge zu verzeichnen, die im Jahre 1977 sogar auf 283 000 anstiegen und damit fast für eine ausgeglichene Wanderungsbilanz von −5000 Ew im Lande NW sorgten. Dieses geringe Defizit in der Wanderungsbilanz resultiert aus einem Wanderungsverlust von 21 000 Ew im Bevölkerungsaustausch mit den übrigen Bundesländern und einem gleichzeitigen *Zuzugsgewinn* von 16 000 Personen aus Ländern außerhalb der Bundesrepublik Deutschland.

3. Besonderheiten der Bevölkerungswanderungen über die Landesgrenzen

Bei der Erläuterung der Bevölkerungsveränderung durch Wanderungen sind die Salden ausgewählter Wanderungsströme von besonderer Bedeutung (vgl. Tab. 2). Für das Land Nordrhein-Westfalen zeigt sich dabei deutlich eine rückläufige Tendenz in der Abwanderung von Deutschen und eine sinkende Tendenz bei der Zuwanderung von Nichtdeutschen. Insbesondere wegen der voraussichtlich anhaltenden Tendenz der Abwanderung ausländischer Arbeitnehmer wird auch in Zukunft eine negative Wanderungsbilanz für Nordrhein-Westfalen zu erwarten sein, wenn nicht die negative Wanderungsbilanz der Ausländer durch Zuzüge von Familienangehörigen oder durch Zuzüge von Ausländern aus anderen Bundesländern ausgeglichen wird.

Im Rahmen der Wanderungsströme sind besonders folgende Gegebenheiten interessant:
- die sinkende Zahl der Abwanderungen Deutscher und Nichtdeutscher in andere Bundesländer;
- die relativ hohe Zuwanderung Deutscher aus den ehemaligen Ostgebieten, insbesondere für das Jahr 1976, wodurch sich insgesamt ein positiver Wanderungssaldo für Deutsche ergibt;
- die wachsende Rückwanderung Deutscher aus dem Ausland;
- Zuwanderungen von Ausländern aus anderen Bundesländern.

Im Rahmen von Wanderungsanalysen*) wird in den nächsten Jahren eingehend zu prüfen sein, ob und warum sich die Neigung der Deutschen, über die Landesgrenzen zu wandern, in den letzten Jahren abgeschwächt hat. Dabei muß analysiert werden, ob es sich bei dem Rückgang landesgrenzenüberschreitender Wanderungen um ein strukturelles Problem sinkender Mobilität der Bevölkerung in Verbindung mit Eigentumsbildung, verbesserter Umweltbedingungen etc. oder strukturell veränderter Arbeitsmarktlage

---

*) Das ILS führt z.Z. erste Wanderungsanalysen durch und wird voraussichtlich 1978 einen ILS-Kurzbericht „Zu- und Abwanderungsgebiete in Nordrhein-Westfalen", bearbeitet von M. SCHMITT und W. ZÜHLKE, herausgeben.

handelt oder um ein konjunkturelles Phänomen mangelhafter Wahlmöglichkeiten zwischen verschiedenen Arbeitsplätzen. Von besonderem Interesse sind dabei auch die Wanderungen der Ausländerbevölkerung, insbesondere die Zuwanderungen über die Landesgrenzen aus anderen Bundesländern.

Tabelle 2:

Saldo ausgewählter Wanderungsströme für das Land Nordrhein-Westfalen

Herkunfts- bzw. Zielgebiet		Jahr	Deutsche	Nicht-deutsche	gesamt
Übrige Bundesländer		1973	−31700	+ 9300	−22500
		1974	−25700	+10900	−14800
		1975	−15900	+ 6600	− 9400
		1976	−14000	+ 5100	− 8900
	1. Halbjahr	1977	−11000	+ 1900	− 9100
DDR		1973	+ 3400	+ 100	+ 3500
		1974	+ 3400	–	+ 3400
		1975	+ 4400	+ 100	+ 4500
		1976	+ 3800	+ 100	+ 3900
	1. Halbjahr	1977	+ 1200	–	+ 1200
ehemalige Ostgebiete		1973	+ 2500	+ 1200	+ 3700
		1974	+ 2900	+ 400	+ 3300
		1975	+ 2100	+ 500	+ 2700
		1976	+14300	+ 900	+15200
	1. Halbjahr	1977	+ 7700	+ 300	+ 8100
Ausland und ungeklärt		1973	+ 500	+91400	+91900
		1974	+ 1800	+ 6900	+ 8700
		1975	+ 2100	−48000	−46000
		1976	+ 5300	−38100	+32800
	1. Halbjahr	1977	+ 1900	− 8200	− 6300 ·
insgesamt		1973	−25400	+101900	+76600
		1974	−17500	+ 18200	+ 700 ·
		1975	− 7300	− 40900	−48200
		1976	+ 9500	− 32100	−22600
	1. Halbjahr	1977	− 200	− 5900	− 6200

Quelle: Berechnungen des ILS auf der Grundlage von Daten des Landesamtes für Datenverarbeitung und Statistik NW im Frühjahr 1978.

4. Zur Bedeutung der Ausländerbevölkerung im Rahmen der Bevölkerungsentwicklung des Landes

Die Zahl der Ausländerbevölkerung in Nordrhein-Westfalen ist in den letzten beiden Jahrzehnten kräftig angestiegen, seit der Volkszählung 1961 (1,6 % der Gesamtbevölkerung) auf das Sechsfache (1977 = 1,2 Mio. = 7,0 % der Gesamtbevölkerung). Unter den Ausländern dominierten 1977 die Türken (393000 Ew = 32 %), gefolgt von den Italienern (158000 Ew = 13 %), den Jugoslawen (144000 Ew = 12 %) und den Griechen (9 %). Während der Ausländerzustrom in den sechziger Jahren vorwiegend auf den Zugang ausländischer Arbeitnehmer zurückzuführen war, hatte in den letzten Jahren der Nachzug von Familienangehörigen einen besonderen Anteil an den zunehmenden Ausländerzahlen[6]. Für alle Staatsangehörigen der EG-Staaten herrscht Freizügigkeit im Bundesgebiet und im grenzüberschreitenden Verkehr mit anderen EG-Staaten. Insoweit sind keine direkten Steuerungsmöglichkeiten möglich. Lediglich der Zuzug und der Aufenthalt von Ausländern aus Drittländern kann eingeschränkt und gesteuert werden.

Als Folge des Anwerbestopps vom November 1973 ist die Zahl der erwerbstätigen Ausländer, besonders auch in Verbindung mit der konjunkturellen Lage, rückläufig. Deshalb ist 1976 auch erstmals die Gesamtzahl der Ausländer in Nordrhein-Westfalen zurückgegangen, 1977 aber wieder angewachsen. Die verstärkte Rückwanderung ausländischer Arbeitnehmer wurde dabei jedoch durch die Zuwanderung von Familienangehörigen und durch das generative Verhalten der Ausländerbevölkerung teilweise zahlenmäßig aufgefangen (vgl. Tab. 3). Wie bereits erwähnt, kamen noch verstärkte Zuwanderungen von Ausländern aus anderen Bundesländern hinzu.

Tabelle 3:

Ausländer in Nordrhein-Westfalen

	Jahr	Männer	Frauen	Kinder*)	gesamt
Anzahl	1972	543 800	288 800	188 100	1 020 700
	1973	589 700	322 500	227 000	1 140 200
	1974	587 800	343 400	269 200	1 200 400
	1975	564 500	350 700	309 300	1 224 500
	1976	536 700	345 600	322 300	1 204 800
	1977**)	529 000	348 000	334 000	1 211 000
Veränderungen	1973	8,5	12,0	20,7	11,7
gegenüber	1974	−0,3	6,2	18,6	5,3
dem Vorjahr (%)	1975	−4,0	2,1	14,9	2,0
	1976	−4,9	−1,5	4,2	−1,6
	1977**)	−1,4	+0,7	3,6	0,5

*) Unter 16 Jahre.
**) Vorläufige Zahlen Ende September 1977
Quelle: Berechnungen des ILS auf der Grundlage von Daten des Bundesverwaltungsamtes Köln – Ausländerzentralregister – vom Frühjahr 1977 und Bericht des LDS: „Entwicklungen in NW im Jahre 1977, Düsseldorf 1978, S. 2.

In diesem Zusammenhang ist die steigende durchschnittliche Verweildauer der Ausländerbevölkerung interessant. So lebten 1974 bereits ca. 45 % (rund 540 000 Personen) mehr als 5 Jahre in Nordrhein-Westfalen. Bereits 1974 waren auch im Hinblick auf ihren ausländerrechtlichen Status nur noch 270 000 Gastarbeiter als „disponibel" zu bezeichnen[6]. Es kann davon ausgegangen werden, daß sich die Zahl der als „disponibel" definierten Ausländer in den letzten drei Jahren erheblich verringert hat. Dies kann bedeuten, daß sich die Zahl der Ausländer, da infolge des Anwerbestopps kaum noch neue ausländische Arbeitskräfte hinzukommen, langsamer als bisher verändert.

Wie sich die Zahl der Ausländerbevölkerung künftig entwickeln wird, ist noch völlig offen[7]. Eine Anpassung der Ausländer an das generative Verhalten der Deutschen läßt sich noch nicht feststellen. Deutlich erkennbar ist aber die Zunahme der Familienzusammen-

---

[6]) Vgl. U. WOLFRAM, H.-G. v. ROHR: Die Ausländerbevölkerung in Nordrhein-Westfalen, Schriftenreihe Landes- und Stadtentwicklungsforschung des Landes Nordrhein-Westfalen, Bd. 1.012, Dortmund 1976, S. 9 f.

[7]) Vgl. Landesentwicklung Nordrhein-Westfalen 1976, Bericht der Landesregierung Nordrhein-Westfalen (Landesentwicklungsbericht 1976), Düsseldorf 1977, S. 18–20.

führungen ausländischer Arbeitnehmer und die sich daraus ergebende längere Verweil-dauer. Die Zahl der „disponiblen" ausländischen Arbeitnehmer tendiert bei Ausweitung der EG auch auf die Türkei voraussichtlich gegen Null. Offen ist auch, ob die bisherige Tendenz der Abwanderung ausländischer Arbeitnehmer nach Erreichen einer bestimmten Altersschwelle (ca. 45 Jahre), insbesondere bei zunehmender Verweildauer, anhält. Auch ob sich die Abwanderung ausländischer Arbeitnehmer mit der natürlichen Bevölkerungs-entwicklung der Ausländer und der Zahl der Personen, die durch Familienzusammenfüh-rung nach Nordrhein-Westfalen kommen, die Waage hält, bleibt abzuwarten.

Die Entwicklung der Ausländerbevölkerung in NW wird entscheidenden Einfluß auf die Bevölkerungsentwicklung überhaupt haben. Für die Bevölkerungsprognose ist die Entwicklung der Ausländerzahl ein sehr großer Unsicherheitsfaktor.

5. Ursachen und Wirkungen des Bevölkerungsrückganges

Die Ursachen der negativen natürlichen Bevölkerungsbilanz sind sehr vielfältig und schwer zu bestimmen. Sie sind aber bei der Prüfung der Frage zu berücksichtigen, ob das generative Verhalten der Bevölkerung durch staatliche Maßnahmen beeinflußbar ist.

Die Ursachen der sinkenden Kinderzahl bei in etwa gleichbleibender Sterberate sind auf dem Hintergrund der Nachwirkungen der letzten beiden Kriege und dem entsprechenden Altersaufbau der Bevölkerung vor allem gesellschaftspolitischer Art: Wenn überhaupt, wünschen sich die meisten Ehepaare aus vielfältigen Gründen in der Regel nur zwei Kinder. Nur eine kleine Kinderzahl ist in den Augen vieler Bürger mit den derzeitigen Leitbildern von größtmöglicher persönlicher Freiheit, weitestgehender Selbstverwirkli-chung und hohem Lebensstandard vereinbar[8]). Bessere Kenntnis der Methoden der Familienplanung, wie z. B. die Verwendung der Pille, sind nicht Ursache des Geburtenrückganges, sondern im wesentlichen nur Mittel, um die gewünschte Kinderzahl nicht zu überschreiten.

Der Bevölkerungsrückgang und die diesem Rückgang zugrunde liegenden Ursachen sind für den planenden Politiker „veränderte Rahmenbedingungen politischen Handelns" für die Zukunft[9]). Unter den veränderten Rahmenbedingungen der Bevölkerungsentwick-lung wird die Landesentwicklungspolitik im Hinblick auf die künftige Raum- und Siedlungsstruktur prüfen müssen, wie die Tragfähigkeit einer ausreichenden Zahl von Entwicklungsschwerpunkten im ländlichen Raum erhalten bleiben kann, um die Bevölkerung in angemessener Weise und unter tragbaren Bedingungen mit Infrastruktur-leistungen versorgen zu können und wie gleichzeitig zu erreichen ist, daß die Auslastung der vorhandenen Infrastrukturen in Verdichtungsgebieten sichergestellt wird. Das Land, die Regionen und die Gemeinden werden auf dem Hintergrund des Bevölkerungsrück-ganges und des sich wandelnden atypischen Altersaufbaus der Bevölkerung vor die schier unlösbare Aufgabe gestellt, den *wandernden Geburtenberg* der sechziger Jahre, als Schüler-, Studenten-, Erwerbspersonen- und Rentnerberg im Laufe der nächsten Jahrzehnte zu verkraften.

---

[8]) Vgl. Antwort der Bundesregierung auf die Kleine Anfrage der CDU/CSU (Drucksache 8/478) zur „Langfristigen Bevölkerungsentwicklung", Bundestagsdrucksache 8/680 vom 24.6.1977, S. 2 f.

[9]) H. SCHNOOR: Neue Aspekte der Landesplanung. In: Neue Aspekte der Landesplanung, Dokumentation über eine Vortragsveranstaltung der Landesgruppe Nordrhein-Westfalen des Deutschen Verbandes für Wohnungswesen, Städtebau und Raumplanung am 4. Feb. 1977 in Essen, als Manuskript vervielfältigt, Düsseldorf 1977, S. 9 und S. 14.

Für die Landesplanung sind die Möglichkeiten, die Landesentwicklungspolitik auf die Veränderungen der Bevölkerungszahl und die des Altersaufbaus einzustellen, relativ begrenzt. Die Landesplanung muß deshalb im Hinblick auf die künftige Standortplanung, besonders im Bereich der Raum- und Siedlungsstruktur eng mit den Fachplanungen zusammenarbeiteṅ, um die Wirkungen der sinkenden Kinderzahl, der wachsenden Zahl der Erwerbspersonen und der derzeit und später wachsenden Zahl der alten Menschen mit geeigneten Instrumenten und Maßnahmen begegnen zu können. Dazu bedarf es u. a. sowohl einer familien- und kinderfreundlichen Politik als auch einer entsprechenden Wirtschafts- und Infrastrukturpolitik.

Wichtige Voraussetzung für eine zieladäquate Landesentwicklungspolitik ist deshalb – neben dem Wissen um die bisherige Entwicklung – die Information über den zu erwartenden Bevölkerungsrückgang und den zu erwartenden Altersaufbau der Bevölkerung.

III. Mittel- und langfristige Bevölkerungsvorausschätzungen

1. Bevölkerungsentwicklungsvorausschätzungen für 1985 und 1990

Für die zu erwartende Entwicklung der Bevölkerungszahlen in Nordrhein-Westfalen liegen derzeit u. a. drei wichtige Bevölkerungsvorausschätzungen vor:

1. die 5. *koordinierte Bevölkerungsvorausschätzung* für Nordrhein-Westfalen durch das Landesamt für Datenverarbeitung und Statistik (LDS), die für den 1.1.1986 eine Einwohnerzahl von 16,297 Mio. Einwohnern für NW vorhersagt[10]) und die im Jahre 1977 regionalisiert werden konnte[11]), wobei dann eine Gesamtbevölkerung von 16,012 Mio. Ew für 1990 prognostiziert wurde;
2. die *Bevölkerungsprojektion der Prognos AG*, die für den 31.12.1985 eine Einwohnerzahl für das Land NW von 16,000 Mio. Einwohnern vorausschätzt[12]);
3. die aktualisierte Prognose der Bevölkerung und der Arbeitsplatzzahl in den 38 Gebietseinheiten der Raumordnung für die Jahre 1980, 1985 und 1990 (*„Raumordnungsprognose 1990"*)[13]), die für 1990 eine Einwohnerzahl für Nordrhein-Westfalen von 16,024 Mio. Einwohner vorhersagt.

Alle drei Vorausschätzungen gehen von unterschiedlichen Annahmen aus, wobei die Methode der Prognos AG und die des Bundesministers für Raumordnung, Bauwesen und Städtebau wegen ihres komplexen Modellansatzes breiter fundiert zu sein scheinen, weil

---

[10]) Vgl. Landesamt für Datenverarbeitung und Statistik des Landes NW (LDS): Hauptergebnisse der 4. und 5. koordinierten Bevölkerungsvorausschätzung für Nordrhein-Westfalen – vorläufige Ergebnisse, Manuskript vom 1. Juli 1976; Landesregierung Nordrhein-Westfalen (Hrsg.): Landesentwicklungsbericht 1974, Düsseldorf 1975, S. 13–15.

[11]) Vgl. H. LIMBACHER: Regionale Bevölkerungsprognose 1976–1990 – Methoden und Hauptergebnisse –, Statistische Rundschau für das Land NW, Heft 4 (1977), S. 199–217.

[12]) Vgl. Prognos AG (Hrsg.).: Die Bundesrepublik Deutschland 1980 1985 1990 – Die Entwicklung von Wirtschaft und Bevölkerung in der Bundesrepublik und in den Bundesländern 1960–1990, bearbeitet von B. FRANZEN, P. HOFER u. O. KURZ u. a., Basel 1976.

[13]) Vgl. Bundesminister für Raumordnung, Bauwesen und Städtebau (Hrsg.): Raumordnungsprognose 1990, Aktualisierte Prognose der Bevölkerung und der Arbeitsplatzzahl in den 38 Gebietseinheiten der Raumordnung für die Jahre 1980, 1985 und 1990, Schriftenreihe „Raumordnung", Bd. 06.012, Bonn-Bad Godesberg 1976.

ökonomisch bestimmte exogene Faktoren neben den demographischen Fakten im Modell berücksichtigt worden sind. Die Landesergebnisse wurden dadurch jedoch nicht verbessert. Alle drei Prognosen stimmen in der Aussage überein, daß für 1985 mit einem Rückgang der Bevölkerung in NW von etwa 1 Mio. Einwohnern zu rechnen ist.

Von besonderer Bedeutung für die Landesentwicklungspolitik in NW sind die 1977 fertiggestellten Ergebnisse der „Regionalen Bevölkerungsprognose 1976–1990" des LDS[11]. Diese Prognose berücksichtigt weitgehend die regionalen Besonderheiten der natürlichen Bevölkerungsentwicklung und der Wanderungen als Dämpfungs- oder als Beschleunigungsfaktoren. Ausgehend von 17,13 Mio. Einwohnern im Jahre 1976 sagte diese Regionalprognose für den 1.1.1985 eine Bevölkerungszahl für NW von 16,38 Mio. Einwohnern (−4,4% gegenüber 1976) und für 1990 eine Bevölkerungszahl von 16,01 Mio. Einwohnern (−6,5% gegenüber 1976) voraus, wobei der Rückgang in den kreisfreien Städten mit −12,6% gegenüber 1976 erheblich höher sein wird als in den Kreisen mit nur −1,4%.

Die Regionalprognose für Nordrhein-Westfalen 1990 kommt damit zu einer Bevölkerungszahl, die nur um 15000 unter der in der Raumordnungsprognose 1990[13] ausgewiesenen Zahl liegt. Die Abweichung zwischen beiden Prognosen beträgt damit weniger als 1%. Regional treten jedoch zwischen beiden Prognoseergebnissen größere Abweichungen auf, wobei der unterschiedliche Ansatz der beiden Prognosen in den Ergebnissen deutlich zutage tritt: Die regionale Bevölkerungsprognose in NW schätzt die Bevölkerungsentwicklung in ländlich geprägten Gebietseinheiten günstiger ein als die Raumordnungsprognose; die Bevölkerungsentwicklung in den hochverdichteten Gebieten entsprechend schlechter. Diese Unterschiede sind vor allem in der Nichtberücksichtigung der wirtschaftlichen Tatbestände, insbesondere dem Erwerbspotential begründet. Die erheblich schlechteren Arbeitsmarktverhältnisse in den ländlichen Gebieten bedingen dort nach den Überlegungen der Raumordnungsprognose einen überproportionalen Bevölkerungsrückgang.

Für Nordrhein-Westfalen ist beabsichtigt, die regionalen Prognoseergebnisse auf der Grundlage der tatsächlichen regionalen Bevölkerungsentwicklung etwa alle zwei Jahre zu revidieren. Die nächste Überarbeitung der Prognose soll 1978/79 erfolgen. Eine Länderarbeitsgruppe der Ministerpräsidentenkonferenz erarbeitet derzeit darüber hinaus Modellvorstellungen für die Bevölkerungsentwicklung bis zum Jahre 2050 unter verschiedenen Annahmen. Die Ergebnisse dieser Modellüberlegungen sollen 1978 vorgelegt werden.

2. Wichtige Ergebnisse der 5. koordinierten Bevölkerungsvorausschätzung für den deutschen Bevölkerungsteil

Die 5. koordinierte Bevölkerungsvorausschätzung basiert auf dem fortgeschriebenen Stand der Wohnbevölkerung in NW vom 01.01.1975. Sie legt den Geburtenwahrscheinlichkeiten geringfügig reduzierte altersspezifische Fruchtbarkeitsziffern von 1974/75, den Sterbewahrscheinlichkeiten modifizierte Durchschnittswerte der Jahre 1972 bis 1974 zugrunde. Hinsichtlich der Wanderungsannahmen wurden für den Prognosezeitraum bis 1990 von einer Tendenz zum Ausgleich des Wanderungsgefälles für das Land NW ausgegangen (vgl. Tabelle 4)[14].

---

[14]) Vgl. M. LIMBACHER: Demographische Entwicklungstendenzen 1976 bis 1990, Ergebnisse der 5. koordinierten Bevölkerungsvorausschätzung für den deutschen Bevölkerungsteil – Statistische Rundschau für das Land Nordrhein-Westfalen, November 1976, S. 622.

Tabelle 4:

Wanderungsansätze 1976/1990 für die deutsche Wohnbevölkerung in NW nach Herkunfts-und Zielgebieten

Jahr	Durchschnittlicher Wanderungssaldo pro Jahr		
	gegenüber den anderen Bundesländern	gegenüber Ländern außerhalb der Bundesrepublik Deutschland	insgesamt
	Personen		
1976–1980	−13 800	+7 400	−6 400
1981–1985	−11 800	+2 700	−9 100
1986–1990	− 9 800	+1 100	−8 700
Jahresdurchschnitt im Gesamt-Prognosezeit-raum	−11 800	+3 700	−8 100

Quelle: M. LIMBACHER: Demographische Entwicklungstendenzen 1976/1990, a. a. O., S. 621.

Unter den o. a. Bedingungen rechnet die 5. koordinierte Bevölkerungsvorausschätzung für Nordrhein-Westfalen, wegen der zunehmenden stärker besetzten heiratsfähigen Frauenjahrgänge, mit einem leichten Anstieg der Zahl der durchschnittlich jährlich Lebendgeborenen von 128 000 auf 144 300 oder auf 112,7 Punkte (1976 = 100). Die Zahl der Gestorbenen wird im gleichen Zeitraum, wegen der ständigen Verschiebungen im Altersaufbau der Bevölkerung von Jahr zu Jahr, von durchschnittlich jährlich 205 700 auf 223 300 oder auf 108,6 Punkte (1976 = 100) ansteigen. Für die natürliche Bevölkerungs-entwicklung insgesamt bedeutet dies einen stetigen, aber nur geringfügig ansteigenden Sterbefallüberschuß in Höhe von durchschnittlich jährlich 77 000 bis 79 000 Einwohnern.

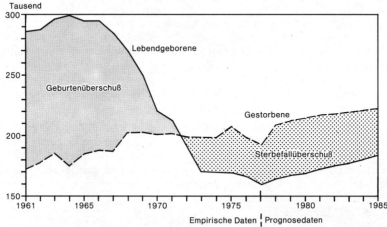

Abb. 2: Die natürliche Bevölkerungsbewegung in NW 1961 bis 1985.

Insgesamt wird danach für 1976 bis 1990 ein Sterbefallüberschuß von etwa 1,1 Mio. Personen erwartet.

42

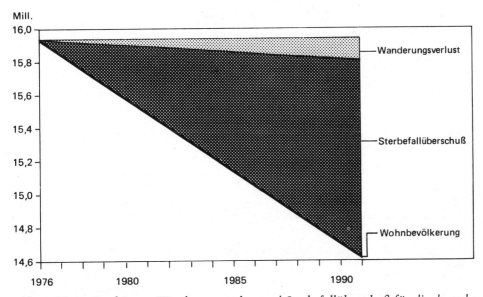

Abb. 3: Vorausgeschätzter Wanderungsverlust und Sterbefallüberschuß für die deutsche Wohnbevölkerung in NW 1976 bis 1990

Quelle: M. Limbacher: Demographische Entwicklungstendenzen 1976–1990, a. a. O., S. 622.

Nach diesen Vorausschätzungen wird die Zahl der deutschen Wohnbevölkerung in NW von 15,94 Mio. Einwohner (1976) auf 14,84 Mio. Personen im Jahre 1990 absinken, was in etwa einer Abnahme von fast 7% entspricht. Die durchschnittliche jährliche Bevölkerungsveränderung liegt zwischen −82700 und −91500 oder −0,52% oder −0,60% (vgl. Tab. 5).

Tabelle 5:

Gesamtentwicklung der deutschen Wohnbevölkerung 1976 bis 1991 in NW

Jahr	Bevölkerung am Jahresanfang	Bevölkerungsbewegung			
		Sterbefall-überschuß (−)	Wanderungs-saldo	Bevölkerungsveränderung	
		Personen			%
1976	15 935 100	−77 700	−5 000	−82 700	−0,52
1977	15 852 400	−80 500	−4 600	−85 100	−0,54
1978	15 767 300	−81 800	−4 300	−86 100	−0,55
1979	15 681 200	−82 300	−8 900	−91 200	−0,58
1980	15 590 000	−82 500	−9 000	−91 500	−0,59
1981	15 498 500	−81 900	−9 100	−91 000	−0,59
1982	15 407 500	−80 900	−9 200	−90 100	−0,58
1983	15 317 400	−79 900	−9 300	−89 200	−0,58

43

noch Tabelle 5:

Jahr	Bevölkerung am Jahresanfang	Bevölkerungsbewegung		
		Sterbefall-überschuß (−)	Wanderungs-saldo	Bevölkerungsveränderung
		Personen		%
1984	15 228 200	−78 700	−9 100	−87 800	−0,58
1985	15 140 500	−77 700	−8 800	−86 500	−0,57
1986	15 053 900	−76 800	−8 500	−85 300	−0,57
1987	14 968 600	−76 300	−8 600	−84 900	−0,57
1988	14 883 700	−76 400	−8 700	−85 100	−0,57
1989	14 798 500	−77 200	−8 900	−86 100	−0,58
1990	14 712 400	−79 000	−9 000	−88 000	−0,60
1991	14 624 400				

Quelle: Vgl. M. LIMBACHER: Demographische Entwicklungstendenzen 1976–1990, a. a. O., S. 622.

3. Entwicklung der Gesamtbevölkerung – einschließlich der Ausländer – nach der regionalen Bevölkerungsprognose 1976 bis 1990

Bei der regionalen Bevölkerungsprognose 1976 bis 1990 für Nordrhein-Westfalen wurde für die Berechnung des künftigen Ausländeranteils von der Prämisse eines konstant bleibenden Ausländeranteils im Lande, d. h. nach dem Stand von 1976 von einer Zahl von 1,2 Mio. Ausländern ausgegangen.

Der Prognose der Ausländerzahl wird jedoch ein in etwa ähnliches Grundmodell zugrunde gelegt wie für die Entwicklung der deutschen Wohnbevölkerung[15]). Danach ergab sich für 1976 und 1990 ein Rückgang der Ausländerzahl von etwa 24 000 Personen. Insgesamt soll die Bevölkerung des Landes NW von 1976 bis 1990 um 1,12 Mio. Ew zurückgehen.

Tabelle 6:

Deutsche und Ausländer in Nordrhein-Westfalen 1976 und 1990

Jahr	Deutsche	Ausländer	Gesamtbevölkerung
1976	15 941 000	1 189 000	17 130 000
1990	14 847 000	1 165 000	16 012 000

Quelle: Eigene Berechnungen nach M. LIMBACHER: Regionale Bevölkerungsprognosen 1976 bis 1990, a. a. O., Tab. 1 und 2 im Anhang.

Vergleicht man die tatsächliche Bevölkerungsentwicklung in NW nach den Fortschreibungsergebnissen für die Jahre 1976 und 1977 mit den vorausgeschätzten Prognoseergebnissen für diese Jahre, dann zeigt sich, daß die Zahl der Einwohner in NW in den Jahren

---

[15]) Vgl. M. LIMBACHER: Regionale Bevölkerungsprognose 1976 bis 1990, Methoden und Hauptergebnisse, Statistische Rundschau für das Land Nordrhein-Westfalen, 4 (1977), S. 201 f.

1976 und 1977 nicht, wie erwartet worden war, um 180000, sondern nur um 94000 Einwohner zurückgegangen ist. Der Bevölkerungsrückgang war bisher also nur halb so stark wie vorausgeschätzt. Eine erste Analyse dieser Entwicklung läßt erkennen, daß in NW 1977 rund 50000 Ausländer mehr gezählt worden sind, als nach den in die Bevölkerungsvorausschätzung eingegangenen Annahmen zu erwarten war. Diese Entwicklung fordert eine umgehende Korrektur der regionalen Bevölkerungsvorausschätzung heraus, die denn auch 1978/79 vom LDS vorgenommen werden soll.

4. Verschiebungen im Altersaufbau der Bevölkerung bis 1990

Analysiert man die zu erwartenden Verschiebungen im Altersaufbau der Bevölkerung Nordrhein-Westfalens anhand der Ergebnisse der „Regionalen Bevölkerungsprognose 1976–1990", so zeigt sich, daß die Wohnbevölkerung in der Altersgruppe 0–15 Jahre um mehr als 1 Mio. = rund 30% abnehmen wird, die Altersgruppe von 15–65 Jahre bis 1985 um fast 400000 Einwohner (+4,2%) zunimmt und dann wieder absinkt, und die Altersgruppe der über 65jährigen nach einem Zuwachs um fast 4% bis 1980 dann bis 1985 (−6,7%) und 1990 (−5,4%) absinkt (vgl. Tab. 7).

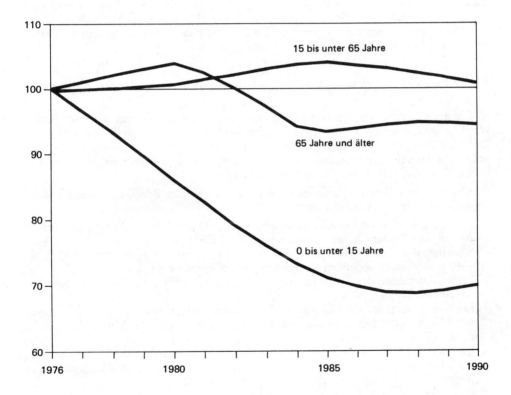

Abb. 4: Entwicklung der Gesamtbevölkerung (einschl. Ausländer) in Nordrhein-Westfalen 1976–1990 nach Altersgruppen (1976 = 100)

Quelle: M. LIMBACHER: Regionale Bevölkerungsprognose 1976–1990, a. a. O., S. 205.

Tabelle 7:

Entwicklung der Gesamtbevölkerung (einschließlich Ausländer) in Nordrhein-Westfalen
1976 bis 1990 nach Altersgruppen

Jahr (jeweils 1.1.)	Wohnbevölkerung im Alter von ... bis unter ... Jahren (in 1000)					
	0–15		15–65		65 und mehr	
	Anzahl	1976 = 100	Anzahl	1976 = 100	Anzahl	1976 = 100
1976	3 626	100,0	11 136	100,0	2 368	100,0
1980	3 118	86,0	11 211	100,7	2 456	103,8
1985	2 574	71,0	11 598	104,2	2 208	93,3
1990	2 532	69,8	11 239	100,9	2 241	94,6

Quelle: H. LIMBACHER: Regionale Bevölkerungsprognose 1976 bis 1990, a. a. O., S. 205.

Sehr deutlich kommen diese Verschiebungen im Altersaufbau in der Abbildung 4 heraus. Drastisch wird darin aufgezeigt, wie stark der Anteil der Altersgruppe der 0–15-jährigen bis etwa 1987 absinkt und dann leicht ansteigt. Sehr deutlich zu sehen ist auch der Anstieg des Anteils der 15- bis 65jährigen, d. h. der Personengruppe, die im erwerbsfähigen Alter steht. Wegen der großen Bedeutung dieser Verschiebungen im Altersaufbau sollen die Konsequenzen dieser Veränderungen im Zusammenhang mit der gesamten vorausgeschätzten Bevölkerungsentwicklung betrachtet werden.

5. Konsequenzen aus dem Bevölkerungsrückgang und dem veränderten Altersaufbau bis 1990

Die verschiedenen Bevölkerungsprognosen machen deutlich, daß auch im Lande Nordrhein-Westfalen mit einer abnehmenden Bevölkerungszahl und starker regionaler Differenzierung der Bevölkerungsentwicklung zu rechnen ist, die den raumordnungspolitischen Handlungsspielraum in Zukunft tendenziell noch geringer werden läßt, als dies in der Vergangenheit ohnehin schon der Fall war.

Aus der veränderten Altersstruktur der zu erwartenden Bevölkerungsentwicklung ergeben sich folgende Konsequenzen[16]:

- Rückgang der Zahl der Kindergartenkinder bis 1981 um −23 %, bis 1990 ein leichter Anstieg der Kinderzahl auf −14 % gegenüber 1976;
- Abnahme der Zahl der Grundschulkinder bis 1985 (−0,4 Mio.) um etwa −30 % bis −40 % mit einschneidenden Veränderungen im Primarbereich;
- Leichte Zunahme der Schülerzahl im Sekundarbereich I bis 1978, dann bis 1990 Abnahmen bis zu −50 %;
- Leichter Anstieg der Bevölkerungszahl im erwerbsfähigen Alter von 15 bis 65 Jahren, +0,5 Mio. bis 1985 (+4 %), durch den starker Druck auf den Arbeitsmarkt entsteht;
- Leichter Anstieg der Bevölkerungsgruppe über 65 Jahre bis 1980, dann kontinuierlicher Rückgang, aber wachsende Zahl der über 75jährigen bis 1990 (+0,25 Mio.), der starke Ansprüche an die altersspezifische Infrastruktur stellt.

---

[16]) Vgl. Landesentwicklungsbericht 1976 „Landesentwicklung Nordrhein-Westfalen 1976", a. a. O. S. 25 f.; Landtag Nordrhein-Westfalen: Plenarprotokoll 8/64 vom 15. 12. 1977 über die Debatte der Landesentwicklungsberichte 1974 und 1976, S. 3621.

46

Die zu erwartende regionale Differenzierung des Bevölkerungsrückganges zeigt darüber hinaus erhebliche Abweichungen von den Zielvorstellungen der Landesregierung zur Raum- und Siedlungsstruktur auf. So geht z. B. der Entwurf zum novellierten LEP I/II von dem Ziel aus: „Der angestrebten siedlungsräumlichen Grundstruktur des Landes entsprechend soll das Verhältnis der Einwohneranteile der Zonen des LEP I/II an der Gesamtbevölkerung im wesentlichen gleichbleiben." Wie jedoch in der überschlägigen Berechnung der nach der regionalen Bevölkerungsprognose zu erwartenden Einwohneranteile in den Verdichtungsgebieten aufgezeigt wird (vgl. Kap. IV), kann ein Rückgang der Bevölkerung in den Verdichtungsgebieten, der von 1970 bis 1976 jährlich durchschnittlich 3 % bis 4 % betrug, und der in den Jahren 1977 bis 1985 voraussichtlich −8 % bis −10 % betragen wird, nicht mehr den Zielen der Landesregierung entsprechen. Falls sich dieser Trend der Bevölkerungsentwicklung fortsetzen sollte, wie durch Folgeprognosen und durch die tatsächliche Entwicklung bestätigt werden könnte, ist nicht eine Umorientierung der Raumordnungs- und Landesentwicklungspolitik erforderlich, sondern eine dementsprechende Ressort- und Kommunalpolitik.

Die Städte und Gemeinden in den abwanderungsbedrohten Gebieten müssen z. B. mit entsprechenden Arbeitsplätzen und der dazugehörigen Infrastruktur ausgestaltet werden, damit sie abwanderungsgefährdete Bevölkerungsteile binden können[17]). Unterzentren und Mittelzentren in den abwanderungsgefährdeten ländlichen Räumen sind ebenfalls funktionsgerecht so auszugestalten, daß sie aus ländlichen Gebieten abwandernde Bevölkerungsteile auffangen. Ob und wie dies geschehen kann ist eine schwierige Frage, die hier nicht diskutiert werden kann. Für die künftige Entwicklung der Siedlungsstruktur ist jedoch das zu erwartende räumliche Auseinanderfallen von Erwerbspersonenangebot und regional begrenztem Arbeitsplatzangebot von größter Bedeutung.

Ausschlaggebend für die künftige Landesentwicklung werden auch die Konsequenzen aus der zu erwartenden Bevölkerungsentwicklung sein, die langfristige Aspekte der Bevölkerung bis zum Jahre 2000, 2015 und 2030 mit berücksichtigen. Hier sind besonders hervorzuheben die gewaltig ansteigenden Sterbeüberschüsse aufgrund der sinkenden Zahl der Lebendgeborenen, die zu einem hohen Überschuß an Kindergartenplätzen, zu wenigen Schülern in den Grundschulen und in den Sekundarstufen, einer starken Abnahme der Zahl der Studenten nach 1985, zu einer rückläufigen Zahl der erwerbsfähigen Bevölkerung nach 1990 und zu einer allmählichen Überalterung führen[18]). Sollte sich der bisherige Entwicklungstrend fortsetzen, kann dies bis zum Jahre 2030/50 zu einer Halbierung der deutschen Wohnbevölkerung führen. Insgesamt ergeben sich daraus voraussichtlich zunächst abnehmende, dann zunehmende Gesamtbelastungen für den Staat, die erwartungsgemäß nicht über den heutigen Stand hinausgehen. Größere Belastungen können sich jedoch möglicherweise aus der starken regionalen Differenzierung der Bevölkerungsentwicklung – vor allem im Zusammenhang mit der Arbeitsplatzentwicklung – ergeben. Derartige Entwicklungen gilt es frühzeitig zu erkennen und den landesplanerischen Zielsetzungen entsprechend, rechtzeitig entgegenzutreten.

---

[17]) Vgl. Antwort der Bundesregierung auf die Anfrage der CDU/CSU, „Langfristige Bevölkerungsentwicklung" vom 24.6.1977, a.a.O.

[18]) Vgl. Artikel „Bevölkerungsentwicklung und Raumordnung", Eildienst des Städtetages Nordrhein-Westfalen, Folge 12, vom 22.6.1977, S. 2–3.

IV. Regionalisierte Analyse der bisherigen und prognostizierten Bevölkerungsentwicklung

1. Veränderungen der Bevölkerungsdichte in den Teilräumen des Landes

Im Jahre 1977 (31.12.) hatte das Land NW insgesamt bei einer Größe von 34057 km² 17,04 Mio. Einwohner (Ew), d. h. 500 Ew/km². Die Einwohnerdichte war in den Gemeinden des Landes sehr unterschiedlich[19]. Von den 396 Gemeinden des Landes verzeichneten 54 Gemeinden eine Einwohnerdichte von mehr als 1000 Ew/km², davon 20 Gemeinden sogar mit mehr als 1500 Ew/km². Abgesehen von den Räumen Aachen und Bielefeld hatten das Ruhrgebiet und die Rheinachse von Duisburg bis Bonn die höchsten Einwohnerdichten. Gemeinden mit einer Einwohnerdichte von mehr als 500 Ew/km² waren zumeist in der Randzone dieser Ballungsräume zu finden, wobei allerdings vor allem Münster und Siegen, aber auch Bocholt und Gronau und Lippstadt und Paderborn durch Abseitslage eine Sonderstellung einnahmen. 83 Gemeinden des Landes hatten eine geringe Einwohnerdichte von weniger als 125 Ew/km². Diese Gemeinden lagen vor allem in der Eifel, im Sieger- und Sauerland und im Münsterland, also überwiegend in den Randzonen des Landes NW.

Im Zeitraum von 1970 bis 1977 veränderte sich die Einwohnerzahl im Lande kaum, weil die Bevölkerung des Landes NW, die bis Ende 1973 noch auf 17,25 Mio. anstieg, danach bis Ende 1977 auf 17,04 Mio. absank. Im gleichen Zeitraum hat sich aber die Verteilung der Bevölkerung im Lande stark gewandelt. Von den 396 Gemeinden des Landes hatten von 1970 bis 1977 etwa ¼ der Gemeinden einen Rückgang der Einwohnerdichte (Ew/km²) zu verzeichnen. Der stärkste Rückgang der Einwohnerdichte trat, wie aus der Karte „Veränderung der Einwohnerdichte (Ew/km²) 1970 bis 1976" zu ersehen ist, in den Gemeinden des Ruhrgebietes, in Köln, im Raum Siegen und am Rande von Aachen und Bielefeld auf. Ein geringerer Rückgang der Einwohnerdichte ergab sich vor allem in den ländlichen Gemeinden der Randzonen des Landes.

Nach den Ergebnissen der Bevölkerungsprognosen ist bis 1985/90 vor allem mit einem weiteren sehr starken Rückgang der Bevölkerungsdichte im Ruhrgebiet, im Raum Bonn/Köln und in den großen Städten des Landes zu rechnen.

Von 1970 bis 1975 hat die Bevölkerungsdichte im Lande Nordrhein-Westfalen um etwa 14 Ew/km² zugenommen, bis 1977 sank sie wieder um 3 Ew/km² ab. Eine überdurchschnittliche Veränderung der Einwohnerdichte ergab sich dabei in 132 Fällen, also in etwa einem Drittel der Gemeinden; die restlichen 264 Gemeinden hatten eine unterdurchschnittliche Veränderung der Einwohnerdichte zu verzeichnen. Vom stärksten Rückgang der Bevölkerungsdichte waren vor allen Dingen die Gemeinden mit der stärksten Bevölkerungsdichte betroffen, die zugleich auch Ballungskerne sind.

Eine Zunahme der Einwohnerdichte konnte vor allem in den Gemeinden der Ballungsrandzonen festgestellt werden, wie z. B. vor allem um Bonn, um Köln und um Düsseldorf, aber auch in Aachen, Münster, im Kreis Unna und im Kreis Paderborn. In diesen Räumen betrug die Zunahme in der Regel mehr als 45 Ew/km² und lag damit mindestens dreifach so hoch wie der Mittelwert.

---

[19]) Vgl. H. DÜRHOLT, V. Frhr. von MALCHUS: Informationen zur regionalen Bevölkerungsentwicklung in Nordrhein-Westfalen. In: Tätigkeitsbericht des ILS 1976, hrsg. vom Institut für Landes- und Stadtentwicklungsforschung des Landes Nordrhein-Westfalen (ILS), Dortmund 1977, S. 36–42; V. Frhr. v. MALCHUS: Strukturwandel in NW in jüngster Zeit, Raumforschung und Raumordnung, 1 (1973), S. 14 ff.

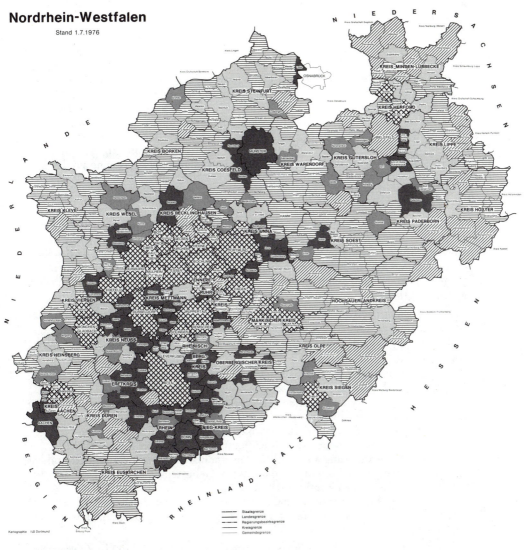

Nordrhein-Westfalen

Stand 1.7.1976

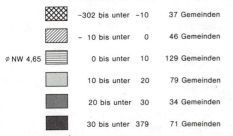

Veränderung der Einwohnerdichte (E/km^2)
vom 27.5.1970 bis 31.12.1976

	–302 bis unter –10	37 Gemeinden
	– 10 bis unter 0	46 Gemeinden
Ø NW 4,65	0 bis unter 10	129 Gemeinden
	10 bis unter 20	79 Gemeinden
	20 bis unter 30	34 Gemeinden
	30 bis unter 379	71 Gemeinden

Karte 1: Veränderung der Einwohnerdichte 1970 bis 1976

49

Die relativ starke Zunahme der Einwohnerdichte vollzog sich also vor allem in den Gemeinden am Rande von Städten, die eine überdurchschnittliche Abnahme in der Geburtenhäufigkeit zu verzeichnen haben. Dies läßt den Schluß zu, daß die Zunahme der Einwohnerdichte vor allem auf eine positive Wanderungsbilanz zurückzuführen ist. Die durchschnittliche Wanderungsbilanz je km^2 in den Gemeinden des Landes (Stand: 1.7.1976) betrug denn auch für den Zeitraum 1970 bis 1975 14,76 Ew/km^2. Deutlich korrelieren diese Zahlen der Veränderung der Einwohnerdichte mit den Werten der Wanderungsbilanz auf die Fläche bezogen. Die größten Städte der Rheinschiene und des Ruhrgebietes einerseits und die Gemeinden der Randzonen und oft zugleich auch der Fördergebiete für die regionale Wirtschaftsförderung andererseits haben eine auf den km^2 bezogene negative Wanderungsbilanz.

Am Rande der großen Städte hingegen liegen – überwiegend in den Ballungsrandzonen – die Gemeinden mit der relativ stärksten positiven Wanderungsbilanz auf die Fläche bezogen. Dies läßt den Schluß zu, daß die Gemeinden am Rande der Ballungskerne mit großen Bevölkerungsverlusten von der Abwanderung der Bevölkerung aus diesen Gemeinden profitieren und die Wanderungsbewegung aufgefangen haben. Die Bevölkerung scheint unter Beibehaltung des Arbeitsplatzes vor allem den Ballungskernen den Rücken gekehrt und sich in den Ballungsrandzonen und in den Gemeinden des ländlichen Raumes niedergelassen zu haben.

Die Veränderung der Bevölkerungsdichte im Lande NW in den letzten Jahren läßt folgende zusammengefaßte Aussagen zu:

– Die durchschnittliche Bevölkerungsdichte des Landes NW ist doppelt so hoch wie im Durchschnitt des Bundesgebietes;
– in Teilen des Landes hat die Bevölkerungsdichte mit mehr als 2000 Ew/km^2 kritische Werte hinsichtlich von Überlastungserscheinungen erreicht;
– diese Gemeinden haben denn auch in der Regel eine sinkende Einwohnerdichte in den letzten Jahren zu verzeichnen;
– überwiegend sind die Einwohner aus den Ballungskernen in die Randzonen verzogen und haben den nicht überall erwünschten Suburbanisierungsprozeß verstärkt;
– zum Teil ist die Bevölkerung aber auch in den ländlichen Raum abgewandert und hat dort häufig noch in Verbindung mit positiven Geburtenbilanzen eine erwünschte Verdichtung in ländlichen Zentralorten bewirkt;
– die überwiegende Zahl der ländlichen Gemeinden hat jedoch in den letzten Jahren – vor allem in den Randzonen des landes NW – einen Rückgang der Einwohnerdichte hinnehmen müssen.

Nach einer Analyse der Bevölkerungsvorausschätzungen für 1985/90 ist zu erwarten, daß besonders die Gemeinden mit einer höheren Einwohnerdichte als 1000 Ew/km^2, also vor allem die Zentren im Ruhrgebiet und in der Rheinschiene, mit einem starken Absinken der Einwohnerdichte zu rechnen haben. Ein Rückgang der Einwohnerdichte wird aber auch in den Randzonen des Ruhrgebietes, in den Gebieten um Aachen und Bielefeld und im Sieger- und Sauerland zu erwarten sein.

2. Bevölkerungsentwicklung in den Zonen des LEP I und in denen des Entwurfs des LEP I/II

Legt man zur Erlangung eines Überblickes über die mittelfristige Bevölkerungsentwicklung in den Zonen des LEP I den 10-Jahres-Zeitraum von 1964 bis 1974 zugrunde, so zeigt Abb. 5, daß in den *Ballungskernen*, nach einem Mitte der sechziger Jahre erreichten

Höchststand die Einwohnerzahlen stetig gesunken sind, die *Ballungsrandzonen* und die *Ländlichen Zonen* hingegen noch eine laufende Einwohnerzunahme zu verzeichnen haben. In den siebziger Jahren zeigten sich aber auch hier neue Entwicklungen. 1975 z. B. hatten die Ballungsrandzonen kaum noch einen Bevölkerungszuwachs, die ländlichen Zonen sogar erstmals einen Rückgang in der Bevölkerungsentwicklung zu verzeichnen (vgl. Tab. 8).

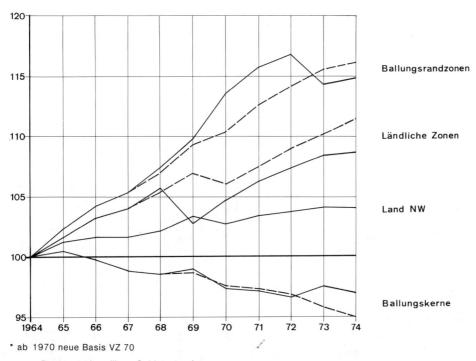

* ab 1970 neue Basis VZ 70

——— Daten zum jeweiligen Gebietsstand
— — — Daten ohne Berücksichtigung der Gebietsänderungen aufgrund der kommumalen Neugliederung

Abb. 5: Bevölkerungsentwicklung in den Zonen des LEP I in NW 1964–1974

1970 betrug die Bevölkerungszahl in den *Ballungskernen* 7,97 Mio. Ew. Die relative Veränderung der Einwohnerzahl gegenüber dem Vorjahr betrug 1971 noch −0,16%. Sie ist seither stetig angewachsen und erreichte 1975 bereits einen Wert von −1,06%. Von 1971 bis 1976 nahm die Bevölkerung in den Ballungskernen um −7% ab, wobei 3% auf negativer natürlicher Bilanz beruhen und 4% auf Abwanderungen zurückzuführen sind. Bis 1985 kann mit einem weiteren Rückgang der Bevölkerung von etwa −7 bis −8% gerechnet werden.

In den *Solitären Verdichtungsgebieten* des Landes NW, es handelt sich hier um die Räume Bielefeld, Münster und Siegen, stieg die Bevölkerungszahl von 783 800 Ew im Jahre 1970 auf 800 900 Ew im Jahre 1975 an (+2,17%) und erreicht einen Anteil von 4,7% der Einwohner des Landes. Die relative Veränderung gegenüber dem Vorjahr betrug hier 1971 0,95%. Die relativen Veränderungsraten gingen aber auch hier seit 1971 zurück und

51

Tabelle 8:
Veränderung der Wohnbevölkerung 1970 – 1973 – 1976 und mögliche Veränderung 1976–1985 in den Zentralen Orten und Zonen gemäß LEP I/III in Nordrhein-Westfalen

Zahl der Gemeinden	Zentralörtliche Gliederung	Jahre	Einwohner in den Verflechtungsbereichen								Bevölkerung insgesamt	
			Ländliche Zonen		Ballungsrandzonen		Solitäre Verdichtungsgebiete		Ballungskerne			
			abs. in 1000	Veränderungen in %	abs. in 1000	Veränderungen in %	abs. in 1000	Veränderungen in %	abs. in 1000	Veränderungen in %	abs. in 1000	Veränderungen in %
86	Unterzentren mit weniger als 10000 Ew	1970	601								601	
		1973	626	+4,2							626	+4,2
		1976	636	+1,5							636	+1,5
		1976 bis 1985	632	−0,5							632	−0,5
91	Unterzentren mit 10000 bis 25000 Ew	1970	1081		61						1142	
		1973	1136	+5,0	64	+4,6					1200	+5,0
		1976	1158	+1,9	64	−0,1					1222	+1,8
		1976 bis 1985	1140	−1,5	66	+3,2					1206	−1,3
32	Unterzentren mit 10000 bis 25000 Ew mit Teilfunktion eines MZ	1970	441		111						553	
		1973	464	+5,1	115	+3,6					579	+4,8
		1976	468	+0,9	117	+1,0					585	+0,9
		1976 bis 1985	467	−0,3	117	−0,1					583	−0,2
93	Mittelzentren mit 25000 bis 50000 Ew im Mittelbereich	1970	1424		1068						2492	
		1973	1480	+3,8	1122	+4,9					2602	+4,3
		1976	1478	−0,1	1137	+1,3					2615	+0,5
		1976 bis 1985	1469	−0,6	1121	−1,4					2590	−1,0

noch Tabelle 8:

Zahl der Gemeinden	Zentralörtliche Gliederung	Jahre	Einwohner in den Verflechtungsbereichen								Bevölkerung insgesamt	
			Ländliche Zonen		Ballungsrandzonen		Solitäre Verdichtungsgebiete		Ballungskerne			
			abs. in 1000	Veränderungen in %	abs. in 1000	Veränderungen in %	abs. in 1000	Veränderungen in %	abs. in 1000	Veränderungen in %	abs. in 1000	Veränderungen in %
46	Mittelzentren mit 50 000 bis 100 000 Ew im Mittelbereich	1970	962		869				242		2073	
		1973	1000	+3,9	910	+4,6			238	−1,6	2148	+3,6
		1976	1003	+0,3	918	+0,9			233	−2,0	2154	+0,3
		1976 bis 1985	996	−0,7	912	−0,6			226	−3,2	2134	−0,9
24	Mittelzentren mit 100 000 bis 150 000 Ew im Mittelbereich	1970	767		523				720		2011	
		1973	782	+1,9	537	+2,6			723	+0,4	2042	
		1976	769	−1,7	531	−1,1			711	−1,7	2011	
		1976 bis 1985	756	−1,7	528	−0,6			681	−4,2	1966	
8	Mittelzentren mit mehr als 150 000 Ew im Mittelbereich	1970	88		170				1331		1589	
		1973	89	+1,4	173	+1,5			1307	−1,8	1569	−1,3
		1976	87	−2,3	172	−0,6			1263	−3,4	1522	−3,1
		1976 bis 1985	85	−2,6	164	−4,5			1132	−10,4	1381	−9,3
6	Oberzentren mit 0,50 bis 0,75 Mio. Ew im Oberbereich	1970					214		1161		1374	
		1973					220	+3,0	1151	−0,9	1371	−0,3
		1976					222	+0,7	1125	−2,2	1347	−1,8
		1976 bis 1985					222	−0,01	1050	−6,7	1272	−5,6

noch Tabelle 8:

Zahl der Gemeinden	Zentralörtliche Gliederung	Jahre	Einwohner in den Verflechtungsbereichen								Bevölkerung insgesamt	
			Ländliche Zonen		Ballungsrandzonen		Solitäre Verdichtungsgebiete		Ballungskerne			
			abs. in 1000	Veränderungen in %	abs. in 1000	Veränderungen in %	abs. in 1000	Veränderungen in %	abs. in 1000	Veränderungen in %	abs. in 1000	Veränderungen in %
3	Oberzentren mit 0,75 bis 1 Mio. Ew im Oberbereich	1970							934		934	
		1973							942	+0,8	942	+0,8
		1976							929	−1,3	929	−1,3
		1976 bis 1985							870	−6,4	970	−6,4
4	Oberzentren mit über 2 Mio. Ew im Oberbereich	1970					570		1273		1843	
		1973					582	+2,1	1247	−2,1	1829	−0,8
		1976					580	−0,3	1206	−3,4	1786	−2,4
		1976 bis 1985					561	−3,3	1088	−9,8	1649	−7,7
3	Oberzentren mit über 2 Mio. Ew im Oberbereich	1970							2393		2393	
		1973							2337	−2,4	2337	−2,4
		1976							2267	−3,0	2267	−3,0
		1976 bis 1985							2097	−7,5	2097	−7,5
396	Land NW insgesamt	1970	5364		2803		784		8054		17005	
		1973	5578	+3,9	2921	+4,1	802	+2,3	7944	−1,4	17246	+1,4
		1976	5599	+0,4	2938	+0,6	802	−0,02	7734	−2,7	17073	−1,0
		1976 bis 1985	5545	−1,0	2908	−1,0	783	−2,4	7144	−7,6	16380	−4,1

Quelle: Eigene Berechnungen des ILS auf der Grundlage von Daten des Landesamtes für Datenverarbeitung und Statistik des Landes Nordrhein-Westfalen (LDS), Dortmund 1977.

erreichten 1975 mit −0,22 % erstmals einen negativen Wert, d. h. die Solitären Verdichtungsgebiete nahmen bis 1974 noch an Bevölkerung zu, hatten seither aber wie die Ballungskerne keine Bevölkerungszuwächse mehr zu verzeichnen. Insgesamt stieg die Bevölkerungszahl in diesen Gebieten von 1971 bis 1976 um +4 % an. Bis 1985 muß auch in den Solitären Verdichtungsgebieten mit einem Rückgang der Bevölkerungszahlen von etwa 2 % gerechnet werden.

Die Bevölkerung der *Ballungsrandzonen* stieg von 2,89 Mio. Ew im Jahre 1970 auf 2,9 Mio. Ew (17,1 % der Gesamtbevölkerung) im Jahre 1975 an (+4 %). Trotz der starken Bevölkerungszunahme dieser Zonen zeigten sich aber auch hier in den letzten Jahren starke Veränderungen der Zuwachsraten. Während die relative Veränderung des Zuwachses gegenüber dem Vorjahr 1971 noch +1,77 % betrug, ging sie 1975 auf 0,03 % zurück, d. h. 1975 haben die Ballungsrandzonen lediglich noch einen Zuwachs von 1 040 Ew gegenüber dem Vorjahr erhalten. Wie die Wanderungsbilanzen für diese Räume zeigen, ist dieser Zuwachs nur auf eine positive Wanderungsbilanz (+1 649 Ew) zurückzuführen, aber auch diese zeigt zunehmend sinkende Tendenzen auf. Von 1971–1976 verzeichneten die Ballungsrandzonen noch einen Bevölkerungszuwachs von +7 %. Aber auch die Ballungsrandzonen müssen mit einem weiteren Absinken der Bevölkerung von etwa 1 % bis zum Jahre 1985 rechnen.

1970 wohnten in den *Ländlichen Zonen* von NW 5,36 Mio. Ew, dies waren 31,5 % der Landesbevölkerung. Bis 1975 ist die Bevölkerung dieser Zonen auf 5,59 Mio. Ew, d. h. um 223 700 Ew (+4,8 %) angewachsen. Der Anteil der Bevölkerung in den Ländlichen Zonen an der Gesamtbevölkerung des Landes NW betrug damit 1975 32,6 %. Aber auch für die Ländlichen Zonen zeigt sich deutlich ein Tendenzumschwung. Während die relativen Veränderungen der Bevölkerungszahlen gegenüber dem Vorjahr 1971 noch +1,62 % betrugen und 1974 noch +0,26 % ausmachten, zeigt sich für 1975 erstmals seit vielen Jahren eine Bevölkerungsabnahme gegenüber dem Vorjahr von 0,09 %. Zwar hatte der ländliche Raum 1971–1976 noch einen Bevölkerungszuwachs von +7 %, aber dieser war mit 6 % fast ausschließlich auf Wanderungsgewinne zurückzuführen. Wegen sinkender Zuwanderungen und abnehmender Geburtenzahlen muß auch im ländlichen Raum bis zum Jahre 1985 mit einem Rückgang der Bevölkerung von etwa 1 % gerechnet wurden.

Zusammenfassend lassen sich zur Bevölkerungsentwicklung in den Zonen des LEP I/II folgende Aussagen machen:

- Die *Ballungskerne* haben in den letzten Jahren ständig Bevölkerung verloren; der Rückgang hat steigende Tendenz und ist in etwa zur Hälfte auf Abwanderung zurückzuführen; voraussichtlich wird er sich weiter kräftig fortsetzen (bis 1985 etwa −8 %);
- die *Solitären Verdichtungsgebiete* verzeichnen insgesamt in den letzten Jahren noch einen Bevölkerungszuwachs, 1975 jedoch erstmals einen Bevölkerungsrückgang, der vor allem durch eine negative Wanderungsbilanz ausgelöst wurde und sich voraussichtlich verstärken wird (bis 1985 etwa 2 %);
- die *Ballungsrandzonen* hatten im Durchschnitt der letzten fünf Jahre immer noch einen kräftigen Bevölkerungszuwachs; dieser ging jedoch 1975 stark zurück und die Bevölkerungszahl stagnierte in etwa, um bis 1985 um ungefähr 1 % abzunehmen;
- auch der kräftige Bevölkerungszuwachs der *Ländlichen Zonen* in den letzten fünf Jahren zeigte 1975 eine Tendenzwende und schlug bei stark negativer Geburtenbilanz und erstmals negativer Wanderungsbilanz in eine Bevölkerungsabnahme um. Die Entwicklung der Einwohnerzahl in diesen Zonen wird überwiegend vom zu erwartenden quantitativen und qualitativen Arbeitsplatzangebot abhängen.

Neuere Untersuchungen zur Motivation der Wanderungen zeigen deutlich, daß für die zwischengemeindlichen Wanderungen über mittlere und weitere Distanzen vor allem der „Arbeitsplatzfaktor“, die Berufs-, Aufstiegs- und Bildungsmöglichkeiten das Hauptmotiv für die Wanderungen bilden. Im Nahbereich hingegen spielt der „Wohnfaktor“, die gehobenen Ansprüche an Wohnungen und Wohnumwelt als größtes Motiv für die Nahwanderungen eine herausragende Rolle[20]).

3. Bevölkerungsveränderung in den zentralörtlichen Gemeinden des Landes gemäß Entwurf des LEP I/II

Analysiert man die Bevölkerungsveränderungen in den Gruppen von zentralen Orten gemäß Entwurf des LEP I/II, dann zeigt sich deutlich, welche starken und regional sehr unterschiedlichen Veränderungen in der ersten Hälfte der 70er Jahre eingetreten sind und welche Veränderungen unter Status-quo-Bedingungen zu erwarten sind.

Alle *209 Unterzentren* des Landes NW – auf die 14,2 % aller Einwohner entfallen – haben von 1970 bis 1976 einen Bevölkerungszuwachs von 147 200 Einwohnern zu verzeichnen, wobei der weitaus stärkste Zuwachs mit etwa 140 000 Ew in den Ländlichen Zonen lag. Den absolut und relativ stärksten Zugang hatten die Unterzentren in der Größenklasse zwischen 10 000 bis 25 000 Einwohnern, vor allem in den Ländlichen Zonen (+7 %). Bis 1985 werden die Unterzentren bis 10 000 Einwohner und die zwischen 10 000 bis 25 000 Einwohner in Ländlichen Zonen voraussichtlich Verluste von −0,5 % bis 1,5 % der Einwohnerzahl hinnehmen müssen. Die Unterzentren in der Gruppe 10 000 bis 25 000 Einwohner, die in den Ballungsrandzonen liegen, können sogar bis 1985 noch mit einem Zuwachs von 3 % rechnen. Die Unterzentren bis 25 000 Ew mit Teilfunktionen eines Mittelzentrums werden ihren Bevölkerungsanteil bei geringen Abnahmen voraussichtlich halten können.

Bei allen *171 Mittelzentren* des Landes, in denen 48,6 % aller Einwohner wohnen, nimmt die Einwohnerzahl seit 1970 mit steigender Größe der Zentren zunehmend ab. Die Mittelzentren zwischen 25 000 Ew und 150 000 Ew im Mittelbereich hatten bis 1973 noch einen Einwohnerzuwachs von rund 210 000 Einwohnern zu verzeichnen. Von 1973 bis 1976 wuchsen nur noch die Mittelzentren bis 100 000 Einwohner geringfügig um etwa 20 000 Ew im Mittelbereich an, vor allem in der Ballungsrandzone. Seither geht es auch hier mit der Bevölkerungszahl abwärts. Den stärksten Rückgang von 1970–1976 hatten die Mittelzentren mit mehr als 150 000 Einwohnern im Mittelbereich und hier vor allem die Mittelzentren in den Ballungskernen, wo der Einwohnerrückgang fast 70 000 Ew betrug. Bis 1985 werden voraussichtlich die in Ländlichen Zonen und Ballungsrandzonen liegenden Mittelzentren bis 150 000 Ew Einwohnerverluste von −0,5 % bis −1,5 % hinnehmen müssen. Die Mittelzentren über 150 000 Ew und die Mittelzentren in Ballungskernen hingegen müssen mit Bevölkerungsabnahmen von −2,5 % bis −4,2 % rechnen, die großen Mittelzentren in den Ballungskernen sogar mit −10 %.

Die 16 *Oberzentren* des Landes NW, mit einem Bevölkerungsanteil von 37,2 %, hatten insgesamt schon seit 1970 einen Bevölkerungsrückgang zu verzeichnen. Lediglich die Oberzentren in den Solitären Verdichtungsgebieten meldeten bis 1973 noch einen

---

[20]) Vgl. E. SIEPE, U. NAUMANN, H. G. WITT: Tendenzen der Bevölkerungsbewegung in der Region Köln, Dezernat Stadtentwicklung, als Manuskript vervielfältigt, Köln, Juni 1977, S. 21 f.; F. LANDWEHRMANN, G. KLEIBRINK: Kleinräumige Mobilität, Empirische Untersuchungen zum Nahwanderungsverhalten in den Städten Bochum und Düsseldorf, Hrsg. vom ILS, Dortmund 1977.

Einwohnerzuwachs von rund 20000 Ew. Von 1973 bis 1976 hatten lediglich die Oberzentren mit weniger als 750000 Ew in Solitären Verdichtungsgebieten noch einen Einwohnerzuwachs. Bis 1985 werden voraussichtlich alle Oberbereiche einen Bevölkerungsverlust von −6% bis −10% hinnehmen müssen. Die stärksten Verluste werden voraussichtlich die Oberzentren mit 1 bis 2 Mio. Einwohnern im Einzugsbereich haben.

4. Regionale Differenzierungen der Bevölkerungsvorausschätzungen nach Regierungsbezirken und Kreisen

Auf der Grundlage der Bevölkerungsschätzungen des LDS legt der Entwurf zum Landesentwicklungsplan I/II „Raum- und Siedlungsstruktur" gemäß § 23 LEPro die Richtwerte der Bevölkerungsentwicklung fest. Die Regionalplanung in den fünf Regierungsbezirken hat von diesen Richtwerten der Bevölkerungsentwicklung auszugehen, die in der Tab. 9 ausgewiesen worden sind. Besonders stark sind die Bevölkerungsrückgänge in den Regierungsbezirken Düsseldorf (−7,2%) und Arnsberg (−5,9%).

Tabelle 9:
Richtwerte für die Bevölkerungsentwicklung in den Regierungsbezirken des Landes Nordrhein-Westfalen

Regierungsbezirk	Bevölkerung am … (in 1000)		Veränderung 1976/85 in %
	1.1.1976	1.1.1985	
Arnsberg	3745	3523	−5,9
Detmold	1799	1739	−3,3
Düsseldorf	5314	4933	−7,2
Köln	3868	3834	−0,9
Münster	2405	2351	−2,2
Nordrhein-Westfalen	17131	16380	−4,4

Quelle: Ministerpräsident des Landes Nordrhein-Westfalen, Der (Hrsg.): Landesentwicklungsplan I/II „Raum- und Siedlungsstruktur", a.a.O., S. 5.

Die regionale Prognose konnte aus methodischen Gründen bisher nur auf Kreisebene regionalisiert werden. Eine exakte Umrechnung auf die gemeindeweise abgegrenzten drei Zonen des LEP I/II war deshalb nicht möglich. Nach einer überschlägigen Berechnung wird die Bevölkerungszahl in den Ballungskernen, die 1976 etwa 50% der Landesbevölkerung umfaßte, bis 1985 um etwa −7,6%, die der Solitären Verdichtungsgebiete um −2,4%, die der Ballungsrandzonen (1976 = rund 17% der Landesbevölkerung) um −1,0% und die der Ländlichen Zonen (1976 = rund 33% der Landesbevölkerung) um etwa −1,0% abnehmen.

Die Karte „Wohnbevölkerung 1990 (1976 = 100)" zeigt die regional sehr unterschiedlichen Entwicklungstendenzen. Starke Bevölkerungszunahmen mit mehr als 5% der Bevölkerung von 1976 wird es voraussichtlich nur in den Kreisen um Köln und Bonn, im Kreis Coesfeld und im Kreis Paderborn geben. Schwache Bevölkerungszunahmen werden darüber hinaus noch für die Kreise Euskirchen, Borken, Steinfurt und Münster vorausgesagt. Einwohnerabnahmen von mehr als 6,5% werden in allen kreisfreien Städten des Rhein-Ruhr-Raumes zwischen Köln, Mönchengladbach, Duisburg und Hamm sowie in Bielefeld und in den Kreisen Herford, Ennepe-Ruhr-Kreis und Märkischer Kreis erwartet.

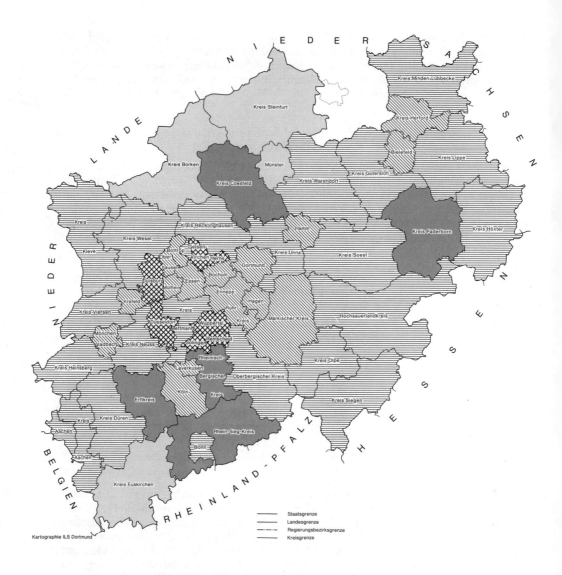

Wohnbevölkerung 1990 (1976 = 100)

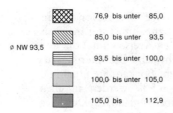

76,9 bis unter 85,0

85,0 bis unter 93,5

∅ NW 93,5

93,5 bis unter 100,0

100,0 bis unter 105,0

105,0 bis 112,9

Karte 2: Wohnbevölkerung 1990

58

Ausgehend von einer deutschen Wohnbevölkerung von 15,94 Mio. im Jahre 1976 wird vom LDS bis 1990 eine Abnahme von 1,09 Mio. auf 14,85 Mio. Einwohner vorausgeschätzt. Dabei wird für das gesamte Land bis 1990 ein *Sterbefallüberschuß* von (−) 981 000 Einwohnern prognostiziert. Weit über dem Landesdurchschnitt liegende Sterbefallüberschüsse werden für die Mehrzahl der kreisfreien Städte des Rhein-Ruhr-Raumes und für die Stadt Bielefeld vorhergesagt. Über dem Landesdurchschnitt liegende Sterbefallüberschüsse ergeben sich für alle übrigen kreisfreien Städte – mit Ausnahme von Münster und Hamm – für den Kreis Mettmann, den Ennepe-Ruhr-Kreis, den Märkischen und den Oberbergischen Kreis. Relativ hohe Geburtenüberschüsse haben die Kreise Borken, Coesfeld und Steinfurt, eine noch positive natürliche Bevölkerungsbilanz aber auch die Kreise Warendorf, Paderborn und Olpe.

Erste Untersuchungsergebnisse des „Bundesinstituts für Bevölkerungsforschung" zeigen, daß regionale Unterschiede im Fruchtbarkeitsverhalten der Bevölkerung wesentlich von der Wohn- und Siedlungsweise und dem häufig damit zusammenhängenden Bildungsgrad der Bevölkerung beeinflußt werden. Die Analyseergebnisse für NW könnten diese Vermutungen bestätigen.

Über den Sterbefallüberschuß hinaus, wird für die deutsche Wohnbevölkerung bis zum Jahre 1990 im Lande NW ein *Wanderungsverlust* von −112 000 Einwohner vorausgeschätzt. Dabei werden sich für die einzelnen Kreise des Landes NW Wanderungsgewinne bzw. Wanderungsverluste in sehr unterschiedlichem Ausmaße ergeben. Mehr oder weniger hohe Wanderungsverluste werden wahrscheinlich alle kreisfreien Städte des Rhein-Ruhr-Raumes zwischen Düsseldorf und Hamm sowie der Märkische Kreis und die Stadt Bielefeld hinzunehmen haben. Sehr hohe Wanderungsgewinne gibt es – wie schon in den vergangenen Jahren – voraussichtlich in den Kreisen um Bonn und Köln sowie im Kreis Mettmann. Hohe Wanderungsgewinne werden die Städte Bonn, Münster und Aachen sowie die Kreise Coesfeld, Paderborn, Neuss, Euskirchen und der Oberbergische Kreis haben.

Die Stadt-Umland-Wanderungen werden vor allem von den großen Städten, wie z. B. von Bonn, Köln und Düsseldorf, als bedrohliche Fehlentwicklung angesehen, die u. a. zu sinkenden Steuereinnahmen für die Städte bei gleicher Fixkostenbelastung für vorgehaltene Infrastruktureinrichtungen und zur Entwicklung von einer Vielzahl von Kleinhaushalten führen, mit der Folge einer Segregation ganzer Stadtviertel[21]).

Durch hohe Wanderungsgewinne und gleichzeitig durch Geburtenüberschüsse wird die Zahl der deutschen Einwohner bis 1990 nur in den Kreisen Coesfeld (+9,1 %) und Paderborn (+7,6 %) ansteigen. Dieser relative Zuwachs der deutschen Bevölkerung wird nach der regionalisierten Bevölkerungsprognose des LDS nur im Rhein-Sieg-Kreis (+13,9 %) und im Rheinisch-Bergischen Kreis (+8,2 %) höher bzw. etwa gleich hoch sein, da in diesen beiden Kreisen die Sterbefallüberschüsse durch entsprechend hohe Wanderungsgewinne voraussichtlich mehr als ausgeglichen werden.

Erste Kontrollergebnisse und Vergleiche zwischen den regionalisierten Prognosewerten und der tatsächlichen Entwicklung in den Jahren 1976 und 1977 zeigen[22]), daß
– der Bevölkerungsrückgang in Nordrhein-Westfalen nur halb so groß war wie erwartet,

[21]) Vgl. E. Siepe, U. Naumann, H. G. Witt: Tendenzen der Bevölkerungsbewegung in der Region Köln, a.a.O.

[22]) Vgl. H. Dürholt: Entwicklung der Zahl der Einwohner im Vergleich zu den Ergebnissen der regionalisierten Bevölkerungsvorausschätzung 1976–1980, unveröffentlichtes Manuskript des ILS, Dortmund 3/1978.

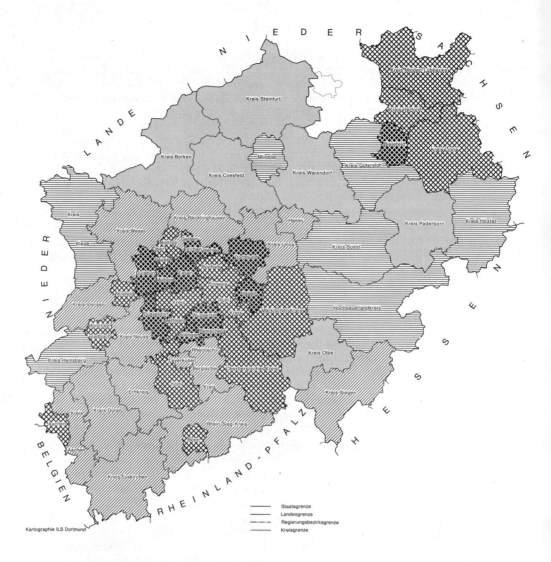

Natürliche Bevölkerungsbilanz

je 1 000 Einwohner im Mittel der Jahre 1976 bis 1990

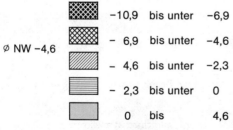

∅ NW −4,6

−10,9	bis unter −6,9
− 6,9	bis unter −4,6
− 4,6	bis unter −2,3
− 2,3	bis unter 0
0	bis 4,6

Karte 3: Natürliche Bevölkerungsbilanz 1976 bis 1990

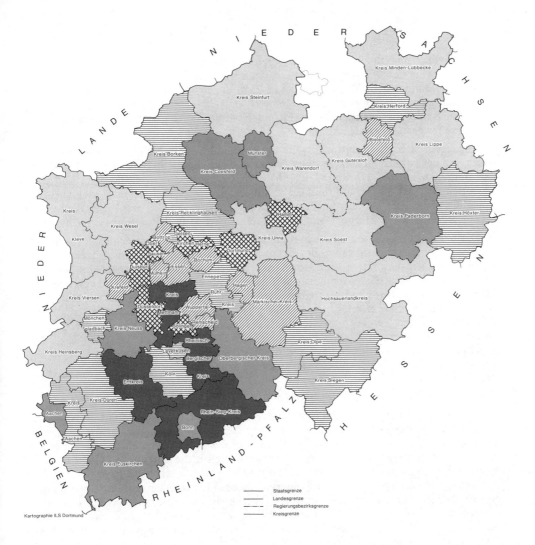

Kartographie ILS Dortmund

Staatsgrenze
Landesgrenze
Regierungsbezirksgrenze
Kreisgrenze

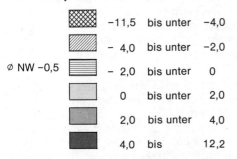

Wanderungsbilanz

je 1000 Einwohner im Mittel der Jahre 1976 bis 1990

	−11,5	bis unter	−4,0
	− 4,0	bis unter	−2,0
∅ NW −0,5	− 2,0	bis unter	0
	0	bis unter	2,0
	2,0	bis unter	4,0
	4,0	bis	12,2

Karte 4: Wanderungsbilanz 1976 bis 1990

61

- die Bevölkerungsabnahmen in den Regierungsbezirken Arnsberg etwa 75% und Düsseldorf etwa 70% der vorausgeschätzten Rückgänge betrug,
- der Regierungsbezirk Münster nur etwa 25% der prognostizierten Bevölkerungsabnahmen zu vermelden hatte und
- in den Regierungsbezirken Detmold und Köln sogar eine leichte Bevölkerungszunahme festgestellt werden konnte.

Es zeigten sich allerdings auch sehr unterschiedliche Abweichungen zwischen der realen und der vorausgeschätzten Entwicklung in den Kreisen. So blieben z. B. die Städte Duisburg (0,6%) und Dortmund (0,3%) und die Kreise Soest, Euskirchen und der Rheinisch-Bergische-Kreis um rund 0,3% hinter den vorausgeschätzten Werten zurück. Einen um mehr als 1% höheren Wert als vorausgeschätzt worden war haben die Städte bzw. Kreise Coesfeld, Herne, Bonn, Wuppertal, Bielefeld und Paderborn erreicht.

Diese ersten Vergleiche zwischen prognostizierten Werten und tatsächlicher Entwicklung zeigen, wie schwierig es ist, Bevölkerungsentwicklungen vorauszuschätzen und zu regionalisieren, insbesondere wenn es sich dabei um relativ kleine Bezugseinheiten handelt. Es muß allerdings auch hervorgehoben werden, daß für eine sehr große Zahl von Kreisen und Städten der Istwert um den prognostizierten Sollwert schwankt. Insgesamt muß man jedoch sagen, daß diese ersten Ergebnisse noch keine endgültigen Schlüsse zulassen, da der Zeitraum für einen Vergleich zwischen tatsächlicher und prognostizierter Entwicklung eigentlich viel zu kurz ist. Als relativ gesichert kann aber schon gelten, daß in der Regel die Ergebnisse der regionalisierten Bevölkerungsprognose des LDS aus dem Jahre 1976/77 als oberster Grenzwert der Bevölkerungsabnahme anzusehen sind.

5. Bevölkerungsvorausschätzungen für potentielle Oberbereiche

Der Entwurf des LEP I/II hat eine Reihe von Oberzentren mit potentiellen Oberbereichen abgegrenzt. Auf der Grundlage dieser Abgrenzungen hat das LDS mit Hilfe grober Näherungswerte, auf der Grundlage der regionalisierten 5. koordinierten Bevölkerungsprognose, die Bevölkerungsentwicklung für die potentiellen Oberbereiche vorausgeschätzt (vgl. Tab. 10). Das LDS ist selbst voller Vorbehalte gegenüber dieser Schätzung, weil z. B. regionalisierte Kreisergebnisse auf Gemeindeergebnisse umgerechnet werden mußten und diese erst dann zu Oberbereichen aggregiert werden konnten. Trotzdem erscheint es sinnvoll, diese Ergebnisse trotz aller Vorbehalte herauszustellen, weil sie ganz besonders die möglichen unterschiedlichen Tendenzen der Bevölkerungsentwicklung im Lande NW deutlich machen.

Wie die Ergebnisse der Tab. 10 zeigen, wird mit besonders hohen, weit über dem Durchschnitt liegenden Bevölkerungsrückgängen bis 1985 in den Oberbereichen Wuppertal (−9,5%), Essen/Bochum (−7,9%), Duisburg (−7,5%), Hagen (−7,4%), Düsseldorf (−6,2%) und Dortmund (−5,1%) gerechnet. Alle diese Oberzentren liegen im oder um das Ruhrgebiet, also im Mittelpunkt des Landes Nordrhein-Westfalen. Zuwächse werden lediglich die Oberbereiche Bonn (+1,3%) und Paderborn (+1,1%) bekommen.

Es ist noch nicht sicher, ob diese vorausgeschätzte regionalisierte Prognose – vor allem wegen der oben gemachten Vorbehalte – zutreffen wird. Erste Zwischenergebnisse zeigen relativ große Abweichungen, vor allem wohl wegen der nicht berücksichtigten wirtschaftlichen Tatbestände (vgl. Kap. III/I), wodurch die ländlichen Räume in ihren Tendenzen der Bevölkerungsentwicklungen besser eingeschätzt werden als die Verdichtungsräume. Dies vor allem deshalb, weil noch nicht abzusehen ist, wie die künftige Entwicklung auf dem Arbeitsmarkt die regionale Bevölkerungsverteilung beeinflussen

Tabelle 10:
Bevölkerungsvorausschätzung für Zonen und potentielle Oberbereiche 1976–1985
(Regionalprognose 1976–1985)

Potentieller Oberbereich	Ambi- valenter Teil	Wohnbevölkerung		Veränderung in Prozent
		1.1.1976	1.1.1985	
		Anzahl		
Düsseldorf		1 301 000	1 219 000	−6,2
Duisburg	ohne	1 046 000	967 000	−7,5
Essen und Bochum	ohne	2 896 000	2 666 000	−7,9
Krefeld	einschl.	538 000	517 000	−4,0
Mönchengladbach		503 000	484 000	−3,2
Wuppertal	einschl.	906 000	820 000	−9,5
Aachen	ohne	745 000	726 000	−2,6
Bonn	ohne	493 000	499 000	1,3
Köln	einschl.	2 603 000	2 582 000	−0,8
Münster		1 167 000	1 187 000	1,7
Bielefeld		1 442 000	1 376 000	−4,6
Paderborn	ohne	462 000	467 000	1,1
Dortmund	einschl.	1 902 000	1 806 000	−5,1
Hagen		711 000	659 000	−7,4
Siegen		415 000	405 000	−2,2
Nordrhein-Westfalen		17 180 000	16 380 000	−4,4

Quelle: Behelfsmäßig umgerechnete Daten der vom LDS durchgeführten „Regionalprognose 1976 bis 1990" durch das Landesamt für Datenverarbeitung und Statistik des Landes Nordrhein-Westfalen (LDS) im Sommer 1977 auf der Grundlage der Abgrenzung der Oberbereiche zentraler Orte im Entwurf zum Landesentwicklungsplan I/II vom 1.6.1977, a.a.O.

wird[23]). Noch zeigen die Ergebnisse der Raumbeobachtung für die Jahre 1976 und 1977 überproportionale Abnahmen der Zahl der Arbeitsplätze in den Oberbereichen der Verdichtungskerne. Im Hinblick auf die Zukunft kann aber unter Umständen erwartet werden, daß die Oberzentren mit überwiegend Ländlichen Zonen nicht mehr eine ausreichende Zahl qualifizierter Arbeitsplätze bereitstellen können, um die Nachfrage nach Arbeitsplätzen in diesen Räumen zu befriedigen. Es wird dann voraussichtlich zu überproportionalen Bevölkerungsabnahmen in den ländlichen Zonen kommen, wenn nicht entsprechende Gegenmaßnahmen eingeleitet werden, die der Bevölkerung ein weiteres Wohnen am bisherigen Wohnort erlauben. Die künftige regionale Verteilung der Arbeitsplätze und die Entwicklung der Wohnbevölkerung in den Städten und Gemeinden des Landes NW sind mittel- und langfristig untrennbar miteinander verknüpft.

---

[23]) Vgl. P. KLEMMER: Die industrielle Entwicklung in den regionalen Arbeitsmärkten Nordrhein-Westfalens, in diesem Band.

V. Zusammenfassung und Ausblick

1. Zur Bevölkerungsentwicklung

1.1 Die Bevölkerung Nordrhein-Westfalens hat von 1950 bis 1970 um rund 4 Mio. Einwohner zugenommen. Nach einigem Auf und Ab in den Bevölkerungszuwächsen in den 60er Jahren hat das Land ab 1970 zunächst sinkende Einwohnerzuwächse und ab 1974 sogar Bevölkerungsabnahmen zu verzeichnen. 1977 ,wohnten im Lande NW wieder genau soviel Menschen wie im Jahre 1970. Die durchschnittliche Einwohnerdichte lag 1977 bei 500 Ew/km². Der Anteil des Landes NW an der Einwohnerzahl der Bundesrepublik Deutschland betrug 1977 noch 27,7 %.

1.2 Die Bevölkerungsabnahme des Landes Nordrhein-Westfalen in den letzten Jahren – die sich voraussichtlich auch weiter fortsetzen wird – ist zu etwa zwei Drittel auf eine negative natürliche Bevölkerungsbilanz und etwa zu einem Drittel auf eine negative Wanderungsbilanz zurückzuführen. Während die negative natürliche Bevölkerungsbilanz in den letzten Jahren in etwa gleich hoch blieb, ist bei der Wanderungsbilanz eine Tendenz zum Ausgleich ablesbar.

1.3 Die Entwicklung der Einwohnerzahl im Lande hängt nicht unmaßgeblich von der Entwicklung der Ausländerbevölkerung ab. 1977 wohnten im Lande 1,2 Mio. Ausländer (7 % der Gesamtbevölkerung). Abwanderungen der männlichen Ausländerbevölkerung seit 1974 werden kompensiert durch Zuwanderungen von Frauen und einer Zunahme der Kinderzahl, woraus sich eine Zuwanderung von Familienangehörigen schließen läßt. Wegen der Freizügigkeit innerhalb der EG und weil auch Ausländer über die Landesgrenzen zuwandern, ist auch künftig mit einem leichten Anstieg der Zahl der Ausländer zu rechnen.

1.4 Wichtigste Ursachen des bisherigen Bevölkerungsrückganges liegen in dem veränderten generativen Verhalten der Bevölkerung und sind vor allem gesellschaftspolitischer Art: Wenn überhaupt Kinder gewollt werden, dann nur eine kleine Kinderzahl, weil nur diese mit den Leitbildern größtmöglicher persönlicher Freiheit, weitgehender Selbstverwirklichung und hohem Lebensstandard vereinbar sind. Die Pille ist nicht Ursache des Bevölkerungsrückganges, sondern Mittel zur Begrenzung der Kinderzahl. Diese Ursachen und die sich daraus ergebenden Wirkungen des Bevölkerungsrückganges sind für alle Planenden veränderte Rahmenbedingungen für ihre Handlungsmöglichkeiten.

1.5 Die Bevölkerungsvorausschätzungen für das Land NW auf der Grundlage der Entwicklungstendenzen zu Beginn der 70er Jahre, die das Ausmaß des Bevölkerungsrückganges deutlich erkennen lassen, kommen übereinstimmend zu dem Ergebnis, daß bis 1990 mit dem Rückgang der Bevölkerung von etwa 1 Mio. Einwohner zu rechnen ist. Auf der Grundlage der zu erwartenden Entwicklung der Geburtenhäufigkeit und der Zahl der Sterbenden rechnet man mit einem Anwachsen des durchschnittlichen jährlichen Sterbefallüberschusses auf 70 000 bis 80 000 Einwohner (1977 = 32 000 Ew). Hinsichtlich der Wanderungen unterstellt man eine leicht ansteigende negative Wanderungsbilanz auf etwa jährlich −8000 bis −9000 Ew für die deutsche Wohnbevölkerung. Für die Entwicklung der Ausländerbevölkerung wird eine geringe Abnahme der Ausländerzahl um etwa 24 000 Personen insgesamt angenommen. Setzt man die Berechnungen auf der Grundlage dieser Prämissen fort, so kann man bis zum Jahre 2030/50 zu einer Halbierung der deutschen Wohnbevölkerung kommen.

1.6 Von großer Bedeutung für die gesamte Landesentwicklung ist die veränderte Altersstruktur der Bevölkerung, die sich aus der zu erwartenden Bevölkerungsentwicklung bis 1990 ergibt: Der Rückgang der Zahl der Kindergartenkinder (−15 bis −25%), die Abnahme der Zahl der Grundschulkinder (−30% bis −40%); die Abnahme in der Schülerzahl im Sekundarbereich I bis zu −50%; der Anstieg der Erwerbsbevölkerung um 0,5 Mio. (+4%) und ein leichtes Anwachsen der Bevölkerungsgruppe über 65 Jahre. Aus dieser Entwicklung müssen die fachpolitischen Konsequenzen vor allem für die Infrastrukturpolitik und für die Arbeitsmarktpolitik gezogen werden.

1.7 Erste Ergebnisse der Raumbeobachtung für die Jahre 1976 und 1977 lassen erkennen, daß der Rückgang der Bevölkerung im Lande NW mit etwa 94 000 Ew nur etwa halb so groß war wie in der regionalisierten Bevölkerungsprognose vorausgeschätzt. Dies liegt vor allem an den geringen Sterbefallüberschüssen und an dem stärkeren Anwachsen der Ausländerbevölkerung, die 1977 mit rund 50 000 Personen größer war als erwartet werden konnte. Sollte sich diese Entwicklung fortsetzen – was durchaus nicht sicher ist –, wird die Bevölkerungszahl 1985 bis 1990 wesentlich größer sein als prognostiziert wurde. Baldige neue Bevölkerungsvorausschätzungen werden deshalb zwingend erforderlich. Neue Prognosen und Anpassungsmaßnahmen ersetzen allerdings nicht die Aufgabe, über die Ursachen und Konsequenzen der Bevölkerungsentwicklung weiterhin eingehend nachzudenken.

2. Zur Veränderung der Bevölkerungsverteilung

2.1 Nordrhein-Westfalen ist mit 500 Ew/km² im Jahre 1977 immer noch das dichtbesiedeltste Land der Bundesrepublik Deutschland. Die Bevölkerung ist jedoch nicht gleichmäßig über das ganze Land verteilt. 54 der 396 Städte und Gemeinden des Landes hatten eine Einwohnerdichte von mehr als 1000 Ew/km², davon sogar 20 Städte und Gemeinden mehr als 1500 Ew/km², überwiegend im Ruhrgebiet und in der Rheinachse liegend. Das Land NW hat aber auch 83 Gemeinden (rund 20%) mit einer Einwohnderdichte von weniger als 125 Ew/km². Diese Gemeinden liegen überwiegend in der Eifel, im Sieger- und Sauerland und im Münsterland, also überwiegend in den ländlichen Zonen und in den Randzonen des Landes.

2.2 Der stärkste Rückgang der Einwohnerdichte ergab sich im Zeitraum 1970 bis 1976 vor allem in den größeren Städten des Ruhrgebietes und in den Gemeinden im Raume von Siegen und am Rande von Aachen und Bielefeld. Nach der regionalisierten Bevölkerungsprognose ist bis 1985/90 mit einem weiteren starken Rückgang der Bevölkerungsdichte im Ruhrgebiet, im Raum Bonn/Köln und in den größeren Städten des Landes, also in Gebieten mit derzeit hoher Einwohnerdichte zu rechnen. Ein Zuwachs der Einwohnerdichte war von 1970 bis 1976 vor allem in den Gemeinden der Ballungsrandzone zu erkennen, so z. B. um Bonn, Köln, Düsseldorf, Aachen, Münster, Paderborn und in den Randzonen um das Ruhrgebiet. Bis 1985/90 wird sich ein weiterer stärkerer Zuwachs der Einwohnerdichte voraussichtlich nur in den Städten und Gemeinden im Raume von Bonn, Köln und Münster ergeben.

2.3 Ein besonders starker Bevölkerungsrückgang von etwa −7% zeigte sich 1971 bis 1976 in den Ballungskernen des Landes NW. Diese Räume müssen bis 1985 mit einem weiteren Rückgang der Bevölkerung von 7% bis 8% rechnen. In den Solitären Verdichtungsgebieten hingegen stieg die Einwohnerzahl von 1971 bis 1976 noch um 4% an, geht aber bis 1985 voraussichtlich um 2% zurück. Der Zuwachs in den

Ballungsrandzonen und in den Ländlichen Zonen betrug von 1971 bis 1976 sogar 7 %. Beide Zonen müssen bis 1985 nur mit einem geringen Bevölkerungsrückgang von etwa 1 % bis 2 % rechnen. Ob dieser niedrige Bevölkerungsrückgang auch in den Ländlichen Zonen künftig gehalten werden kann, hängt wesentlich vom Umfang und von der Qualität des Arbeitsplatzangebotes in diesen Zonen ab.

2.4 Alle 209 Unterzentren des Landes NW hatten von 1970 bis 1976 noch einen durchschnittlichen Einwohnerzuwachs von 5 % bis 7 %. Dabei zeigte sich jedoch deutlich, daß der Zuwachs in den Zentren der Ballungsrandzone deutlich unter dem der Zentren im Ländlichen Raum lag. Bis auf die Unterzentren in der Ballungsrandzone müssen alle Unterzentren bis 1975 mit einer relativ geringfügigen Abnahme in ihrer Einwohnerzahl rechnen.

Während die kleineren Mittelzentren 1970/73 noch einen größeren und 1973/76 noch einen geringfügigen Einwohnerzuwachs hatten, müssen alle Mittelzentren bis 1985 mit einem kleinen bzw. größeren Rückgang ihrer Bevölkerungszahl rechnen. In den Mittelzentren bis zu 150000 Einwohnern wird dieser Rückgang, soweit sie in Ländlichen Zonen oder in Ballungsrandzonen liegen, relativ klein sein. In den größeren Mittelzentren hingegen und in denen, die in Ballungskernen liegen, wird die Bevölkerungsabnahme bis 1985 zwischen −3 % und −10 % betragen.

Mit Ausnahme der Oberzentren in den Solitären Verdichtungsgebieten, haben alle Oberzentren in den letzten Jahren kräftig abgenommen. Ihre Bevölkerungszahl wird bis 1985 voraussichtlich zwischen −6 % und −10 % zurückgehen

2.5 Die Ergebnisse der regionalisierten Bevölkerungsprognose für die Kreise des Landes NW zeigen sehr voneinander abweichende Ergebnisse. Starke Bevölkerungszunahmen mit mehr als 5 % von 1976 bis 1985/90 wird es voraussichtlich nur in den Kreisen um Köln und Bonn und in den Kreisen Coesfeld und Paderborn geben. Hohe Einwohnerrückgänge von mehr als −6,5 % werden für alle kreisfreien Städte des Rhein-Ruhr-Raumes zwischen Köln, Mönchengladbach, Duisburg und Hamm sowie in Bielefeld und in den Kreisen Herford, Ennepe-Ruhr-Kreis und Märkischer Kreis erwartet. Erste Vergleiche zwischen der Ist- und der Sollentwicklung in Bezug auf die Bevölkerungsprognose zeigen niedrige Werte für einige kreisfreie Städte im Ruhrgebiet und höhere Werte als prognostiziert in Bonn, Wuppertal, Bielefeld und Paderborn und im ländlichen Kreis Coesfeld.

3. Zu landes- und stadtentwicklungspolitischen Konsequenzen

3.1 Demographen, Statistiker und Planer haben der Öffentlichkeit in den letzten Jahren heiße Wechselbäder beschert: Berichte über ein Bevölkerungswachstum von schwindelerregendem Ausmaß wurden von Analysen über einen Bevölkerungs-schrumpfungsprozeß von besorgniserregenden Dimensionen abgelöst. Die Rahmen-bedingungen für die Landesentwicklung haben sich durch die tatsächliche Bevölkerungsentwicklung und die Entwicklungstendenzen relativ schnell und grundlegend geändert. Die Öffentlichkeit kann diesen Situationswandel noch nicht ganz nachvollziehen. Die Fachwelt hat noch nicht in ausreichendem Maße über die Ursachen, Folgewirkungen und Konsequenzen nachgedacht und die damit zusammenhängenden Fragen klären können. Die Politiker sehen sich noch nicht in der Lage, Entscheidungen für Übergangslösungen oder für eine langfristige Konzeption zu fällen. Auf allen Planungsebenen herrscht eine gewisse Ratlosigkeit vor dem neuen Phänomen einer strukturell und regional sehr differenzierten Bevölkerungsabnahme.

.2 Der *Landtag* des Landes Nordrhein-Westfalen hat sich letztmalig im Dezember 1977 mit der Frage der Bevölkerungsentwicklung befaßt (Plenumsprotokoll 8/64). Die Landesregierung und alle Fraktionssprecher haben dabei sehr deutlich auf die Problematik der demographischen Entwicklung aufmerksam gemacht. Mit unterschiedlichen Gewichten wurden von den Fraktionen u. a. gefordert: „Parlamentarische Diskussionen zur Bevölkerungspolitik schlechthin", „Fortschreibung des Landesentwicklungsprogramms entsprechend § 38 LEPro nach Vorlage des in zweijährigem Turnus zu erstellenden Landesentwicklungsberichts", „Anpassung der Landesplanung an eine verminderte Bevölkerung entsprechend der regional unterschiedlichen Entwicklung in den Kreisen und kreisfreien Städten mit entsprechender Planungsdiskussion bei der Aufstellung der Gebietsentwicklungs- und Flächennutzungspläne", „vertiefte Auseinandersetzung über Bevölkerungsrichtwerte", „verstärkte Aktivitäten hinsichtlich des Überdenkens und Anpassens an die veränderten Rahmenbedingungen in den Fachausschüssen und in den Arbeitskreisen des Parlaments und Koordinierung dieser Bemühungen mit Hilfe des Landesentwicklungsberichts". Einigkeit herrschte im Landtag NW über die Notwendigkeit der ständigen Anpassung der Ziele der Landesplanung und ihrer Instrumente an die sich verändernden Rahmenbedingungen der Bevölkerungsentwicklung durch Parlament und Regierung. Über Inhalt und Ausmaß der Anpassung war man verständlicherweise unterschiedlicher Auffassung. Der Gesetzgeber wird in nicht allzu ferner Zukunft nicht umhin kommen, im Hinblick auf die Bevölkerungszielsetzungen im § 23 LEPro, die Bandbreite der negativen Abweichung vom derzeitigen Bevölkerungsstand zu konkretisieren, um dementsprechende Ziele und Maßnahmen der Landesentwicklungsplanung zu ermöglichen.

3.3 Die landesentwicklungspolitischen Ziele der *Landesplanung*, die noch von einer im wesentlichen unveränderten Einwohnerzahl ausgehen müssen (§ 23 LEPro), sehen u. a. vor, daß

- das Verhältnis der Einwohneranteile der Zonen des LEP I/II an der Gesamtbevölkerung – entsprechend der angestrebten siedlungsräumlichen Grundstruktur des Landes – im wesentlichen gleichbleiben soll;

- Bevölkerung und Arbeitsplätze – dem Konzentrationsziel entsprechend – in eine Raum- und Siedlungsstruktur eingebettet werden sollen, die auf Siedlungsschwerpunkte, Zentrale Orte, Entwicklungsschwerpunkte und Entwicklungsachsen auszurichten ist (§§ 19–22 und § 24 LEPro).

Die Analyseergebnisse dieses Beitrages zeigen für die zurückliegende Zeit abweichende Entwicklungen von diesen Zielsetzungen, weil sich ein großer Teil der Ausweitungen der Wohnsiedlungen und damit des Bevölkerungswachstums außerhalb der Entwicklungsschwerpunkte und zum Teil fernab von Siedlungsschwerpunkten der Zentralen Orte vollzogen hat, was – wenn sich diese Entwicklung fortsetzt – gesetzlich fixierte und bei der Novellierung des LEP I/II zu konkretisierende Ziele zu konterkarieren droht. Auch im Hinblick auf das Ziel eines gleichbleibenden Einwohneranteils in den Zonen, muß die Landesentwicklungsplanung im Rahmen der bestehenden Ziele darauf achten, daß die Mittel- und Oberzentren, die zugleich als Entwicklungsschwerpunkte anzusehen sind, nicht so geschwächt werden, daß ihre Funktionsfähigkeit eingeschränkt wird. Gleichzeitig muß sie auch künftig für eine funktionsgerechte Förderung der Unterzentren, vor allem in Ländlichen Zonen sorgen, wie es das Gesetz zur Landesentwicklung vorschreibt. Die entsprechenden Instrumente der Landesplanung und der Fachressorts sind den veränderten Rahmenbedingungen anzupassen, auszubauen oder neu zu formulieren. Für die Landesplanung sollte geprüft werden, ob eine Vorgabe von Bevölkerungsrichtwerten auch für Zonen und Oberbereiche innerhalb gewisser Bandbreiten von etwa 5 % bis 10 % nicht eventuell ein verfeinertes Instrument darstellen könnte.

3.4 Wegen der abnehmenden Zahl der Bevölkerung und vor allem aber wegen der veränderten Altersstruktur (vgl. Kap. III/IV und V), müssen die *Fachressorts* für ihre Fachbereiche sicherstellen, daß die organisatorischen und fachlichen Instrumente ausreichen, so z. B. im Bereich der Infrastrukturpolitik, um eine ständige Anpassung der Regierungs und Landesentwicklungspolitik an die sich ändernden Rahmenbedingungen zu ermöglichen.

3.5 Im Zuge der Aufstellung der Gebietsentwicklungspläne sollten über die Anpassung der kommunalen Ziele an die landesplanerischen Ziele hinaus, durch die *Bezirksplanungsräte* und die *Bezirksplanungsbehörden* auf eine Anpassung der kommunalen Zielvorstellungen im Stadt-Umland geachtet werden. Die Zielvorstellungen der Kernstadt und die Entwicklungskonzepte der umliegenden Gemeinden müßten mit ihren Entwicklungsmaßnahmen so aufeinander abgestimmt werden, daß auch durch diese Abstimmung mit zur Eindämmung der Stadt-Rand-Wanderungen beigetragen wird. In diesem Zusammenhang gilt es vor allem im Rahmen der Gebietsentwicklungspläne (Regionalpläne) die von der Landesplanung vorgegebenen Bevölkerungsrichtwerte auch für die nächstniedrige Planungsebene der Gemeinden als verbindliche Zielvorgaben innerhalb gewisser Bandbreiten von etwa 5 % bis 10 % festzulegen und gegenüber den Gemeinden im Rahmen der Bauleitplanung, entsprechend den landesplanerischen Zielsetzungen für die Bevölkerungsverteilung und die Funktionen der Gemeinden, rechtlich durchzusetzen. Hierin liegt eine der wichtigsten künftigen Aufgaben der Bezirksplanungsräte.

3.6 Die Analyse über die Bevölkerungsentwicklung hat u. a. für den Bereich der *Stadtentwicklungsplanung* vor allem deutlich gemacht, daß besonders die Entwicklungsschwerpunkte an Rhein und Ruhr unter den Stadt-Rand-Wanderungen zu leiden haben, weil die Abgewanderten ihren Arbeitsplatz in der Kernstadt zumeist beibehalten, zunehmend Verkehr und Umweltbelastungen hervorrufen, Bausubstanz entwerten, freie Kapazitäten bei der öffentlichen und privaten Infrastruktur hervorrufen und eine wachsende Gefahr sozialer Verödungen in Stadtbezirken herausbeschwören, die die Wohnqualität entscheidend beeinflußt. Die Großstädte müssen selbst durch Sanierung, Modernisierung und Revitalisierung von Stadtquartieren, durch Verkehrsberuhigung, Auflockerung und Durchgrünung, durch Schaffung einer familien- und kinderfreundlichen Umwelt, durch Stadtgestaltung und durch vielseitiges Wohnangebot in Verbindung mit der Verbesserung des Wohnumfeldes die Stadt-Rand-Wanderungen zumindest einzuschränken versuchen. Sie müssen dabei jedoch von der Regionalplanung, der Landesplanung und der Ressortpolitik durch flankierende Maßnahmen unterstützt werden. Eine zieladäquate Stadtentwicklungsplanung sollte den Verteilungskampf um jeden Einwohner gegenüber den Nachbargemeinden vermeiden und versuchen, sich im Rahmen der landesplanerischen Zielvorgaben unter Ausschöpfung aller Möglichkeiten der Selbstverwaltung auf die künftige Bevölkerungsentwicklung einzustellen, die leider für viele Städte und Gemeinden harte finanzielle Konsequenzen zur Folge haben wird.

3.7 Faßt man die Ergebnisse der Analyse der Tendenzen der Bevölkerungsentwicklung in NW zusammen, dann zeigt sich sehr deutlich, daß die Bevölkerung des Landes abgenommen hat und zumindest kurz- und mittelfristig relativ stark weiterhin sinken wird. Da die Bevölkerungsabnahme zu etwa 80–90 % auf dem veränderten generativen

68

Verhalten der Bevölkerung beruht, liegt hier der wichtigste Ansatzpunkt für eine entsprechende Bevölkerungspolitik. Noch weiß man aber viel zu wenig über die Ursachen und Bedingungen des veränderten generativen Verhaltens, um geeignete Maßnahmen zur Veränderung dieses Verhaltens empfehlen zu können. Hier liegt ein alsbald zu beackerndes weites Forschungsfeld. Um aber ein langfristig unerwünschtes starkes Absinken der Bevölkerungszahl zu vermeiden, sollte zumindest zwischenzeitlich doch ernsthaft geprüft werden, ob nicht z. B. durch entsprechende Familienpolitik, kinderfreundliche Gestaltung der Umwelt und eine geeignete Städtebaupolitik einer weiteren Verschlechterung des generativen Verhaltens entgegengewirkt werden kann. Sicherlich sollte man die demographischen Entwicklungstendenzen nicht übeschätzen, aber es wäre ein unverzeihlicher Fehler der Landesentwicklungspolitik, wenn sie nicht rechtzeitig alle Ursachen und Konsequenzen der möglichen Bevölkerungsentwicklung offenlegt, um – falls dies politisch gewünscht wird – die erforderlichen Gegenmaßnahmen zu entwickeln und einzuleiten.

Diskussionsbericht zum Beitrag von Viktor Frhr. von Malchus: Tendenzen der Bevölkerungsentwicklung und der Bevölkerungsverteilung im Lande Nordrhein-Westfalen

Herr NIEMEIER unterstreicht, daß der Geburtenrückgang der letzten Jahre nicht ausschließlich auf die „Pille" zurückgeführt werden könne, sondern in allgemeinen gesellschaftlichen Entwicklungen begründet sei. Dabei seien konfessionelle Unterschiede noch deutlich, jedoch stark zurückgegangen. Zur Frage der prozentualen Zunahme der Unterzentren bemerkt Herr NIEMEIER, daß diese Entwicklung möglicherweise nicht mit der räumlichen Funktion dieser Orte kausal verknüpft sei, sondern zumindest teilweise auf die steigende Attraktion von Wohngebieten im Grünen zurückgeführt werden könne.

Herr KLEMMER schließt hier an und schlägt vor, die in der Analyse verwendeten Raumkategorien der Landesplanung weiter zu differenzieren. So müsse der Bevölkerungsgewinn von Wohngemeinden im Umkreis der Stadtregionen per definitionem als Zuwachs der unterzentralen Bereiche erscheinen. Des weiteren fragt Herr Klemmer nach einer möglichen altersspezifischen Differenzierung der Daten, wobei insbesondere der Gruppe der 30–45jährigen als mobilen Erwerbstätigen eine besondere Bedeutung zukomme.

Herr SCHÖLLER unterstützt den Vorschlag einer weitergehenden Differenzierung der vom LEP I übernommenen Raumkategorien und berichtet aus Japan, daß dort eine mangelhafte regionale Differenzierung der Gemeindegrößenklassen zeitweilig zu einer Fehleinschätzung der Verstädterungstendenzen geführt habe. Herr BRÖSSE betont die Bedeutung einer näheren Erklärung der Bevölkerungsentwicklungstendenzen, beispielsweise durch eine Analyse der Wanderungsmotive sowie der Zusammenhänge mit Sozialstruktur, Wohnungsmarkt usw.

Herr GADEGAST greift die Frage der Bevölkerungsprognose auf, die für die Landesplanung eine besondere Bedeutung besitze. So sei zu fragen, inwieweit aus regionalisierten Prognosen Richtwerte für die Planung ableitbar seien. Auch Herr ERNST betont, daß für die Belange der Planung neben der sicherlich sehr wichtigen Aufgabe der Analyse gegenwärtiger Entwicklungstendenzen die Prognose eine entscheidende Rolle spiele.

Herr VON MALCHUS betont, daß die vorliegende 5. Prognose des LDS mit dem Bund abgestimmt sei und auch die Prognos-Prognose methodisch vergleichbar sei. Der große Unsicherheitsfaktor dieser Prognosen seien die Wanderungen. Besser prognostizieren lasse sich dagegen das generative Verhalten, das im übrigen z. Z. vom ILS näher untersucht werde, auch in räumlicher Differenzierung. Herr SCHÖLLER unterstützt die Notwendigkeit weitergehender Migrationsuntersuchungen als Ergänzung zum vorliegenden Referat. Doch seien tiefergehende Analysen wohl nur als regionale Fallstudien möglich, wobei – als Antwort auf eine entsprechende Frage von Herrn STEFFEN – nicht auf Gemeindeebene, sondern bei einer typischen Auswahl von Beispielräumen anzusetzen sei.

Herr ERNST schlägt vor, bei einer Ursachenanalyse der Wanderungen auch die qualitativen Entwicklungen im Städtebau mitzuberücksichtigen, die möglicherweise einen Faktor für die Abwanderung aus den Ballungsgebieten ausmachten. Herr HOTTES fragt, inwieweit nicht auch das generative Verhalten Schwankungen ausgesetzt sei, etwa indem vielleicht künftig wieder mit einem Ansteigen der Geburtenrate zu rechnen sei und inwieweit solche Tendenzen erfaßbar seien, beispielsweise durch Befragungen. Herr VON MALCHUS erhebt Bedenken gegen die Erfaßbarkeit künftiger Entscheidungen durch Befragungen.

Herr LOWINSKI plädiert für einen stärkeren Planungsbezug der Arbeit; so sei die Frage einer Bevölkerungspolitik, die bisher in der öffentlichen Diskussion weitgehend tabuisiert worden sei, von weitreichender grundsätzlicher Bedeutung. Er präzisiert noch einmal die Forderungen der Planungspraxis an die Wissenschaft: möglichst exakte Zahlen, differenziert nach Alter, Geschlecht usw., mit Angabe möglichst aller Schwankungsbreiten. Solche Angaben seien vor allem für die Infrastrukturpolitik von schlüsselhafter Bedeutung. Herr DAHLKE unterstreicht die Notwendigkeit wissenschaftlich abgesicherter regionalisierter Bevölkerungsprognosen, da auch in den Gebietsentwicklungsplänen konkrete Aussagen zur künftigen Bevölkerungsentwicklung zu machen seien und diese bei einer rückläufigen Bevölkerungstendenz eine besondere Problematik gewinne.

Herr ERNST erweitert die Argumente: Es sei Aufgabe des Wissenschaftlers, dem Praktiker Entscheidungshilfe zu geben, d. h. über die reine Analyse hinauszugehen und auch Schlußfolgerungen zu erarbeiten. So habe die Wissenschaft auch zur Frage der Bevölkerungspolitik Stellung zu nehmen, wobei die mit Fragen der Raumordnung befaßten Wissenschaftler dieses Problem nicht den Demographen allein überlassen sollten.

Hans Heinrich Blotevogel

Die Entwicklung der Industriebeschäftigten in den regionalen Arbeitsmärkten Nordrhein-Westfalens

von
Paul Klemmer, Bochum

I. Aufgabenstellung

Die wirtschaftliche Entwicklung eines Teilgebietes einer Volkswirtschaft hängt auf entscheidende Weise vom Umfang und der Struktur seiner industriellen Arbeitsplätze ab. Die Analyse der regionalen Industriestruktur und ihrer Veränderung im Zeitablauf zählt daher zu den diagnostischen Grundaufgaben einer realitätsbezogenen Landesplanung. Sie vermittelt Informationen über Einseitigkeiten im Arbeitsplatzangebot, das Gewicht expandierender oder stagnierender Branchen, die standortbedingten Entwicklungschancen einzelner Industriezweige und die Intensität des Umstrukturierungsprozesses. Gleichzeitig gibt sie Hinweise für eine ursachenadäquate Mittelverwendung und erhöht damit die Rationalität der regionalen Entwicklungspolitik.

Dieses Gutachten will eine derartige Analyse der Industriestruktur Nordrhein-Westfalens bieten. Als Datenbasis dienen die Ergebnisse der Industrieberichterstattung des Landes Nordrhein-Westfalen, der Untersuchungszeitraum bezieht sich auf die Jahre 1961 bis 1974. Auf die Einbeziehung des Jahres 1975 wurde verzichtet, weil die territoriale Neugliederung des Landes Nordrhein-Westfalen ab 1.1.1975 temporäre Vergleiche sehr erschwert und die Beschäftigungswerte dieses Jahres in starkem Maße durch einen konjunkturellen Einbruch geprägt werden, der nicht typisch für die längerfristige Entwicklung sein muß. Die Landesplanung muß aber auf die längerfristig wirksam werdenden Beschäftigungsveränderungen bzw. die mit ihnen verbundenen sektoralen Umschichtungsprozesse abstellen. Der Beitrag baut auf einer ähnlichen Untersuchung auf, die der Verfasser im Auftrag des Instituts für Landes- und Stadtentwicklungsforschung des Landes Nordrhein-Westfalen vor zwei Jahren zum Abschluß brachte[1]), dehnt den Untersuchungsraum aber bis 1974 aus und legt als regionale Beobachtungseinheiten die mittels Kreisaggregate approximierten Arbeitsmärkte zugrunde. Da eine Bewertung der Arbeitsplatzentwicklung stets vor dem Hintergrund der von derartigen Entwicklungsten-

---

[1]) Vgl. P. KLEMMER und A. UNGER: Analyse der Industriestruktur von Nordrhein-Westfalen, Schriftenreihe Landes- und Stadtentwicklungsforschung des Landes Nordrhein-Westfalen, Landesentwicklung, Band 1.010, Dortmund 1975.

denzen betroffenen Erwerbspersonenangebotsbereichen (d. h. den regionalen Arbeits-märkten) erfolgen sollte, erhöht sich auf diese Weise der Informationswert der Strukturanalyse.

Eine derartige Diagnose des Umstrukturierungsprozesses impliziert jedoch nicht nur eine reine Beschreibung der sektoralen und regionalen Verschiebungen im industriellen Arbeitsplatzangebot, sondern verlangt vor allem auch eine Bewertung der Veränderungen bzw. Herausarbeitung der entwicklungspolitisch relevanten Besonderheiten. Da objektive und verbindliche Informationen über sektorale und regionale Idealstrukturen fehlen, arbeitet man im Bereich der Wirtschafts- und Sozialwissenschaften zu diesem Zwecke primär mit dem Instrument des Vergleichs. Als Vergleichsgebiet wird im Rahmen dieses Beitrags das Land Nordrhein-Westfalen herangezogen, als Untersuchungsmethode dient die Shift-Analyse.

II. Die sektorale und regionale Gliederung der Daten

Alle nachfolgenden Ergebnisse basieren auf den Daten der monatlichen Industriebe-richterstattung, wie sie vom Landesamt für Datenverarbeitung und Statistik für Nordrhein-Westfalen aufbereitet und auf Datenträgern zur Verfügung gestellt worden sind. Die Aufgaben beziehen sich auf die in den Betrieben (mit 10 und mehr Beschäftigten) tätigen Personen und erfassen rund 98 % aller im Industriebereich Tätigen[2]). Alle Daten ab 1967 sind Jahresdurchschnittswerte, wobei die Ergebnisse nach hauptbeteiligten Indu-striegruppen ausgewiesen werden. Die öffentlichen Versorgungsbetriebe sowie die Betriebe der Bauindustrie bleiben außerhalb der Betrachtung.

Als tätige Personen werden alle in abhängiger Arbeit stehenden Betriebsangehörigen (Angestellte, Arbeiter, Lehrlinge), die tätigen Inhaber und die in einem arbeitsrechtlichen Verhältnis zum Betrieb befindlichen mithelfenden Familienangehörigen bezeichnet. Die Summe aller innerhalb des Industriebereichs Arbeitenden informiert somit über das von den Arbeitskräften in Anspruch genommene Arbeitsplatzangebot, das – je nach den sektoralen und regionalen Arbeitsmarktverhältnissen –, größer oder kleiner als die Arbeitsplatznachfrage sein kann. Angesichts des Tatbestands, daß die Zahl der Industriebeschäftigten in Nordrhein-Westfalen seit 1962 eine insgesamt abnehmende Tendenz aufweist, können die Angaben doch als grober Indikator für die Entwicklung des Arbeitsplatzangebots verwendet werden.

Die Tabelle 1 zeigt die sektorale Gliederung dieser Beschäftigtenwerte und macht deutlich, daß alle wichtigen Industriegruppen erfaßt sind. Mit Ausnahme des unter der laufenden Nummer 19 genannten Sektors der Herstellung von Büromaschinen, Datenverarbeitungsgeräten und -einrichtungen (Industriegruppennummer: 5010/5050) liegen alle Einzelangaben für die Jahre 1961 bis einschließlich 1974 vor. Da angesichts der nachstehend beschriebenen Regionalgliederung eine Reihe von Werten als geheimzuhal-tende Angaben nicht veröffentlicht werden dürfen, wird auf eine explizite Darstellung der Sektoralwerte verzichtet.

---

[2]) Vgl.: Die Industrie in den kreisfreien Städten und Kreisen Nordrhein-Westfalens 1971 – Ergebnisse der monatlichen Industrieberichterstattung, hrsg. vom Stat. Landesamt NRW, Düsseldorf 1972, S. 4.

Tabelle 1:

Die sektorale Gliederung der in der Industrie tätigen Personen

Lfd. Nr.	Bezeichnung des Sektors
1	Bergbau
2	Mineralölverarbeitung
3	Industrie der Steine und Erden
4	Eisenschaffende Industrie
5	NE-Metall Industrie
6	Eisen-, Stahl- und Tempergießerei
7	Ziehereien und Kaltwalzwerke
8	Stahlverformung
9	Stahl- und Leichtmetallbau
10	Maschinenbau (o. H. v. Büromaschinen)*)
11	Straßenfahrzeugbau
12	Schiffbau
13	Luftfahrzeugbau
14	Elektrotechnische Industrie**)
15	Feinmechanische, optische sowie Uhrenindustrie
16	Eisen-, Blech- und Metallwarenindustrie
17	Musikinstrumenten-, Spiel-, Schmuckwaren- und Sportgeräte-Industrie
18	Chemische Industrie (einschl. Kohlenwertstoffindustrie)
19	Herstellung von Büromaschinen, Datenverarbeitungsgeräten und -einrichtungen
20	Feinkeramische Industrie
21	Glasindustrie
22	Sägewerke und holzbearbeitende Industrie
23	Holzverarbeitende Industrie
24	Holzschliff, Zellstoff, Papier und pappeerzeugende Industrie
25	Papier- und pappeverarbeitende Industrie
26	Druckerei- und Vervielfältigungsindustrie
27	Kunststoffverarbeitende Industrie
28	Gummi- und asbestverarbeitende Industrie
29	Ledererzeugende Industrie
30	Lederverarbeitende Industrie
31	Textilindustrie
32	Bekleidungsindustrie
33	Ernährungsindustrie
34	Tabakverarbeitende Industrie

*) Ab Januar 1970 werden die in der Industriegruppe Herstellung von Büromaschinen tätigen Personen in der obigen Branche 19 ausgewiesen.

**) Die in der Herstellung von Datenverarbeitungsgeräten und -einrichtungen tätigen Personen werden ab Januar 1970 in der Branche 19 ausgewiesen.

Die in der Tabelle 1 genannten Industriegruppen bilden die sektorale Komponente dieser Strukturanalyse. Der Bedeutungsanteil der einzelnen Industrien wird mittels der Beschäftigtenwerte gemessen, wobei Anteilsverschiebungen als Strukturveränderungen bezeichnet werden. Es geht somit nicht um die produktions- oder wertmäßige Bedeutung der einzelnen Industriegruppen, sondern nur um die Erfassung ihrer Rolle als Anbieter von Arbeitsplätzen. Ein relatives Zurückbleiben einzelner Sektoren darf darum nicht unbedingt auch im Sinne eines sinkenden Produktionsanteils interpretiert werden, da bei sektoral divergierendem technischem Fortschritt Produktions- und Beschäftigungsentwicklung keineswegs parallel verlaufen müssen.

Neben diese sektorale Dimension tritt die regionale Strukturkomponente. Ihre Analyse ist vor allem dann wichtig, wenn die einzelnen Industriezweige nicht gleichmäßig über die Fläche gestreut sind und die Sektoralentwicklung auch von den räumlich unterschiedlichen Standortbedingungen abhängt. Die Verschiebungen der Beschäftigungsanteile einzelner Teilgebiete am entsprechenden Beschäftigungsvolumen des Vergleichsraumes (hier Nordrhein-Westfalen) werden als regionale Umstrukturierungsprozesse gedeutet. Analog zum vorherigen Abschnitt gilt aber auch hier, daß die Beschäftigungsentwicklung noch keine endgültigen Schlußfolgerungen in bezug auf den produktionsmäßigen Beitrag der einzelnen Teilgebiete zuläßt. Sobald nämlich (etwa aufgrund unterschiedlicher Betriebsgrößen) der intrasektorale technische Fortschritt in den einzelnen Regionen mit unterschiedlicher Geschwindigkeit voranschreitet, müssen Produktions- und Beschäftigungsentwicklung divergieren. Insofern wird auch unter räumlichen Überlegungen nur die Bedeutung einzelner Industrien als Anbieter regionaler Arbeitsplätze analysiert.

Als räumliche Beobachtungseinheiten dienen die Arbeitsmarktverflechtungsbereiche, wie sie anhand der Pendlerdaten der VZ 1970 abgegrenzt und mittels der Kreise approximiert werden können[3]). Das Arbeiten mit Kreisaggregaten ist nicht zu umgehen, da nur auf dieser Verwaltungsebene die für eine Shift-Analyse erforderlichen Daten sektoral aufgefächert zur Verfügung stehen. Mit Ausnahme des Bereichs des ehemaligen Regierungsbezirks Aachen läßt sich die Approximationsaufgabe mit den Kreisen des Jahres 1974 noch einigermaßen lösen. Insofern kann der in der folgenden Tabelle angeführte Raum Aachen nicht mehr als Arbeitsmarkt bezeichnet werden. Er faßt die Teilverflechtungsbereiche Aachen, Jülich, Düren und Euskirchen zusammen, wobei die Einbeziehung des Kreises Heinsberg problematisch ist, da er mit gleicher Berechtigung auch dem Arbeitsmarkt Mönchengladbach zugeordnet werden könnte. Die meisten Kreise des Landes Nordrhein-Westfalen lassen sich auch durch Zusammenfassung früherer Verwaltungsräume zeitlich vergleichbar machen[4]) und damit auch im Rahmen einer dynamisierten Shift-Analyse verwenden. An einzelnen Stellen treten kleinere Abweichungen (z. B. Kreis Warendorf 1973 gegenüber 1972) auf, die das Gesamtergebnis jedoch nicht entscheidend beeinflussen.

Die folgende Analyse der Industriestruktur des Landes Nordrhein-Westfalen arbeitet somit mit 35 Kreisaggregaten, die das Land flächendeckend aufteilen und mit Ausnahme des Raumes Aachen die großen Mobilitätsbereiche des Faktors Arbeit darstellen. Die Ergebnisse der Shift-Analyse beinhalten eine Bewertung der Entwicklung des industriellen Arbeitsplatzangebots vor dem Hintergrund des Vergleichsraumes Nordrhein-Westfalen.

---

[3]) Vgl. P. KLEMMER und D. KRAEMER: Regionale Arbeitsmärkte, Bochum 1975.
[4]) Vgl. P. KLEMMER und A. UNGER, a. a. O., S. 14.

Tabelle 2:
Approximation der regionalen Arbeitsmärkte (AM) Nordrhein-Westfalens mittels Kreisaggregaten (Gebietsstand 1974)

Lfd. Nr.	Kurzbezeichnung des AM	Zusammensetzung des AM*)
1.	Aachen**)	KS Aachen
		K Aachen
		K Düren
		K Heinsberg
		K Euskirchen
2.	Ahaus	K Ahaus
3.	Arnsberg	K Arnsberg
4.	Bielefeld	KS Bielefeld
		K Gütersloh
		K Herford
5.	Bocholt	KS Bocholt
		K Borken
6.	Bochum	KS Bochum
		KS Herne
		KS Wanne-Eickel
		KS Wattenscheid
		KS Witten
7.	Bonn	KS Bonn
		K Rhein-Sieg-Kreis
8.	Brilon	K Brilon
9.	Coesfeld	K Coesfeld
10.	Detmold	K Lippe
11.	Dortmund	KS Castrop-Rauxel
		KS Dortmund
		KS Lünen
		K Lüdinghausen
		K Unna
12.	Düsseldorf	KS Düsseldorf
		KS Neuss
		KS Solingen
		K Düsseldorf-Mettmann
		K Grevenbroich
13.	Duisburg	KS Duisburg
		KS Mülheim
		KS Oberhausen
		K Dinslaken
		K Moers
14.	Essen	KS Essen
		KS Bottrop
		KS Gelsenkirchen
		KS Gladbeck

noch Tabelle 2:

Lfd. Nr.	Kurzbezeichnung des AM	Zusammensetzung des AM*)
15.	Gummersbach	K Oberbergischer Kreis
16.	Hagen	KS Hagen K Ennepe-Ruhr-Kreis
17.	Hamm	KS Hamm K Beckum
18.	Höxter	K Höxter
19.	Iserlohn	KS Iserlohn K Iserlohn
20.	Kleve	K Kleve
21.	Köln	KS Köln KS Leverkusen K Bergheim K Köln K Rheinisch-Berg. Kreis K Rhein-Wupper-Kreis
22.	Krefeld	KS Krefeld K Geldern K Kempen-Krefeld
23.	Lippstadt	K Lippstadt
24.	Lüdenscheid	K Lüdenscheid
25.	Meschede	K Meschede
26.	Minden	K Minden – Lübbecke
27.	Mönchengladbach	KS Mönchengladbach KS Rheydt
28.	Münster	KS Münster K Münster K Steinfurt K Warendorf
29.	Paderborn	K Büren K Paderborn K Warburg
30.	Recklinghausen	KS Recklinghausen K Recklinghausen
31.	Rees	K Rees
32.	Siegen	K Olpe K Siegen K Wittgenstein
33.	Soest	K Soest
34.	Tecklenburg	K Tecklenburg
35.	Wuppertal	KS Remscheid KS Wuppertal

*) KS = kreisfreie Stadt, K = Kreis.
**) Der Raum Aachen kann nicht mehr als regionaler Arbeitsmarkt angesehen werden. Vgl. Text.

III. Das Analyseverfahren

Die im nächsten Abschnitt vorgestellten Berechnungsergebnisse beruhen auf einer dynamischen Version der Shift-Analyse, bei der die Entwicklung der industriellen Beschäftigungsentwicklung über mehrere Jahre hinweg verfolgt wird[5]). Ausgangspunkt sind die sektoralen Beschäftigtenwerte für die regionalen Arbeitsmärkte (vgl. die Sektorenübersicht in Abschnitt II).

Definiert man die jeweilige Gesamtbeschäftigung einer solchen regionalen Beobachtungseinheit im Gegenwartsjahr (hier: 1974) als

$$\sum_{i=1}^{34} R_{i,j}$$

und jene eines Vergangenheitsjahres j–n (n = 14 entspräche somit dem Ausgangsjahr 1961) als

$$\sum_{i=1}^{34} R_{i,j-n} \quad (n = 1, 2, \ldots 10, 11),$$

so kann man die innerhalb dieses Teilgebietes beobachtete Beschäftigungsentwicklung durch folgenden Index darstellen:

$$\frac{\sum_{i=1}^{34} R_{i,j}}{\sum_{i=1}^{34} R_{i,j-n}} \cdot 100 \quad (n = 1, 2, \ldots 10, 11).$$

i repräsentiert somit die 34 Sektoren, j hingegen ist als ein Zeitindex aufzufassen. Da die Gesamtuntersuchung auf einem Zeitraum von 14 Jahren basiert, beträgt der größte Wert n = 13.

---

[5]) Vgl. H. GERFIN: Gesamtwirtschaftliches Wachstum und regionale Entwicklung, Kyklos, Bd. 17, 1964, S. 581 ff.; J. HEINZ MÜLLER: Methoden zur regionalen Analyse und Prognose, Taschenbücher zur Raumplanung, Hrsg. Akademie für Raumforschung und Landesplanung, Bd. 1, Hannover 1973, S. 54 ff., und P. KLEMMER: Die Shift-Analyse als Instrument der Regionalforschung. In: Methoden der empirischen Regionalforschung, 1. Teil, Forschungs- und Sitzungsberichte der Akademie für Raumforschung und Landesplanung, Bd. 87, Hannover 1973, S. 117 ff.

Für die Vergleichsräume (hier: Bundesland Nordrhein-Westfalen) lassen sich analoge Indizes berechnen.

$$\frac{\displaystyle\sum_{i=1}^{34} V_{i,\,j}}{\displaystyle\sum_{i=1}^{34} V_{i,\,j-n}} \cdot 100 \qquad (n = 1, 2, \ldots 10, 11)$$

Die Entwicklungsindizes verdeutlichen somit die Veränderung des Beschäftigungsvolumens im Zeitablauf, wobei man zweckmäßigerweise das Ausgangsjahr (hier: 1961) zum Basisjahr erklärt. Dividiert man den Regionalindex durch den entsprechenden Index eines der beiden Vergleichsräume, so erhält man den nachstehenden Regionalfaktor:

$$\text{Regionalfaktor} = \frac{\displaystyle\sum_{i=1}^{34} R_{i,\,j}}{\displaystyle\sum_{i=1}^{34} R_{i,\,j-n}} \cdot \frac{\displaystyle\sum_{i=1}^{34} V_{i,\,j-n}}{\displaystyle\sum_{i=1}^{34} V_{i,\,j}}$$

Bei dem Regionalfaktor handelt es sich somit um eine zeitraumbezogene Kennziffer, die die Beschäftigungsveränderungen eines Teilgebietes mit jenen eines Bezugsraumes vergleicht. Ein Regionalfaktor von größer als 1 zeigt dann einen relativen Beschäftigungsgewinn an, ein Faktor von kleiner als 1 hingegen einen relativen Beschäftigungsverlust. Der Regionalfaktor verdeutlicht also die Entwicklungsbesonderheiten eines Teilgebietes in bezug auf einen zur Norm erklärten Vergleichsraum.

Kennzeichnend für die Shift-Analyse ist nun der Versuch, diese u. U. abweichende Entwicklung eines Teilgebietes zu erklären. Als Erklärungskomponenten dienen hierbei die vom Vergleichsgebiet abweichende sektorale Ausgangsstruktur sowie die innerhalb der einzelnen kreisfreien Städte bzw. Kreise auftretenden Standorteinflüsse. Der Regionalfaktor wird somit in zwei Teilkomponenten aufgespalten, die als Struktur- und Standortfaktoren definiert werden.

Unter der Annahme, daß keinerlei Standorteinflüsse vorliegen, müssen sich die einzelnen Sektoren der Teilgebiete im gleichen Entwicklungstempo wie im Vergleichsraum verändern. Weist die regionale Beobachtungseinheit die gleiche Sektoralstruktur wie der übergeordnete Gesamtraum auf, muß sich somit stets ein Regionalfaktor von 1 ergeben. Regionalfaktoren von größer oder kleiner als 1 sind auf die abweichende Sektoralstruktur zurückzuführen.

Unter Berücksichtigung dieses Tatbestandes läßt sich nun der Strukturfaktor relativ einfach errechnen. Man muß nur von der Fiktion ausgehen, daß sich die einzelnen Sektoren eines Untersuchungsraumes mit der gleichen Entwicklungsrate wie im übergeordneten Vergleichsgebiet verändern. Das bedeutet aber nichts anderes, als daß der Anteil der Sektoralwerte der einzelnen Teilgebiete an den jeweiligen Sektoralwerten des Vergleichsraumes im Zeitablauf konstant bleibt.

Der Anteil der im Regierungsbezirk Düsseldorf im Bergbau tätigen Personen an den Bergbaubeschäftigten des Landes Nordrhein-Westfalen betrug z. B. im Jahre 1961 27,5 %, stieg bis zum Jahre 1965 auf 30,1 %, um danach bis zum Jahre 1972 auf 27,8 % abzusinken. Die Veränderung dieses horizontalen Anteilwertes im Zeitablauf zeigt, daß im Regierungsbezirk Düsseldorf in bezug auf den Bergbau Entwicklungsbesonderheiten vorherrschen, die als regionsspezifische Besonderheiten (und damit als Standortbesonderheiten) interpretiert werden können. Wäre der Bergbau im gleichen Ausmaße wie in Nordrhein-Westfalen geschrumpft, so hätte sich der ursprüngliche Anteilswert von 27,5 % im Zeitablauf nicht verändern dürfen. In Abweichung von der Realität kann man daher für diesen Regierungsbezirk Düsseldorf jenes fiktive Beschäftigungsvolumen berechnen, das bei Abwesenheit der regionsspezifischen Entwicklungsbesonderheiten, d. h. bei Konstanz des ursprünglichen Anteilswerts erreicht worden wäre. Es beläuft sich für das Jahr 1972 auf rund 61 346 tätige Personen. Da das effektive Beschäftigungsvolumen für den gleichen Zeitpunkt mit 62 044 ausgewiesen wird, ergibt sich eine Differenz von rund 698 tätigen Personen. Diese Differenz verdeutlicht die vom übergeordneten Vergleichsraum abweichende regionalspezifische Entwicklungsbesonderheit, die hier zu einem langsameren Schrumpfen des Bergbaus und damit zu einem relativen Beschäftigungsgewinn von 698 tätigen Personen geführt hat.

Errechnet man für alle 34 Sektoren dieses fiktive Beschäftigungsniveau und addiert die so zustandegekommenen Sektoralwerte, erhält man ein regionales Beschäftigungsvolumen, das allein auf die Sektoralstruktur des Ausgangsjahres zurückzuführen ist. Analog zur obigen Vorgehensweise kann man für diese Veränderung des fiktiven Beschäftigungsvolumens ebenfalls Entwicklungsindizes bestimmen und diese durch die effektiven Entwicklungstendenzen des Vergleichsgebietes dividieren. Man erhält dann einen fiktiven Regionalfaktor, der auf der Annahme der Konstanz der sektoralen Ausgangsstruktur beruht. Er wird als Strukturfaktor bezeichnet. Er ergibt sich aus folgender Formel

$$\text{Strukturfaktor} = \frac{\sum_{i=1}^{34} (g_{i,\,j-n} \cdot V_{i,\,j})}{\sum_{i=1}^{34} (g_{i,\,j-n} \cdot V_{i,\,j-n})} \quad \frac{\sum_{i=1}^{34} V_{i,\,j-n}}{\sum_{i=1}^{34} V_{i,\,j}}$$

Der Zähler des ersten Bruchs der obigen Gleichung entspricht dem fiktiven Beschäftigungsvolumen des Teilgebietes in der Gegenwart. $g_{i,\,j-n}$ symbolisiert den Anteilswert der einzelnen Sektoren an den jeweiligen Sektoralwerten des Vergleichsraumes. Multipliziert man die einzelnen Sektoralwerte des Vergleichsraumes mit diesem im Zeitablauf konstanten Gewicht, erhält man jene Beschäftigtenwerte, die unter der Annahme überall gleicher sektoraler Entwicklungsraten auftreten müssen.

Um den Standortfaktor zu bestimmen, muß man den Einfluß der Veränderung dieser g_i-Werte isolieren. Dies geschieht gemäß folgender Formel:

$$\text{Standortfaktor} = \frac{\sum_{i=1}^{34} (g_{i,\,j} \cdot V_{i,\,j})}{\sum_{i=1}^{34} (g_{i,\,j-n} \cdot V_{i,\,j})}$$

Das effektive regionale Beschäftigungsvolumen wird, wie zu sehen ist, durch ein fiktives Beschäftigungsvolumen dividiert, das nur die Veränderung der sektoralen Anteilswerte erfaßt. Steigen z. B. die Anteilswerte der Beschäftigten aller Sektoren an den entsprechenden Sektoralwerten des Vergleichsraumes, so muß der Zähler stets größer sein als der Nenner. Da die Veränderung der Anteilswerte regionsspezifische Entwicklungsbesonderheiten zum Ausdruck bringt, läßt sich die obige Relation als Standortfaktor bezeichnen. Multipliziert man diesen Standortfaktor mit dem jeweiligen Strukturfaktor, muß sich wieder der Regionalfaktor ergeben.

Die Shift-Analyse liefert somit mehrere zeitraumbezogene Kennziffern. Der Regionalfaktor informiert über die vom Vergleichsgebiet abweichende Veränderung des Beschäftigungsvolumens. Die Struktur- und Standortfaktoren versuchen diese Abweichung zu erklären. Der Strukturfaktor zeigt, inwieweit diese Entwicklungsbesonderheiten auf Divergenzen in der sektoralen Ausgangsstruktur zurückgeführt werden können. Dahinter steht die Vermutung, daß ein Vorherrschen von schnell wachsenden Industriezweigen einen Beschäftigungsgewinn hervorrufen wird, der eine (im Vergleich zum übergeordneten Bezugsraum) überproportionale Beschäftigungsentwicklung induziert. Umgekehrt läßt sich ein relatives Zurückbleiben eines Teilgebietes aus dem Dominieren stagnierender oder langsam wachsender Wirtschaftsbereiche erklären.

Der Standortfaktor hingegen berücksichtigt den Tatbestand, daß die einzelnen Teilgebiete unterschiedliche Standortvoraussetzungen aufweisen. Aus diesem Grunde können relative Beschäftigungsgewinne oder -verluste auch Ausdruck dieser Ausstattungsdivergenzen sein. Standortnachteile müssen im Vergleich zum Bezugsraum zu einer abweichenden Sektoralentwicklung führen, die sich quantifizieren läßt.

Der Struktur- und Standorteinfluß läßt sich nicht nur in Form von Kennziffern, sondern auch in absoluten Beschäftigtenwerten verdeutlichen. Zu diesem Zwecke muß man nur, wie dies an dem obigen Beispiel demonstriert wurde, für die einzelnen Wirtschaftsbereiche die fiktiven Beschäftigungswerte (Annahme gleicher sektoraler Entwicklungsraten wie im Vergleichsraum) berechnen. Die Differenz zwischen diesen fiktiven Beschäftigtenwerten und den effektiven Angaben spiegelt den Standorteinfluß wider. Damit läßt sich gleichzeitig bestimmen, in welchem Umfang die absolute Veränderung der Beschäftigungszahlen einzelner Teilgebiete auf Struktur- und Standorteinflüsse zurückgeführt werden kann.

IV. Ergebnisse der einzelnen regionalen Arbeitsmärkte[6]

Tabelle 3:

Shift-Analyse für den regionalen Arbeitsmarkt

Aachen

Jahr	Regionalfaktor	Strukturfaktor	Standortfaktor
1961	1,00000	1,00000	1,00000
1962	0,99813	0,98777	1,01049
1963	0,98931	0,99030	0,99900
1964	0,98136	0,98662	0,99466
1965	0,99998	0,97956	1,02085
1966	1,01321	0,98013	1,03375
1967	1,01440	0,97769	1,03755
1968	1,02288	0,97437	1,04978
1969	1,01753	0,96672	1,05256
1970	1,01175	0,96083	1,05300
1971	1,01121	0,95745	1,05615
1972	1,01552	0,95551	1,06281
1973	1,01656	0,94830	1,07198
1974	1,02204	0,94176	1,08525

Jahr	Beschäftigungs-veränderung gegenüber 1961	Strukturspezifische Veränderung	Standortspezifische Veränderung
1962	− 144,00	− 1769,55	1625,55
1963	− 4827,00	− 4674,81	− 152,19
1964	− 6466,00	− 5659,40	− 806,60
1965	− 1737,00	− 4903,95	3166,95
1966	− 4801,00	− 9762,71	4961,71
1967	−16530,00	−21605,38	5075,38
1968	−16325,00	−22985,14	6660,14
1969	−11943,00	−19175,37	7232,37
1970	− 9044,00	−16479,65	7435,65
1971	− 9916,00	−17722,55	7806,55
1972	−13692,00	−22146,98	8454,98
1973	−14275,00	−23842,67	9567,67
1974	−17963,00	−28866,15	10903,15

Quelle: Eigene Berechnungen.

---

[6] Mein besonders herzlicher Dank gilt Herrn Dipl.-Physiker BURKHARDT BREMICKER für seine wertvolle Mitarbeit.

Tabelle 4:

Shift-Analyse für den regionalen Arbeitsmarkt

Ahaus

Jahr	Regionalfaktor	Strukturfaktor	Standortfaktor
1961	1,00000	1,00000	1,00000
1962	0,96562	0,97754	0,98781
1963	0,95516	0,96223	0,99265
1964	0,93706	0,94581	0,99075
1965	0,94064	0,92780	1,01384
1966	0,96240	0,92862	1,03526
1967	0,93299	0,91214	1,02285
1968	0,94658	0,91372	1,03596
1969	0,95933	0,90578	1,05912
1970	0,96186	0,87598	1,09804
1971	0,97012	0,85795	1,13075
1972	0,99848	0,85079	1,17359
1973	1,00061	0,82369	1,21479
1974	1,00289	0,77153	1,29988

Jahr	Beschäftigungs-veränderung gegenüber 1961	Strukturspezifische Veränderung	Standortspezifische Veränderung
1962	− 576,00	− 370,65	−205,35
1963	−1 106,00	− 986,68	−119,32
1964	−1 455,00	−1 307,81	−147,19
1965	−1 201,00	−1 419,53	218,53
1966	−1 364,00	−1 903,80	539,80
1967	−3 051,00	−3 367,40	316,40
1968	−2 943,00	−3 438,40	495,40
1969	−2 221,00	−3 057,93	836,93
1970	−1 793,00	−3 169,92	1376,92
1971	−1 764,00	−3 532,80	1788,80
1972	−1 767,00	−4 051,88	2284,88
1973	−1 813,00	−4 536,11	2723,11
1974	−2 258,00	−5 708,34	3450,34

Quelle: Eigene Berechnungen.

Tabelle 5:

Shift-Analyse für den regionalen Arbeitsmarkt
Arnsberg

Jahr	Regionalfaktor	Strukturfaktor	Standortfaktor
1961	1,00000	1,00000	1,00000
1962	0,98645	1,00629	0,98028
1963	0,99899	1,02331	0,97624
1964	0,99686	1,02939	0,96840
1965	1,02681	1,04810	0,97969
1966	1,00398	1,05635	0,95042
1967	1,01453	1,05631	0,96045
1968	1,02381	1,08042	0,94760
1969	1,02850	1,10493	0,93083
1970	1,03639	1,11952	0,92575
1971	1,03685	1,12207	0,92405
1972	1,06963	1,13608	0,94151
1973	1,08922	1,16213	0,93726
1974	1,09488	1,16139	0,94273

Jahr	Beschäftigungs-veränderung gegenüber 1961	Strukturspezifische Veränderung	Standortspezifische Veränderung
1962	− 321,00	184,30	− 505,30
1963	− 542,00	64,09	− 606,09
1964	− 664,00	144,61	− 808,61
1965	393,00	928,71	− 535,71
1966	−1004,00	270,93	−1274,93
1967	−2680,00	−1742,60	− 937,40
1968	−2629,00	−1367,40	−1261,60
1969	−1685,00	80,44	−1765,44
1970	− 884,00	1085,77	−1969,77
1971	−1005,00	1003,70	−2008,70
1972	− 985,00	534,55	−1519,55
1973	− 664,00	994,85	−1658,85
1974	−1310,00	156,23	−1466,23

Quelle: Eigene Berechnungen.

Tabelle 6:

Shift-Analyse für den regionalen Arbeitsmarkt
Bielefeld

Jahr	Regionalfaktor	Strukturfaktor	Standortfaktor
1961	1,00000	1,00000	1,00000
1962	1,01018	1,01909	0,99126
1963	1,02096	1,01963	1,00130
1966	1,01134	1,02308	0,98852
1965	1,00098	1,02855	0,97319
1966	1,01414	1,04539	0,97011
1967	1,04051	1,05521	0,98607
1968	1,04190	1,06828	0,97531
1969	1,04154	1,07727	0,96683
1970	1,02993	1,07984	0,95378
1971	1,03417	1,08537	0,95283
1972	1,05937	1,10065	0,96250
1973	1,10376	1,10036	1,00309
1974	1,08542	1,08030	1,00475

Jahr	Beschäftigungs- veränderung gegenüber 1961	Strukturspezifische Veränderung	Standortspezifische Veränderung
1962	1833,00	3299,30	−1466,30
1963	36,00	− 178,44	214,44
1964	− 1967,00	− 78,89	−1888,11
1965	− 1661,00	2825,14	−4486,14
1966	− 4892,00	26,40	−4918,40
1967	−13560,00	−11426,66	−2133,34
1968	−14392,00	−10590,93	−3801,07
1969	− 8948,00	− 3611,25	−5336,75
1970	− 6707,00	960,45	−7647,45
1971	− 6906,00	696,37	−7802,37
1972	− 7885,00	− 1782,78	−6102,22
1973	− 2155,00	− 2655,03	500,03
1974	− 9818,00	−10548,63	730,63

Quelle: Eigene Berechnungen.

Tabelle 7:

Shift-Analyse für den regionalen Arbeitsmarkt
Bocholt

Jahr	Regionalfaktor	Strukturfaktor	Standortfaktor
1961	1,00000	1,00000	1,00000
1962	0,98481	0,97963	1,00530
1963	0,97442	0,86781	1,00683
1964	0,96924	0,95547	1,01441
1965	0,98933	0,94405	1,04797
1966	0,99629	0,95264	1,04582
1967	0,99515	0,93865	1,06020
1968	1,03794	0,94358	1,10000
1969	1,08401	0,94200	1,15076
1970	1,09665	0,92643	1,18373
1971	1,09157	0,91138	1,19771
1972	1,09498	0,90333	1,21216
1973	1,08637	0,88304	1,23026
1974	1,06825	0,85327	1,25195

Jahr	Beschäftigungs-veränderung gegenüber 1961	Strukturspezifische Veränderung	Standortspezifische Veränderung
1962	− 298,00	− 406,60	108,60
1963	− 949,00	−1 084,37	135,37
1964	−1 110,00	−1 391,36	281,36
1965	− 452,00	−1 388,45	936,45
1966	− 979,00	−1 852,25	873,25
1967	−2 560,00	−3 602,05	1 042,05
1968	−1 902,00	−3 630,17	1728,17
1969	− 331,00	−3 027,31	2 696,31
1970	447,00	−2 868,27	3 315,27
1971	234,00	−3 256,60	3 490,60
1972	− 333,00	−3 934,90	3 601,90
1973	− 599,00	−4 400,79	3 801,79
1974	−1 559,00	−5 453,74	3 894,74

Quelle: Eigene Berechnungen.

Tabelle 8:

Shift-Analyse für den regionalen Arbeitsmarkt
Bochum

Jahr	Regionalfaktor	Strukturfaktor	Standortfaktor
1961	1,00000	1,00000	1,00000
1962	1,05682	0,98512	1,07279
1963	1,01884	0,97351	1,04657
1964	1,02280	0,97007	1,05436
1965	1,01053	0,96037	1,05222
1966	1,00291	0,94821	1,05769
1967	0,96587	0,93749	1,03027
1968	0,91828	0,91635	1,00211
1969	0,92361	0,90092	1,02518
1970	0,92291	0,89941	1,02613
1971	0,91887	0,89686	1,02454
1972	0,89063	0,88295	1,00870
1973	0,88697	0,87539	1,01323
1974	0,86119	0,88657	0,97137

Jahr	Beschäftigungs-veränderung gegenüber 1961	Strukturspezifische Veränderung	Standortspezifische Veränderung
1962	8158,00	− 1967,79	10325,79
1963	− 262,00	− 6528,02	6266,02
1964	− 106,00	− 7374,14	7268,14
1965	− 92,00	− 7089,28	6997,28
1966	− 5710,00	−13093,40	7383,40
1967	−20913,00	−24443,41	3530,41
1968	−27616,00	−27854,58	238,58
1969	−22778,00	−25683,68	2905,68
1970	−19812,00	−22899,57	3087,57
1971	−20991,00	−23867,62	2876,62
1972	−28156,00	−29129,60	973,60
1973	−29193,00	−30653,96	1460,96
1974	−35824,00	−32722,22	− 3101,78

Quelle: Eigene Berechnungen.

Tabelle 9:

Shift-Analyse für den regionalen Arbeitsmarkt

Bonn

Jahr	Regionalfaktor	Strukturfaktor	Standortfaktor
1961	1,00000	1,00000	1,00000
1962	1,00321	1,04778	0,95747
1963	1,02534	1,05720	0,96987
1964	1,02185	1,07132	0,95383
1965	1,03740	1,08622	0,95505
1966	1,04890	1,11185	0,94338
1967	1,06967	1,14113	0,93738
1968	1,08800	1,16152	0,93670
1969	1,10799	1,18410	0,93573
1970	1,10486	1,19870	0,92171
1971	1,05470	1,20595	0,87458
1972	1,03544	1,22799	0,84320
1973	1,05817	1,25291	0,84457
1974	1,06051	1,26905	0,83567

Jahr	Beschäftigungs-veränderung gegenüber 1961	Strukturspezifische Veränderung	Standortspezifische Veränderung
1962	277,00	3243,78	− 2966,78
1963	300,00	2375,70	− 2075,70
1964	− 112,00	3102,20	− 3214,20
1965	1724,00	4935,21	− 3211,21
1966	234,00	4239,62	− 4005,62
1967	−3771,00	420,10	− 4191,10
1968	−3133,00	1149,36	− 4282,36
1969	395,00	4990,49	− 4595,49
1970	1930,00	7742,99	− 5812,99
1971	−1527,00	7791,25	− 9318,25
1972	−4618,00	6890,97	−11508,97
1973	−3582,00	7998,60	−11580,60
1974	−5404,00	6611,29	−12015,29

Quelle: Eigene Berechnungen.

Tabelle 10:

Shift-Analyse für den regionalen Arbeitsmarkt
Brilon

Jahr	Regionalfaktor	Strukturfaktor	Standortfaktor
1961	1,00000	1,00000	1,00000
1962	1,00658	0,99948	1,00710
1963	1,00504	1,00113	1,00391
1964	1,02274	1,00891	1,01370
1965	1,02540	1,01806	1,00721
1966	1,01712	1,03008	0,98742
1967	1,03605	1,03548	1,00055
1968	1,07307	1,05767	1,01456
1969	1,10627	1,07114	1,03279
1970	1,13711	1,08193	1,05101
1971	1,17381	1,08930	1,07758
1972	1,11961	1,11402	1,00502
1973	1,12512	1,13305	0,99301
1974	1,10306	1,13395	0,97275

Jahr	Beschäftigungs-veränderung gegenüber 1961	Strukturspezifische Veränderung	Standortspezifische Veränderung
1962	74,00	4,25	69,75
1963	−151,00	−188,63	37,63
1964	− 8,00	−140,65	132,65
1965	138,00	66,75	71,25
1966	−264,00	−142,21	−121,79
1967	−848,00	−852,94	4,94
1968	−591,00	−723,46	132,46
1969	43,00	−270,18	313,18
1970	580,00	75,27	504,73
1971	858,00	89,27	768,73
1972	61,00	11,66	49,36
1973	59,00	128,58	− 69,58
1974	−436,00	−173,15	−262,85

Quelle: Eigene Berechnungen.

Tabelle 11:

Shift-Analyse für den regionalen Arbeitsmarkt
Coesfeld

Jahr	Regionalfaktor	Strukturfaktor	Standortfaktor
1961	1,00000	1,00000	1,00000
1962	0,99789	0,98976	1,00821
1963	0,96749	0,97845	0,98880
1964	0,96318	0,96850	0,99450
1965	0,98259	0,95646	1,02732
1966	1,00693	0,96978	1,03830
1967	0,99752	0,96723	1,03131
1968	0,98599	0,96974	1,01676
1969	0,98767	0,96373	1,02484
1970	0,99665	0,94944	1,04972
1971	1,01178	0,94097	1,07526
1972	1,01286	0,93587	1,08227
1973	1,01170	0,91359	1,10739
1974	0,97379	0,88777	1,09689

Jahr	Beschäftigungs-veränderung gegenüber 1961	Strukturspezifische Veränderung	Standortspezifische Veränderung
1962	− 10,00	− 80,20	70,20
1963	− 450,00	− 357,38	− 92,62
1964	− 509,00	− 464,10	− 44,90
1965	− 244,00	− 466,90	222,90
1966	− 316,00	− 622,55	306,55
1967	− 1038,00	− 1268,35	230,35
1968	− 1177,00	− 1299,78	122,78
1969	− 891,00	− 1078,49	187,49
1970	− 619,00	− 998,25	379,25
1971	− 541,00	− 1106,90	565,90
1972	− 774,00	− 1370,85	596,85
1973	− 823,00	− 1579,71	756,71
1974	− 1349,00	− 1991,76	642,76

Quelle: Eigene Berechnungen.

Tabelle 12:

Shift-Analyse für den regionalen Arbeitsmarkt
Detmold

Jahr	Regionalfaktor	Strukturfaktor	Standortfaktor
1961	1,00000	1,00000	1,00000
1962	1,01812	1,01425	1,00382
1963	1,04548	1,00977	1,03537
1964	1,06599	1,01499	1,05025
1965	1,07721	1,01752	1,05867
1966	1,11337	1,03047	1,08045
1967	1,15424	1,04395	1,10565
1968	1,17196	1,06466	1,10078
1969	1,18595	1,07169	1,10662
1970	1,24102	1,07964	1,14948
1971	1,25928	1,09585	1,14914
1972	1,30010	1,13395	1,14653
1973	1,33050	1,15378	1,15317
1974	1,33142	1,13897	1,16897

Jahr	Beschäftigungs-veränderung gegenüber 1961	Strukturspezifische Veränderung	Standortspezifische Veränderung
1962	645,00	513,95	131,05
1963	819,00	− 363,20	1 182,20
1964	1 400,00	− 283,40	1 683,40
1965	2 206,00	211,43	1 994,57
1966	2 203,00	− 476,75	2 679,75
1967	604,00	−2 681,92	3 285,92
1968	893,00	−2 281,97	3 174,97
1969	2 592,00	− 912,80	3 504,80
1970	5 265,00	187,01	5 077,99
1971	5 627,00	512,05	5 114,95
1972	5 690,00	645,11	5 044,89
1973	6 407,00	1 068,61	5 338,39
1974	5 184,00	− 448,77	5 632,77

Quelle: Eigene Berechnungen.

Tabelle 13:

Shift-Analyse für den regionalen Arbeitsmarkt
Dortmund

Jahr	Regionalfaktor	Strukturfaktor	Standortfaktor
1961	1,00000	1,00000	1,00000
1962	0,98397	0,97767	1,00645
1963	0,97638	0,96804	1,00861
1964	0,96362	0,96029	1,00347
1965	0,95160	0,94533	1,00663
1966	0,92675	0,92647	1,00031
1967	0,91092	0,91101	0,99990
1968	0,89483	0,88380	1,01247
1969	0,89059	0,86240	1,03268
1970	0,88965	0,85545	1,03998
1971	0,90574	0,85481	1,05959
1972	0,91073	0,84122	1,08263
1973	0,91182	0,83211	1,09580
1974	0,92170	0,83886	1,09875

Jahr	Beschäftigungs-veränderung gegenüber 1961	Strukturspezifische Veränderung	Standortspezifische Veränderung
1962	− 3 156,00	− 4 474,60	1 318,00
1963	− 9 086,00	−10 793,01	1 707,01
1964	−12 245,00	−12 926,55	681,55
1965	−12 320,00	−13 615,62	1 295,62
1966	−23 696,00	−23 752,67	56,67
1967	−41 123,00	−41 105,76	− 17,24
1968	−45 218,00	−47 236,65	2 018,65
1969	−40 022,00	−45 372,23	5 350,23
1970	−35 836,00	−42 494,92	6 658,92
1971	−33 649,00	−43 513,78	9 864,78
1972	−37 949,00	−51 008,60	13 059,60
1973	−38 616,00	−53 517,92	14 901,92
1974	−42 129,00	−57 132,19	15 003,19

Quelle: Eigene Berechnungen.

93

Tabelle 14:

Shift-Analyse für den regionalen Arbeitsmarkt
Düsseldorf

Jahr	Regionalfaktor	Strukturfaktor	Standortfaktor
1961	1,00000	1,00000	1,00000
1962	1,00541	1,00623	0,99919
1963	1,01512	1,01683	0,99832
1964	1,00812	1,02058	0,98779
1965	1,01549	1,03005	0,98586
1966	1,02816	. 1,03745	0,99105
1967	1,04319	1,04610	0,99721
1968	1,05378	1,06054	0,99362
1969	1,05329	1,07309	0,98154
1970	1,05812	1,07771	0,98182
1971	1,05095	1,07704	0,97578
1972	1,05433	1,08081	0,97550
1973	1,05478	1,08886	0,96870
1974	1,05387	1,09519	0,96228

Jahr	Beschäftigungs- veränderung gegenüber 1961	Strukturspezifische Veränderung	Standortspezifische Veränderung
1962	1 922,00	2 168,64	− 246,64
1963	− 1 661,00	− 1 155,60	− 505,40
1964	− 4 555,00	− 882,41	− 3 672,59
1965	1 283,00	5 627,96	− 4 344,96
1966	− 4 924,00	− 2 243,82	− 2 680,18
1967	−24 156,00	−23 380,21	− 775,79
1968	−23 257,00	−21 468,53	− 1 788,47
1969	−13 193,00	− 7 766,96	− 5 426,04
1970	− 4 378,00	1 128,27	− 5 506,27
1971	− 7 976,00	− 684,98	− 7 291,02
1972	−15 829,00	− 8 647,61	− 7 181,39
1973	−17 165,00	− 7 971,71	− 9 193,29
1974	−26 253,00	−15 453,72	−10 799,28

Quelle: Eigene Berechnungen.

Tabelle 15:

Shift-Analyse für den regionalen Arbeitsmarkt
Duisburg

Jahr	Regionalfaktor	Strukturfaktor	Standortfaktor
1961	1,00000	1,00000	1,00000
1962	0,99444	0,98660	1,00794
1963	0,98469	0,97615	1,00874
1964	0,97494	0,97183	1,00320
1965	0,97278	0,96218	1,01102
1966	0,96376	0,94290	1,02213
1967	0,95962	0,93434	1,02706
1968	0,93332	0,91582	1,01911
1969	0,90509	0,90037	1,00524
1970	0,89955	0,89557	1,00445
1971	0,90723	0,89320	1,01571
1972	0,90035	0,88193	1,02089
1973	0,89204	0,88197	1,01142
1974	0,90369	0,89237	1,01269

Jahr	Beschäftigungs-veränderung gegenüber 1961	Strukturspezifische Veränderung	Standortspezifische Veränderung
1962	− 1 329,00	− 3 584,17	2 255,17
1963	−10 161,00	−12 565,38	2 404,38
1964	−13 668,00	−14 542,94	874,94
1965	−10 926,00	−13 941,80	3 015,80
1966	−22 420,00	−28 163,03	5 743,03
1967	−44 231,00	−50 644,78	6 413,78
1968	−52 525,00	−56 934,41	4 409,41
1969	−51 285,00	−52 518,25	1 233,25
1970	−46 661,00	−47 727,86	1 066,86
1971	−45 906,00	−49 645,41	3 739,41
1972	−54 902,00	−59 664,95	4 762,95
1973	−58 227,00	−60 817,97	2 590,97
1974	−62 459,00	−65 281,29	2 822,29

Quelle: Eigene Berechnungen.

Tabelle 16:

Shift-Analyse für den regionalen Arbeitsmarkt

Essen

Jahr	Regionalfaktor	Strukturfaktor	Standortfaktor
1961	1,00000	1,00000	1,00000
1962	0,98783	0,98472	1,00316
1963	0,97315	0,97550	0,99759
1964	0,97058	0,96651	1,00421
1965	0,94734	0,95671	0,99021
1966	0,89699	0,93722	0,95708
1967	0,82801	0,92044	0,89958
1968	0,79690	0,89347	0,89191
1969	0,78663	0,87512	0,89888
1970	0,78239	0,86950	0,89982
1971	0,78873	0,87302	0,90345
1972	0,76765	0,86682	0,88560
1973	0,74502	0,85453	0,87184
1974	0,74828	0,84210	0,88859

Jahr	Beschäftigungs-veränderung gegenüber 1961	Strukturspezifische Veränderung	Standortspezifische Veränderung
1962	− 2515,00	− 3211,96	696,96
1963	−10437,00	− 9921,25	− 515,75
1964	−11501,00	−12481,62	890,62
1965	−14135,00	−12061,62	− 2073,38
1966	−31749,00	−23132,25	− 8616,75
1967	−60406,00	−42157,75	−18248,25
1968	−67624,00	−48688,21	−18935,79
1969	−63989,00	−46001,60	−17987,40
1970	−60741,00	−42578,15	−18162,85
1971	−60300,00	−42819,50	−17480,50
1972	−69424,00	−49472,32	−19951,68
1973	−74743,00	−52821,33	−21921,67
1974	−78749,00	−60552,47	−18196,53

Quelle: Eigene Berechnungen.

96

Tabelle 17:

Shift-Analyse für den regionalen Arbeitsmarkt
Gummersbach

Jahr	Regionalfaktor	Strukturfaktor	Standortfaktor
1961	1,00000	1,00000	1,00000
1962	1,01513	1,06320	0,95479
1963	1,01850	1,06335	0,95782
1964	1,02589	1,05936	0,96841
1965	1,02011	1,06552	0,95738
1966	1,02327	1,06716	0,95887
1967	1,02714	1,05771	0,97110
1968	1,03140	1,07551	0,95898
1969	1,03949	1,09797	0,94674
1970	1,06132	1,09980	0,96501
1971	1,07623	1,10843	0,97095
1972	1,06722	1,10853	0,96273
1973	1,07173	1,12229	0,95495
1974	1,06268	1,11051	0,95692

Jahr	Beschäftigungs-veränderung gegenüber 1961	Strukturspezifische Veränderung	Standortspezifische Veränderung
1962	469,00	1870,91	−1401,91
1963	− 64,00	1216,46	−1280,46
1964	66,00	1018,71	− 952,71
1965	257,00	1565,51	−1308,51
1966	− 612,00	611,57	−1223,57
1967	−2745,00	−1959,62	− 785,38
1968	−2817,00	−1691,16	−1125,84
1969	−1639,00	− 91,99	−1547,01
1970	− 336,00	708,37	−1044,37
1971	− 88,00	781,25	− 869,25
1972	−1191,00	− 109,21	−1081,79
1973	−1216,00	101,27	−1317,27
1974	−2313,00	−1105,41	−1207,59

Quelle: Eigene Berechnungen.

Tabelle 18:

Shift-Analyse für den regionalen Arbeitsmarkt

Hagen

Jahr	Regionalfaktor	Strukturfaktor	Standortfaktor
1961	1,00000	1,00000	1,00000
1962	0,98884	0,99089	0,99793
1963	0,97280	0,98775	0,98487
1964	0,94898	0,99079	0,95780
1965	0,95407	1,00131	0,95283
1966	0,93763	0,99869	0,93885
1967	0,93324	1,00063	0,93265
1968	0,92906	1,01247	0,91762
1969	0,92610	1,02228	0,90592
1970	0,92592	1,02366	0,90451
1971	0,91885	1,01889	0,90182
1972	0,88540	1,01094	0,87581
1973	0,87855	1,01879	0,86234
1974	0,89321	1,03014	0,86708

Jahr	Beschäftigungs-veränderung gegenüber 1961	Strukturspezifische Veränderung	Standortspezifische Veränderung
1962	− 1 065,00	− 851,41	− 213,59
1963	− 4 894,00	− 3 368,01	− 1 525,99
1964	− 7 594,00	− 3 337,46	− 4 256,54
1965	− 5 886,00	− 1 018,41	− 4 867,59
1966	−10 727,00	− 4 638,65	− 6 088,35
1967	−18 447,00	−12 254,05	− 6 192,95
1968	−19 415,00	−11 802,56	− 7 612,44
1969	−16 590,00	− 7 490,33	− 9 099,67
1970	−14 343,00	− 4 856,13	− 9 486,87
1971	−15 507,00	− 5 849,70	− 9 657,30
1972	−21 288,00	− 9 530,14	−11 757,86
1973	−22 349,00	− 9 281,41	−13 067,59
1974	−23 571,00	−11 209,09	−12 361,91

Quelle: Eigene Berechnungen.

Tabelle 19:

Shift-Analyse für den regionalen Arbeitsmarkt

Hamm

Jahr	Regionalfaktor	Strukturfaktor	Standortfaktor
1961	1,00000	1,00000	1,00000
1962	1,00940	0,97772	1,03240
1963	1,04105	0,97909	1,06328
1964	1,06416	0,97559	1,09079
1965	1,08389	0,97347	1,11343
1966	1,11602	0,97194	1,14824
1967	1,13613	0,97438	1,16600
1968	1,13697	0,97236	1,16929
1969	1,13943	0,96515	1,18058
1970	1,15464	0,96638	1,19481
1971	1,17557	0,97057	1,21122
1972	1,20128	0,97650	1,23018
1973	1,20237	0,97137	1,23780
1974	1,18883	0,97339	1,22133

Jahr	Beschäftigungs- veränderung gegenüber 1961	Strukturspezifische Veränderung	Standortspezifische Veränderung
1962	391,00	− 805,92	1 196,92
1963	751,00	−1 540,31	2 291,31
1964	1 497,00	−1 769,69	3 266,69
1965	2 714,00	−1 408,26	4 122,26
1966	2 557,00	−2 646,70	5 203,70
1967	72,00	−5 312,67	5 384,67
1968	− 159,00	−5 601,47	5 442,47
1969	1 302,00	−4 671,44	5 973,44
1970	2 846,00	−3 773,01	6 619,01
1971	3 360,00	−3 808,97	7 168,97
1972	3 005,00	−4 620,77	7 625,77
1973	2 834,00	−4 962,76	7 796,76
1974	1 129,00	−5 916,72	7 045,72

Quelle: Eigene Berechnungen.

99

Tabelle 20:

Shift-Analyse für den regionalen Arbeitsmarkt

Höxter

Jahr	Regionalfaktor	Strukturfaktor	Standortfaktor
1961	1,00000	1,00000	1,00000
1962	1,00764	1,01407	0,99366
1963	1,01854	1,01766	1,00087
1964	1,05926	1,02224	1,03621
1965	1,04342	1,02043	1,02253
1966	1,07180	1,03057	1,04001
1967	1,08280	1,02480	1,05650
1968	1,11684	1,05264	1,06099
1969	1,15878	1,06035	1,09283
1970	1,00435	1,05186	0,95483
1971	1,03116	1,05551	0,97693
1972	1,05053	1,08265	0,97034
1973	1,07835	1,08870	0,99049
1974	1,03496	1,06522	0,97159

Jahr	Beschäftigungs- veränderung gegenüber 1961	Strukturspezifische Veränderung	Standortspezifische Veränderung
1962	72,00	125,94	− 53,94
1963	− 18,00	− 25,29	7,29
1964	292,00	− 10,89	302,89
1965	267,00	76,53	190,47
1966	213,00	−117,40	330,40
1967	−378,00	−806,36	428,36
1968	−183,00	−653,98	470,98
1969	436,00	−312,54	748,54
1970	−541,00	−170,34	−370,66
1971	−375,00	−186,08	−188,92
1972	−468,00	−226,26	−241,74
1973	−300,00	−222,44	− 77,56
1974	−866,00	−646,44	−219,56

Quelle: Eigene Berechnungen.

Tabelle 21:

Shift-Analyse für den regionalen Arbeitsmarkt

Iserlohn

Jahr	Regionalfaktor	Strukturfaktor	Standortfaktor
1961	1,00000	1,00000	1,00000
1962	0,93577	0,97769	0,95712
1963	0,94761	0,98633	0,96075
1964	0,93615	0,98625	0,94920
1965	0,94958	1,00190	0,94777
1966	0,94758	0,99797	0,94951
1967	0,96042	1,00437	0,95624
1968	0,98850	1,02493	0,96445
1969	0,99068	1,03688	0,95544
1970	0,97825	1,03740	0,94298
1971	0,95662	1,03306	0,92600
1972	0,96464	1,03270	0,93409
1973	0,98333	1,04354	0,94230
1974	0,99703	1,04802	0,95135

Jahr	Beschäftigungs-veränderung gegenüber 1961	Strukturspezifische Veränderung	Standortspezifische Veränderung
1962	−3 855,00	−1 301,36	−2 553,64
1963	−4 360,00	−2 051,66	−2 308,34
1964	−5 198,00	−2 218,96	−2 979,04
1965	−3 708,00	− 558,77	−3 149,23
1966	−5 685,00	−2 751,20	−2 933,80
1967	−9 314,00	−6 955,35	−2 358,65
1968	−8 170,00	−6 228,18	−1 941,82
1969	−6 120,00	−3 567,20	−2 552,80
1970	−5 410,00	−2 057,54	−3 352,46
1971	−6 927,00	−2 617,29	−4 309,71
1972	−8 098,00	−4 375,39	−3 722,61
1973	−7 350,00	−4 073,80	−3 276,20
1974	−8 292,00	−5 603,79	−2 688,21

Quelle: Eigene Berechnungen.

Tabelle 22:

Shift-Analyse für den regionalen Arbeitsmarkt
Köln

Jahr	Regionalfaktor	Strukturfaktor	Standortfaktor
1961	1,00000	1,00000	1,00000
1962	1,01525	1,04781	0,96893
1963	1,03291	1,06011	0,97434
1964	1,05800	1,07232	0,98664
1965	1,06361	1,08544	0,97989
1966	1,08161	1,10329	0,98035
1967	1,09498	1,12191	0,97600
1968	1,09368	1,13643	0,96238
1969	1,10081	1,15304	0,95471
1970	1,11665	1,16972	0,95463
1971	1,11891	1,17653	0,95102
1972	1,11755	1,18491	0,94315
1973	1,11899	1,19209	0,93868
1974	1,13734	1,20309	0,94535

Jahr	Beschäftigungs-veränderung gegenüber 1961	Strukturspezifische Veränderung	Standortspezifische Veränderung
1962	4748,00	14287,74	− 9539,74
1963	3490,00	11291,51	− 7801,51
1964	9845,00	13942,14	− 4097,14
1965	15177,00	21496,88	− 6319,88
1966	10191,00	16264,50	− 6073,50
1967	−10065,00	− 3112,52	− 6952,48
1968	−12333,00	− 1371,75	−10961,25
1969	− 168,00	13712,24	−13880,24
1970	11712,00	26180,06	−14465,06
1971	10690,00	26316,15	−15626,15
1972	1274,00	18996,68	−17722,68
1973	153,00	19286,39	−19133,39
1974	− 4303,00	12372,19	−16675,19

Quelle: Eigene Berechnungen.

Tabelle 23:

Shift-Analyse für den regionalen Arbeitsmarkt
Kleve

Jahr	Regionalfaktor	Strukturfaktor	Standortfaktor
1961	1,00000	1,00000	1,00000
1962	1,02989	1,01175	1,01793
1963	1,06079	1,02708	1,03282
1964	1,03051	1,02299	1,00735
1965	1,04502	1,01877	1,02577
1966	1,06262	1,03575	1,02594
1967	1,05524	1,05254	1,00256
1968	1,04293	1,06325	0,98089
1969	0,99558	1,04599	0,95180
1970	0,96160	1,01919	0,94350
1971	0,92606	1,01569	0,91176
1972	0,89992	1,02334	0,87940
1973	0,86963	1,01370	0,85788
1974	0,83555	0,98597	0,84744

Jahr	Beschäftigungs-veränderung gegenüber 1961	Strukturspezifische Veränderung	Standortspezifische Veränderung
1962	369,00	151,99	217,01
1963	469,00	74,28	394,72
1964	81,00	− 6,84	87,84
1965	400,00	89,61	310,39
1966	199,00	− 108,27	307,27
1967	− 830,00	− 858,39	28,39
1968	−1 035,00	− 822,23	− 212,77
1969	−1 149,00	− 601,87	− 547,13
1970	−1 248,00	− 606,91	− 641,09
1971	−1 699,00	− 706,47	− 992,53
1972	−2 286,00	− 960,10	−1 325,90
1973	−2 659,00	−1 119,13	−1 539,87
1974	−3 301,00	−1 743,25	−1 557,75

Quelle: Eigene Berechnungen.

Tabelle 24:

Shift-Analyse für den regionalen Arbeitsmarkt
Krefeld

Jahr	Regionalfaktor	Strukturfaktor	Standortfaktor
1961	1,00000	1,00000	1,00000
1962	0,98379	1,00812	0,97586
1963	0,99464	1,00908	0,98569
1964	0,99781	1,01247	0,98552
1965	0,99825	1,01072	0,98767
1966	1,00997	1,02356	0,98673
1967	1,02809	1,03256	0,99567
1968	1,04760	1,04192	1,00546
1969	1,05214	1,04339	1,00839
1970	1,03883	1,03838	1,00044
1971	1,01540	1,03298	0,98298
1972	1,01207	1,03478	0,97805
1973	1,02591	1,03086	0,99520
1974	1,00932	1,02456	0,98512

Jahr	Beschäftigungs-veränderung gegenüber 1961	Strukturspezifische Veränderung	Standortspezifische Veränderung
1962	− 1 581,00	940,03	−2 521,03
1963	− 2 646,00	− 1 181,96	−1 464,04
1964	− 2 605,00	− 1 122,50	−1 482,50
1965	− 1 324,00	− 48,15	−1 275,85
1966	− 3 490,00	− 2 144,91	−1 345,09
1967	− 9 664,00	− 9 255,53	− 408,47
1968	− 8 537,00	− 9 052,45	515,45
1969	− 4 633,00	− 5 455,67	822,67
1970	− 3 361,00	− 3 404,60	43,60
1971	− 6 144,00	− 4 458,53	−1 685,47
1972	− 9 360,00	− 7 247,55	−2 112,45
1973	− 8 559,00	− 8 101,00	− 458,00
1974	−13 000,00	−11 633,40	−1 366,60

Quelle: Eigene Berechnungen.

Tabelle 25:

Shift-Analyse für den regionalen Arbeitsmarkt
Lippstadt

Jahr	Regionalfaktor	Strukturfaktor	Standortfaktor
1961	1,00000	1,00000	1,00000
1962	0,94306	1,00692	0,93658
1963	0,97438	1,01831	0,95687
1964	1,04787	1,02901	1,01833
1965	1,03470	1,04289	0,99215
1966	1,06673	1,05304	1,01301
1967	1,08807	1,05022	1,03604
1968	1,12314	1,07029	1,04938
1969	1,15910	1,08569	1,06762
1970	1,21350	1,10463	1,09855
1971	1,21738	1,10950	1,09723
1972	1,23422	1,12625	1,09587
1973	1,26840	1,14470	1,10806
1974	1,21948	1,15343	1,05726

Jahr	Beschäftigungs-veränderung gegenüber 1961	Strukturspezifische Veränderung	Standortspezifische Veränderung
1962	− 817,00	114,76	− 931,76
1963	− 662,00	− 34,75	− 627,25
1964	346,00	77,42	268,58
1965	339,00	457,06	− 118,06
1966	300,00	108,99	191,01
1967	− 590,00	−1076,62	486,62
1968	− 238,00	− 912,70	674,70
1969	763,00	− 208,56	971,56
1970	1898,00	420,00	1478,00
1971	1862,00	405,25	1456,75
1972	1592,00	177,47	1414,53
1973	1955,00	342,77	1612,23
1974	823,00	− 11,11	. 834,11

Quelle: Eigene Berechnungen.

Tabelle 26:

Shift-Analyse für den regionalen Arbeitsmarkt
Lüdenscheid

Jahr	Regionalfaktor	Strukturfaktor	Standortfaktor
1961	1,00000	1,00000	1,00000
1962	0,98839	0,98378	1,00265
1963	0,98719	0,98968	0,99748
1964	0,98902	1,00381	0,98617
1965	0,99942	1,02462	0,97541
1966	0,98019	1,02754	0,95392
1967	0,98430	1,03265	0,95318
1968	1,01025	1,07147	0,94286
1969	1,03041	1,08789	0,94717
1970	1,03427	1,09573	0,94392
1971	1,02608	1,09646	0,93581
1972	1,03686	1,10508	0,93827
1973	1,05943	1,13175	0,93610
1974	1,06614	1,13730	0,93743

Jahr	Beschäftigungs-veränderung gegenüber 1961	Strukturspezifische Veränderung	Standortspezifische Veränderung
1962	−1 111,00	−1 122,98	11,98
1963	−2 348,00	−1 737,94	− 610,06
1964	−2 255,00	−1 504,89	− 750,11
1965	− 958,00	703,19	−1 661,19
1966	−3 556,00	−1 405,23	−2 150,77
1967	−8 035,00	−5 990,67	−2 044,33
1968	−6 956,00	−4 785,24	−2 170,75
1969	−3 703,00	−1 120,53	−2 582,47
1970	−1 917,00	965,77	−2 882,77
1971	−2 737,00	657,49	−3 394,49
1972	−3 937,00	− 761,36	−3 175,64
1973	−2 931,00	421,88	−3 352,88
1974	−4 450,00	−1 272,47	−3 177,53

Quelle: Eigene Berechnungen.

Tabelle 27:

Shift-Analyse für den regionalen Arbeitsmarkt
Meschede

Jahr	Regionalfaktor	Strukturfaktor	Standortfaktor
1961	1,00000	1,00000	1,00000
1962	1,00745	0,97631	1,03190
1963	1,06476	0,95841	1,11097
1964	1,08494	0,94691	1,14577
1965	1,10114	0,93640	1,17593
1966	1,09188	0,92713	1,17770
1967	1,10475	0,90921	1,21506
1968	1,14363	0,91924	1,24411
1969	1,17449	0,91448	1,28432
1970	1,01268	0,89604	1,13018
1971	1,00755	0,88329	1,14068
1972	1,02524	0,86954	1,17906
1973	1,03978	0,86292	1,20495
1974	0,98428	0,85844	1,14660

Jahr	Beschäftigungs-veränderung gegenüber 1961	Strukturspezifische Veränderung	Standortspezifische Veränderung
1962	78,00	− 211,12	289,12
1963	400,00	− 566,27	966,27
1964	556,00	− 694,60	1 250,60
1965	825,00	− 685,92	1 510,92
1966	414,00	−1 047,78	1 461,78
1967	− 239,00	−1 838,16	1 599,16
1968	15,00	−1 807,60	1 822,60
1969	615,00	−1 574,23	2 189,23
1970	− 527,00	−1 534,50	1 007,50
1971	− 618,00	−1 685,54	1 067,54
1972	− 729,00	−2 026,68	1 297,68
1973	− 652,00	−2 118,53	1 466,53
1974	−1 366,00	−2 377,07	1 011,07

Quelle: Eigene Berechnungen.

Tabelle 28:

Shift-Analyse für den regionalen Arbeitsmarkt
Minden

Jahr	Regionalfaktor	Strukturfaktor	Standortfaktor
1961	1,00000	1,00000	1,00000
1962	1,03922	1,01090	1,02801
1963	1,08152	1,00825	1,07268
1964	1,10062	1,01384	1,08559
1965	1,12147	1,01687	1,10286
1966	1,15875	1,03176	1,12308
1967	1,18629	1,04109	1,13947
1968	1,20817	1,05209	1,14835
1969	1,23046	1,06063	1,16013
1970	1,23675	1,06344	1,16297
1971	1,26724	1,06805	1,18650
1972	1,29748	1,08951	1,19088
1973	1,28397	1,09379	1,17387
1974	1,24606	1,08440	1,14907

Jahr	Beschäftigungs-veränderung gegenüber 1961	Strukturspezifische Veränderung	Standortspezifische Veränderung
1962	1 430,00	421,92	1 008,08
1963	2 118,00	− 435,26	2 553,26
1964	2 677,00	− 338,17	3 015,17
1965	3 879,00	199,97	3 679,03
1966	3 863,00	− 457,99	4 320,99
1967	1 641,00	−2 913,07	4 554,07
1968	2 068,00	−2 793,89	4 861,89
1969	4 166,00	−1 318,11	5 484,11
1970	5 401,00	− 339,71	5 740,71
1971	6 186,00	− 376,71	6 562,71
1972	5 906,00	− 741,46	6 647,46
1973	5 265,00	− 782,64	6 047,64
1974	2 827,00	−2 153,88	4 980,88

Quelle: Eigene Berechnungen.

Tabelle 29:

Shift-Analyse für den regionalen Arbeitsmarkt
Mönchengladbach

Jahr	Regionalfaktor	Strukturfaktor	Standortfaktor
1961	1,00000	1,00000	1,00000
1962	0,97842	0,99203	0,98629
1963	0,96421	0,98562	0,97828
1964	0,95923	0,98068	0,97813
1965	0,95019	0,97694	0,97261
1966	0,94245	0,98876	0,95317
1967	0,90913	0,97889	0,92873
1968	0,90407	0,98469	0,91813
1969	0,89210	0,98808	0,90286
1970	0,86500	0,98073	0,88199
1971	0,85800	0,97036	0,88421
1972	0,85732	0,96591	0,88757
1973	0,83791	0,94855	0,88335
1974	0,82174	0,91822	0,89493

Jahr	Beschäftigungs-veränderung gegenüber 1961	Strukturspezifische Veränderung	Standortspezifische Veränderung
1962	− 1 164,00	− 396,36	− 767,64
1963	− 3 122,00	− 1 939,59	−1 182,41
1964	− 3 544,00	− 2 362,48	−1 181,52
1965	− 3 401,00	− 1 909,40	−1 491,60
1966	− 5 543,00	− 3 045,48	−2 497,52
1967	−11 178,00	− 7 709,77	−3 468,23
1968	−11 737,00	− 7 756,47	−3 980,53
1969	−10 715,00	− 5 802,38	−4 912,62
1970	−10 958,00	− 4 881,12	−6 076,88
1971	−11 567,00	− 5 699,31	−5 867,69
1972	−12 939,00	− 7 437,02	−5 501,98
1973	−14 139,00	− 8 561,63	−5 577,37
1974	−16 242,00	−11 530,13	−4 711,87

Quelle: Eigene Berechnungen.

Tabelle 30:

Shift-Analyse für den regionalen Arbeitsmarkt
Münster

Jahr	Regionalfaktor	Strukturfaktor	Standortfaktor
1961	1,00000	1,00000	1,00000
1962	0,99741	0,98288	1,01479
1963	0,98781	0,97343	1,01478
1964	1,00621	0,96100	1,04704
1965	1,00685	0,94846	1,06157
1966	1,02645	0,95726	1,07228
1967	1,06387	0,95006	1,11980
1968	1,08148	0,95396	1,13368
1969	1,08289	0,94827	1,14196
1970	1,07848	0,92868	1,16130
1971	1,06683	0,91519	1,16570
1972	1,09535	0,90820	1,20607
1973	1,00991	0,88695	1,13864
1974	0,99130	0,85624	1,15774

Jahr	Beschäftigungs-veränderung gegenüber 1961	Strukturspezifische Veränderung	Standortspezifische Veränderung
1962	− 93,00	− 916,82	823,82
1963	−1 827,00	− 2 625,03	798,03
1964	− 961,00	− 3 462,52	2 501,52
1965	− 243,00	− 3 513,55	3 270,55
1966	−1 017,00	− 4 766,14	3 749,14
1967	−3 501,00	− 9 185,53	5 684,53
1968	−2 991,00	− 9 316,57	6 325,57
1969	− 954,00	− 7 876,10	6 922,10
1970	252,00	− 7 649,62	7 901,62
1971	− 664,00	− 8 620,18	7 956,18
1972	− 883,00	−10 408,91	9 525,91
1973	−5 494,00	−11 720,95	6 226,95
1974	−7 998,00	−14 624,70	6 626,70

Quelle: Eigene Berechnungen.

Tabelle 31:

Shift-Analyse für den regionalen Arbeitsmarkt
Paderborn

Jahr	Regionalfaktor	Strukturfaktor	Standortfaktor
1961	1,00000	1,00000	1,00000
1962	1,09496	1,00412	1,09047
1963	1,04882	1,00805	1,04045
1964	1,10399	1,01226	1,09062
1965	1,16082	1,02040	1,13761
1966	1,22478	1,03143	1,18746
1967	1,28756	1,05011	1,22613
1968	1,37905	1,06611	1,29353
1969	1,46265	1,07039	1,36647
1970	1,50314	1,08171	1,38960
1971	1,52907	1,09236	1,39979
1972	1,62838	1,11738	1,45732
1973	1,68474	1,12824	1,49324
1974	1,70844	1,12227	1,52231

Jahr	Beschäftigungs- veränderung gegenüber 1961	Strukturspezifische Veränderung	Standortspezifische Veränderung
1962	1 762,00	93,11	1 668,89
1963	505,00	− 228,17	733,17
1964	1 442,00	− 202,89	1 644,89
1965	2 716,00	167,21	2 548,79
1966	3 153,00	− 242,21	3 395,21
1967	2 486,00	−1 357,39	3 843,39
1968	3 814,00	−1 216,43	5 030,43
1969	6 019,00	− 517,52	6 536,52
1970	7 341,00	136,91	7 204,09
1971	7 644,00	218,80	7 425,20
1972	8 506,00	77,12	8 428,88
1973	9 294,00	161,47	9 132,53
1974	8 811,00	− 509,40	9 320,40

Quelle: Eigene Berechnungen.

Tabelle 32:

Shift-Analyse für den regionalen Arbeitsmarkt Recklinghausen

Jahr	Regionalfaktor	Strukturfaktor	Standortfaktor
1961	1,00000	1,00000	1,00000
1962	0,96098	0,96629	0,99451
1963	0,94897	0,95435	0,99436
1964	0,94271	0,94484	0,99774
1965	0,92527	0,91707	1,00894
1966	0,91988	0,89374	1,02925
1967	0,93607	0,87053	1,07529
1968	0,93485	0,82610	1,13163
1969	0,91400	0,79174	1,15442
1970	0,91071	0,77913	1,16888
1971	0,92047	0,77863	1,18216
1972	0,89634	0,76094	1,17794
1973	0,87896	0,73695	1,19270
1974	0,88052	0,74788	1,17735

Jahr	Beschäftigungs-veränderung gegenüber 1961	Strukturspezifische Veränderung	Standortspezifische Veränderung
1962	− 3315,00	− 2852,75	− 462,25
1963	− 6117,00	− 5657,87	− 459,13
1964	− 6873,00	− 6691,86	− 181,14
1965	− 7392,00	− 8097,41	705,41
1966	−10432,00	−12607,54	2175,54
1967	−15182,00	−20210,52	5028,52
1968	−15767,00	−24052,30	8285,30
1969	−14805,00	−24461,26	9656,26
1970	−13206,00	−23867,06	10661,06
1971	−12815,00	−24245,55	11430,55
1972	−16916,00	−27502,28	10586,28
1973	−18625,00	−29671,17	11046,17
1974	−20634,00	−30630,36	9996,36

Quelle: Eigene Berechnungen.

Tabelle 33:

Shift-Analyse für den regionalen Arbeitsmarkt

Rees

Jahr	Regionalfaktor	Strukturfaktor	Standortfaktor
1961	1,00000	1,00000	1,00000
1962	1,01701	1,00494	1,01200
1963	1,05460	1,00674	1,04754
1964	1,10100	1,00548	1,09500
1965	1,10269	1,00491	1,09729
1966	1,12531	1,01340	1,11043
1967	1,15516	1,02381	1,12829
1968	1,21590	1,02923	1,18137
1969	1,26828	1,02580	1,23637
1970	1,26484	1,01630	1,24455
1971	1,25738	1,01652	1,23694
1972	1,28164	1,03459	1,23879
1973	1,33541	1,03828	1,28618
1974	1,33792	1,02655	1,30331

Jahr	Beschäftigungs-veränderung gegenüber 1961	Strukturspezifische Veränderung	Standortspezifische Veränderung
1962	201,00	65,95	135,05
1963	371,00	− 153,37	524,37
1964	846,00	− 197,71	1 043,71
1965	1 012,00	− 69,39	1 081,39
1966	857,00	− 340,50	1 197,50
1967	209,00	−1 086,43	1 295,43
1968	726,00	−1 102,53	1 828,53
1969	1 694,00	− 768,06	2 462,06
1970	1 991,00	− 597,84	2 588,84
1971	1 843,00	− 652,37	2 495,37
1972	1 698,00	− 785,15	2 483,15
1973	2 170,00	− 801,29	2 971,29
1974	1 779,00	−1 237,82	3 016,82

Quelle: Eigene Berechnungen.

113

Tabelle 34:

Shift-Analyse für den regionalen Arbeitsmarkt
Siegen

Jahr	Regionalfaktor	Strukturfaktor	Standortfaktor
1961	1,00000	1,00000	1,00000
1962	1,00070	0,99027	1,01053
1963	1,02680	0,99630	1,03061
1964	1,03240	0,99865	1,03379
1965	1,03691	1,00775	1,02894
1966	1,03264	1,00451	1,02800
1967	1,04014	1,00207	1,03799
1968	1,07354	1,01431	1,05839
1969	1,09343	1,02828	1,06336
1970	1,12366	1,03163	1,08921
1971	1,14297	1,03275	1,10672
1972	1,15619	1,03623	1,11577
1973	1,17149	1,04838	1,11743
1974	1,19719	1,05388	1,13598

Jahr	Beschäftigungs-veränderung gegenüber 1961	Strukturspezifische Veränderung	Standortspezifische Veränderung
1962	118,00	− 627,55	745,55
1963	424,00	−1710,11	2134,11
1964	616,00	−1739,36	2355,36
1965	1817,00	− 243,20	2060,20
1966	− 860,00	−2782,25	1922,25
1967	−5911,00	−8309,39	2398,39
1968	−4270,00	−7975,48	3705,48
1969	− 520,00	−4745,60	4225,60
1970	3324,00	−2799,17	6123,17
1971	4201,00	−3092,98	7203,98
1972	2792,00	−4909,88	7701,88
1973	3391,00	−4472,77	7863,77
1974	2654,00	−6215,22	8869,22

Quelle: Eigene Berechnungen.

Tabelle 35:

Shift-Analyse für den regionalen Arbeitsmarkt

Soest

Jahr	Regionalfaktor	Strukturfaktor	Standortfaktor
1961	1,00000	1,00000	1,00000
1962	1,02264	0,98233	1,04103
1963	1,03005	1,00378	1,02617
1964	1,13696	1,00390	1,13254
1965	1,08620	1,00965	1,07582
1966	1,10814	1,01068	1,09643
1967	1,15799	1,02286	1,13211
1968	1,23875	1,04658	1,18362
1969	1,26911	1,05270	1,20558
1970	1,31690	1,05327	1,25030
1971	1,28823	1,05417	1,22203
1972	1,39621	1,06724	1,30824
1973	1,45596	1,07513	1,35422
1974	1,46713	1,06891	1,37254

Jahr	Beschäftigungs-veränderung gegenüber 1961	Strukturspezifische Veränderung	Standortspezifische Veränderung
1962	233,00	−165,11	398,11
1963	90,00	−163,89	253,89
1964	1 093,00	−189,61	1 282,61
1965	732,00	− 15,01	747,01
1966	594,00	−326,05	920,05
1967	209,00	−966,77	1 175,77
1968	838,00	−822,69	1 660,69
1969	1 502,00	−436,67	1 938,67
1970	2 235,00	−187,73	2 422,73
1971	1 908,00	−231,43	2 139,43
1972	2 514,00	−403,13	2 917,13
1973	2 978,00	−381,82	3 359,82
1974	2 674,00	−729,94	3 403,94

Quelle: Eigene Berechnungen.

Tabelle 36:

Shift-Analyse für den regionalen Arbeitsmarkt
Tecklenburg

Jahr	Regionalfaktor	Strukturfaktor	Standortfaktor
1961	1,00000	1,00000	1,00000
1962	0,99284	0,98431	1,00866
1963	1,00061	0,97234	1,02908
1964	0,98769	0,96672	1,02169
1965	0,97035	0,94834	1,02320
1966	0,94104	0,94128	0,99974
1967	0,98280	0,92539	1,06203
1968	0,99937	0,89721	1,11387
1969	0,99583	0,87513	1,13792
1970	1,01507	0,86731	1,17036
1971	1,02195	0,86948	1,17535
1972	1,06908	0,85951	1,24383
1973	1,05793	0,83709	1,26382
1974	1,07008	0,83363	1,28364

Jahr	Beschäftigungs- veränderung gegenüber 1961	Strukturspezifische Veränderung	Standortspezifische Veränderung
1962	− 105,00	− 249,08	144,08
1963	− 333,00	− 800,67	467,67
1964	− 592,00	− 937,93	345,93
1965	− 682,00	− 1049,41	367,41
1966	− 1683,00	− 1679,12	− 3,88
1967	− 2251,00	− 3105,78	854,78
1968	− 2106,00	− 3616,82	1510,82
1969	− 1619,00	− 3469,34	1850,34
1970	− 922,00	− 3245,60	2323,60
1971	− 900,00	− 3284,85	2384,85
1972	− 662,00	− 3842,19	3180,19
1973	− 913,00	− 4247,14	3334,14
1974	− 1232,00	− 4690,73	3458,73

Quelle: Eigene Berechnungen.

Tabelle 37:

Shift-Analyse für den regionalen Arbeitsmarkt
Wuppertal

Jahr	Regionalfaktor	Strukturfaktor	Standortfaktor
1961	1,00000	1,00000	1,00000
1962	1,01010	1,00394	1,00614
1963	1,00034	1,01415	0,98639
1964	0,99688	1,01842	0,97885
1965	0,99900	1,02777	0,97201
1966	1,01021	1,04086	0,97055
1967	1,01000	1,04645	0,96516
1968	1,03681	1,06372	0,97470
1969	1,04760	1,08011	0,96990
1970	1,03440	1,08095	0,95693
1971	1,02160	1,07770	0,94794
1972	1,01574	1,08241	0,93840
1973	1,00288	1,08605	0,92342
1974	0,96762	1,08245	0,89391

Jahr	Beschäftigungs-veränderung gegenüber 1961	Strukturspezifische Veränderung	Standortspezifische Veränderung
1962	1427,00	631,42	795,58
1963	− 2578,00	− 833,13	− 1744,87
1964	− 3365,00	− 649,44	− 2715,56
1965	− 1555,00	2115,85	− 3670,85
1966	− 4322,00	− 538,17	− 3783,83
1967	−14106,00	−9958,28	− 4147,72
1968	−11862,00	−8821,24	− 3040,76
1969	− 6308,00	−2499,69	− 3808,31
1970	− 4723,00	871,57	− 5594,57
1971	− 6919,00	− 213,49	− 6705,51
1972	−11244,00	−3512,62	− 7731,38
1973	−13327,00	−3732,74	− 9594,26
1974	−20867,00	−8031,34	−12835,66

Quelle: Eigene Berechnungen.

Diskussion zum Beitrag von Paul Klemmer:
Die Entwicklung der Industriebeschäftigten in den regionalen Arbeitsmärkten Nordrhein-Westfalens

Die Diskussion, die im wesentlichen methodischen Fragen gewidmet ist, eröffnet Herr BRÖSSE mit der Frage, inwieweit die mathematisch gewonnenen Komponenten durch die Begriffe „Struktur" und „Standort" adäquat wiedergegeben seien. Vor allem die letzte Größe könne doch wohl kaum auf Standorteinflüsse zurückgeführt werden. Herr KLEMMER bestätigt die Gefahr möglicher Fehlinterpretationen dieser Begriffe, die sich jedoch in der Literatur weithin eingebürgert hätten. Die hier mit „Standortfaktor" bezeichneten Größen seien gewissermaßen die regionsspezifischen Residuen vom landesweiten Trend. Damit sei noch nichts über die Ursachen ausgesagt, die sehr differenziert sein können und nicht ohne weiteres Schlüsse auf Standortqualitäten zuließen. Überhaupt sei eine Auswertung für landesplanerische Fragen erst noch zu leisten. So könne aus den Koeffizienten nicht ohne weiteres eine quantifizierte Prognose abgeleitet werden, es seien höchstens einige verbale Schlußfolgerungen möglich.

Herr HOTTES bemerkt, daß für eine volle Erfassung der industriellen Entwicklung neben der Beschäftigung weitere Aspekte, insbesondere die Produktion, mitberücksichtigt werden müßten. Herr KLEMMER antwortet, eine entsprechende Analyse der Produktionsentwicklung sei zwar wünschenswert, doch fehlten Zeitreihendaten in der notwendigen regionalen Aufschlüsselung.

Herr LOWINSKI fragt, inwieweit die hier zugrunde liegende Kreisgliederung ersetzt werden könne durch eine adäquate gemeindescharf abgegrenzte Raumgliederung in funktionale Bereiche. Er gibt weiterhin zu bedenken, ob nicht durch die Beschränkung der Analyse auf den sekundären Sektor bei Nicht-Fachleuten gefährliche Fehlschlüsse entstehen könnten, zumal bei sinkenden Beschäftigungszahlen im sekundären Sektor der tertiäre Sektor eine wachsende Bedeutung gewinne.

Herr GADEGAST fragt, inwieweit aus der vorliegenden Analyse Auswirkungen der Förderprogramme erkennbar seien. Außerdem warnt Herr GADEGAST, unterstützt von Herrn LOWINSKI, vor der Gefahr von Fehlinterpretationen, vor allem, wenn die Zahlen in unkommentierter Form veröffentlicht würden. Auch Herr KLEMMER betont die Notwendigkeit weiterer Erläuterungen, da von negativen Indizes nicht ohne weiteres auf regionale Strukturschwächen geschlossen werden dürfe. Diese Erläuterungen seien hier aus Gründen der Umfangbeschränkung unterblieben. Zur Frage der Erfolgskontrolle von Förderprogrammen bemerkt Herr KLEMMER, daß diese Effekte in der Standortkomponente enthalten seien, jedoch hier ohne weitergehende Analysen nur schwer herausgefiltert werden könnten.

Herr BLOTEVOGEL und Herr BERG fragen nach der Möglichkeit einer Ergänzung der Analyse durch den tertiären (und ggf. primären) Sektor; Herr BERG fragt, inwieweit durch die Wahl eines einzigen Bezugsjahres das Ergebnis beeinflußt werde und dieses Problem durch die Berücksichtigung mehrerer Bezugsjahre und -intervalle gelöst werden könne. Herr BLOCH bemerkt zunächst, daß eine Einbeziehung des tertiären Sektors aus methodischen Gründen nicht möglich sei; er weist auf das Problem der Zuordnung von Großbetrieben zu bestimmten Branchen hin, die mit einer möglicherweise nur geringen

Schwerpunktverlagerung ihrer Produktion einer anderen Branche zugerechnet würden, so daß bei diesem relativ geringen Aggregationsniveau mit Sprüngen und Verzerrungen gerechnet werden müsse.

Auch Herr KLEMMER hält eine Einbeziehung der übrigen Beschäftigungssektoren für kaum möglich; sie sei zumindest mit einem erheblichen Aufwand verbunden, da für die Beschäftigten des tertiären Sektors keine Zeitreihendaten vorliegen und diese erst aus anderen Daten ermittelt werden müßten. Während Herr KLEMMER den Verzerrungseffekt durch die Wahl eines einzigen Bezugsjahres für weniger gravierend hält, betont er, daß das Problem wechselnder Zuordnungen von Großbetrieben genau geprüft werden müsse, um Fehlinterpretationen zu vermeiden.

Hans Heinrich Blotevogel

Zur Entwicklung des Arbeitskräfteangebotes aus dem Agrarsektor

– dargestellt am Beispiel von zwei Arbeitsmarktregionen des Landes Nordrhein-Westfalen –

von
Ernst Berg und Günther Steffen, Bonn

I. Einführung

1. Problemstellung und Aufgabe der Untersuchung

Die bisherige Entwicklung des Agrarsektors ist gekennzeichnet durch ein mit fortschreitendem technischen Fortschritt ständig wachsendes *Angebot an Agrarprodukten*, dem eine weniger stark steigende, bei rückläufiger Bevölkerungsentwicklung neuerdings stagnierende und in einigen Bereichen sogar rückläufige Nachfrage gegenübersteht. Die Folge ist ein relativ zu den Absatzmöglichkeiten für Agrarprodukte zu hoher Einsatz an Produktionsfaktoren, insbesondere menschlicher Arbeit.

Da die Arbeitsproduktivität infolge von Ertragssteigerungen und der Entwicklung neuer arbeitsparender *Technologien* weiterhin zunehmen wird, ist auch künftig eine Abwanderung von Arbeitskräften aus dem Agrarsektor erforderlich, um eine Verstärkung der bestehenden Marktungleichgewichte, damit sinkende Realpreise für Agrarprodukte und ein weiteres Zurückbleiben der landwirtschaftlichen Einkommen hinter denen der übrigen Wirtschaftsbereiche zu verhindern.

Unter diesen Bedingungen zählt die *Arbeitsmarkt-, Sozial- und Bodenpolitik* zu den entscheidenden Maßnahmen zur Verbesserung der Einkommen der im ländlichen Raum lebenden Menschen. Die Sicherung der Arbeitsplätze in den wachstumsfähigen Vollerwerbsbetrieben sowie das Schaffen außerlandwirtschaftlicher Arbeitsplätze für Zu- und Nebenerwerbslandwirte stellen zentrale Aufgaben der Arbeitsmarktpolitik für den ländlichen Raum dar.

Der bislang zu beobachtende *Strukturwandel*, der durch einen Rückgang der Zahl der Vollerwerbsbetriebe bei gleichzeitiger Vergrößerung ihrer Produktionskapazitäten sowie durch eine relative Zunahme des Anteils der Nebenerwerbsbetriebe bestimmt wird, hat zwar insgesamt zu einer Verringerung der intersektoralen Einkommensdisparität geführt, war in seinem Ausmaß jedoch nicht ausreichend, um die bestehenden Ungleichgewichte zum Ausgleich zu bringen. Eine Fortsetzung der zu beobachtenden Entwicklung ist somit auch künftig zu erwarten und notwendig.

Das *Tempo* des Strukturwandels und seine Ausrichtung können jedoch durch eine Reihe gesamtwirtschaftlicher Veränderungen sowie durch eine Modifizierung der Wertvorstellungen der im ländlichen Raum lebenden Menschen eine Beeinflussung erfahren. Es sind neue Rahmenbedingungen, die zu einer Modifikation der Entwicklung beitragen können, in die Betrachtung mit einzubeziehen.

Dazu rechnet einmal die *Arbeitslosigkeit* im gewerblichen Bereich, die den Abwanderungsprozeß aus der Landwirtschaft beeinflußt. Die subjektive Einschätzung der Sicherheit des landwirtschaftlichen Arbeitsplatzes kann zu einer stärkeren Präferenz für landwirtschaftliche gegenüber anderen Tätigkeiten führen.

Eine weitere Einflußgröße stellt die *Agrarpreispolitik* dar. Für den Fall, daß zur Beseitigung von Marktungleichgewichten Preissenkungen erfolgen, können Grenzböden aus der Produktion ausscheiden und damit Brachflächen anfallen. Eine starke regionale Differenzierung der Produktion und des Einkommens ist die Folge. In ertragsstarken Gebieten wird die Produktion weiter anwachsen, während die Landwirtschaft in den ertragsschwachen Gebieten eine Einkommensreduzierung erfährt, mit der Konsequenz einer verringerten Wirtschaftskraft und – beim Anfall von Brachflächen – mit der Gefahr einer Verminderung des Erholungs- und Wohnwertes. Unter derartigen Voraussetzungen sind dann Betriebsformen des Zu- und Nebenerwerbs für die Landschaftspflege erforderlich.

Eine dritte Einflußgröße auf den Arbeitsmarkt entsteht durch *Umweltkonflikte,* die sich bei knappen Ressourcen dadurch ergeben, daß im ländlichen Raum Landbewirtschaftung, Wohnen und Freizeitgestaltung nebeneinander durchgeführt werden müssen. Reine Agrargebiete sind als Vorranggebiete wirtschaftlich nicht tragfähig. Primär in den Ballungsrandgebieten kann es durch Umweltauflagen in der Agrarproduktion zur Gefährdung von Arbeitsplätzen kommen. Eine denkbare Standortverschiebung, insbesondere der Veredlungswirtschaft in ländliche Räume, muß in Einklang gebracht werden mit der Nachfrage nach Erholung.

Die *Aufgabe* dieser Untersuchung besteht darin, den Einfluß des skizzierten agrarstrukturellen Wandels auf die Arbeitsmarktentwicklung in ländlichen Räumen abzuschätzen. Im Vordergrund steht dabei die Frage nach möglichen künftigen Entwicklungen. Die Basis für die zukunftsgerichteten Betrachtungen bildet die Analyse der bisherigen Entwicklung sowie der derzeitigen Situation des Agrarsektors.

Nicht behandelt werden in dieser Arbeit Probleme, die beim Ausscheiden von Grenzböden aus der Agrarproduktion auftreten können[1]). Ebenso wird auf die Darstellung von Umweltkonflikten verzichtet, die sich durch ein Nebeneinander von Agrarproduktion, Wohnen und Erholen ergeben[2]).

2. Durchführung

Da es im Rahmen dieser Studie nicht möglich ist, alle Gebiete des Landes Nordrhein-Westfalen zu betrachten, wird die Untersuchung *beispielhaft* für zwei Arbeitsmarktregionen des ländlichen Raumes durchgeführt. Bei der Auswahl der Untersuchungsgebiete

---

[1]) Vgl. dazu J. Hauser: Analyse der Nutzungsmöglichkeiten von Grenzertragsflächen und der Entwicklung der Agrarstruktur in schwach strukturierten Agrarregionen. – Einzelbetriebliche und regionale Planungen –, Forschung und Beratung, Reihe B, H. 23, Hiltrup 1975.

[2]) Vgl. dazu F. Schlüter-Craes: Entwicklung von Produktionsstruktur und Arbeitskräftebesatz unter Berücksichtigung von Umweltschutzauflagen (vorl. Arbeitstitel), Bonner Diss. in Vorber.

wird der Anteil der landwirtschaftlichen Erwerbstätigen als Kriterium herangezogen. Die Auswahl ist mitbestimmt durch die aus anderen Studien verfügbaren Informationen[3][4]). Die Abgrenzung der Arbeitsmarktregionen erfolgt in Anlehnung an KLEMMER[5]).

An die Auswahl der Untersuchungsregionen schließt sich die *Analyse* der bisherigen strukturellen Entwicklung des Agrarsektors an. Nach einer Diskussion der Erscheinungsformen der Arbeitsmobilität wird die Entwicklung der Zahl der Betriebe und Arbeitskräfte dargestellt und analysiert. Die Entwicklung der Altersstruktur der landwirtschaftlichen Erwerbstätigen sowie ihr Ausbildungsstand liefert zusätzliche Informationen über Umfang und Art der von ehemals in der Landwirtschaft Tätigen nachgefragten Arbeitsplätze.

Der letzte Teil der Arbeit dient der *Projektion* der intersektoralen Arbeitsmobilität bis 1979. Nach der Darstellung des Modellansatzes wird der mögliche Umfang des Arbeitskräfteangebotes aus dem Agrarsektor unter dem Einfluß alternativer Verhaltensweisen aufgezeigt.

Die Untersuchung schließt mit einer *Beurteilung* der Projektionsergebnisse, die durch den Vergleich zwischen den bei unterschiedlichen Modellvarianten freigesetzten Arbeitskräften und den derzeit vorhandenen Arbeitslosen das Ausmaß der Arbeitsmarktprobleme deutlich macht.

II. Auswahl der Untersuchungsregionen

1. Arbeitsmarktregionen in den ländlichen Räumen Nordrhein-Westfalens

Bei der Auswahl der zu untersuchenden Gebiete wird nur der ländliche Raum in Betracht gezogen, da der Agrarsektor beim Arbeitsmarktgeschehen in Verdichtungsgebieten ohne nennenswerte Bedeutung ist. Als Kriterium für die Abgrenzung der ländlichen Räume wird die Bevölkerungsdichte herangezogen, die in Abb. 1 nach dem Stand von 1970 dargestellt ist[6]).

Als *ländliche Gebiete* sind dabei alle diejenigen Kreise definiert, die eine Bevölkerungsdichte von weniger als 400 Einwohner/km² aufweisen. Zur Ergänzung werden innerhalb der ländlichen Gebiete noch solche mit einer Bevölkerungsdichte von weniger als 200 bzw. 200 bis unter 400 Einwohnern/km² unterschieden.

Der Abbildung ist zu entnehmen, daß eine Bevölkerungsdichte von 200 bis 400 Einwohnern/km² vor allem in den Kreisen anzutreffen ist, die sich mehr oder weniger ringförmig um das Rhein-Ruhr-Ballungsgebiet sowie den Bielefelder Raum legen. Dagegen sind dünnbesiedelte Gebiete in erster Linie im Hochsauerland, im Büren-Warburger Raum sowie im Münsterland anzutreffen[7]).

---

[3]) F. EBEL: Agrarstrukturelle Entwicklungsmöglichkeiten in Südost-Westfalen – regionale und einzelbetriebliche Planungen, Forschung und Beratung, Reihe B, H. 22, Hiltrup 1974.

[4]) H.-R. JÜRGING: Analyse und Prognose von Faktormobilitäten in Ballungsrandgebieten und ländlichen Räumen, Forschung und Beratung, Reihe B, H. 24, Hiltrup 1975.

[5]) P. KLEMMER/D. KRAEMER: Regionale Arbeitsmärkte, Bochum 1975.

[6]) Ein Verzeichnis der in Abb. 1 wiedergegebenen statistischen Kennziffern der Kreise findet sich in Übersicht 1 im Anhang.

[7]) Zur Bevölkerungsentwicklung vgl. V. VON MALCHUS: Tendenzen der Bevölkerungsentwicklung und der Bevölkerungsverteilung im Lande NRW, Vortrag vor der Landesarbeitsgemeinschaft NRW der Akademie für Raumforschung und Landesplanung.

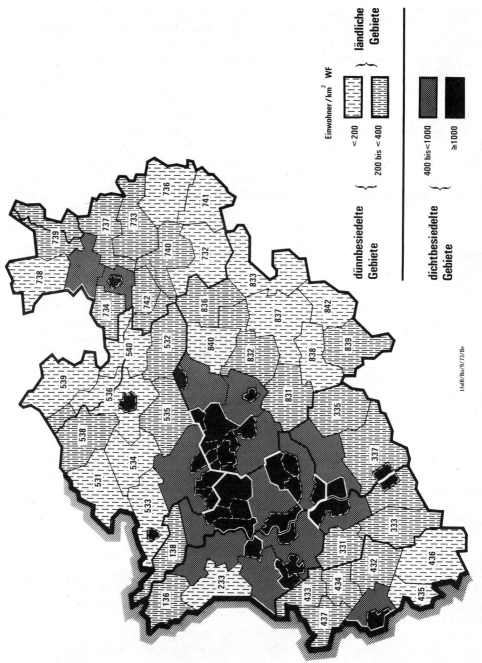

Einwohner / km^2 WF

dünnbesiedelte
Gebiete

    < 200

200 bis < 400

ländliche
Gebiete

dichtbesiedelte
Gebiete

400 bis < 1000

≧ 1000

LfaiB/Bo/73/Be

Abb. 1: Bevölkerungsdichte in den Kreisen von Nordrhein-Westfalen, Stand 1970

Da die Beschreibung der derzeitigen Arbeitsmarktsituation sowie die darauf aufbauende Projektion auf der Basis der von Klemmer definierten *Arbeitsmarktregionen* erfolgen soll, ist es notwendig, die ländlichen Räume mit den Arbeitsmarktregionen in Verbindung zu bringen. Dies geschieht durch Approximation auf der Kreisebene entsprechend den von Klemmer definierten Prognoseräumen[8]).

Als Stand der Verwaltungsgrenzen mußte aus datentechnischen Gründen derjenige vom 1.1.1970 beibehalten werden.

In Abb. 2 sind die Arbeitsmarktregionen der ländlichen Räume graphisch dargestellt. Dabei stellen die Regionen Tecklenburg, Höxter, Siegen-Hüttental und Bonn nur Teilaggregate der von Klemmer abgegrenzten Arbeitsmärkte dar, da sie in ihrer vollen Ausdehnung die Landesgrenzen überschreiten. Der Landkreis Warburg, der eigentlich zum Arbeitsmarkt Kassel gehört, wurde der Region Paderborn zugeschlagen.

2. Struktur der Erwerbstätigen in den ländlichen Arbeitsmarktregionen

Als weiteres Auswahlkriterium für die Auswahl geeigneter Planungsregionen soll die *Erwerbsstruktur* in den ländlichen Arbeitsmarktregionen herangezogen werden. In Abb. 3 sind die Gebiete mit einem unterschiedlichen Anteil der Erwerbstätigen in der Land- und Forstwirtschaft an der Gesamtzahl der Erwerbstätigen eingezeichnet.

Den höchsten Anteil der in der Landwirtschaft tätigen Arbeitskräfte mit *über 12,5 %* weisen die Arbeitsmarktregionen Ahaus und Coesfeld auf. Zur zweiten Gruppe – der Klasse von 10 bis 20,5 % – sind die Regionen Tecklenburg, Minden-Lübbecke, Höxter, Paderborn und Brilon zu finden. Im Norden des Landes zählen die Gebiete Kleve, Wesel und Bocholt zur gleichen Gruppe.

Relativ groß ist die Zahl und die Fläche der Arbeitsmarktregionen, die *7,5 bis 10 %* Erwerbstätige in der Land- und Forstwirtschaft ausweisen. Die Arbeitsmarktregion Münster und Wiedenbrück ist hier ebenso zu nennen wie der Bezirk Schleiden, Euskirchen sowie Meschede und Soest.

Im Bereich von *5,0 bis 7,5 %* Erwerbstätigen in der Landwirtschaft sind die Regionen Hamm–Beckum, Lippstadt, Detmold–Lemgo sowie Düren einzuordnen.

Relativ groß ist die Zahl und die Fläche der Arbeitsmarktregionen des ländlichen Raumes, deren Anteil an Erwerbstätigen in der Land- und Forstwirtschaft *unter 5 %* liegt. Im Süden des Landes rechnen hierzu die zum Teil dünnbesiedelten Gebiete der Arbeitsmarktregionen Gummersbach, Siegen-Hüttental, Lüdenscheid und Arnsberg. Im Westen ist die Arbeitsmarktregion Aachen hier einzuordnen.

3. Auswahl und Charakterisierung der Untersuchungsregionen

Aus der großen Zahl der Arbeitsmarktregionen ländlicher Räume sollen für detailliertere Analysen und Prognosen *zwei Bezirke* herausgegriffen werden, die durch einen hohen Anteil der landwirtschaftlichen Bevölkerung an der Erwerbsbevölkerung gekennzeichnet sind. Als solche kommen diejenigen Gebiete in Betracht, die einen Anteil landwirtschaftlicher Erwerbstätiger von 10 % und mehr aufweisen. Weiterhin sollen sich die ausgewählten Regionen von den natürlichen Produktionsbedingungen für die Landwirtschaft sowie von der Lage zu größeren Verdichtungsgebieten her voneinander unterscheiden.

---

[8]) P. KLEMMER/D. KRAEMER: Regionale Arbeitsmärkte . . ., a. a. O., S. 268 ff.

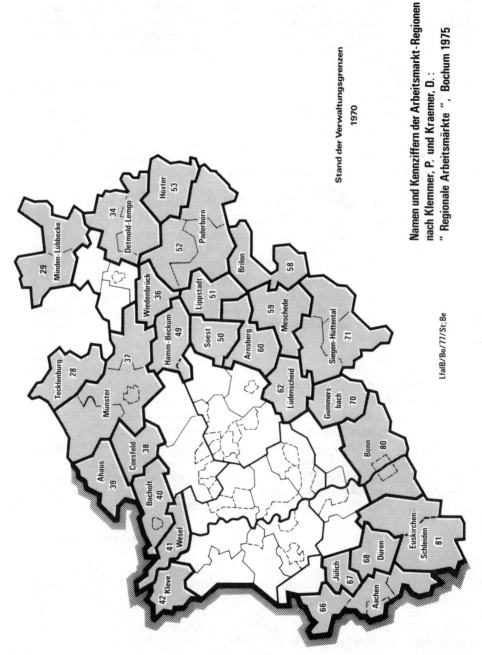

Abb. 2: *Arbeitsmarkt-Regionen in den ländlichen Räumen von Nordrhein-Westfalen*

Namen und Kennziffern der Arbeitsmarkt-Regionen
nach Klemmer, P. und Kraemer, D.:
" Regionale Arbeitsmärkte " , Bochum 1975

Stand der Verwaltungsgrenzen
1970

LfalB/Bo/77/St-Be

29 Minden-Lübbecke
34 Detmold-Lemgo
53 Höxter
52 Paderborn
36 Wiedenbrück
51 Lippstadt
Brilon
58
59 Meschede
71 Siegen-Hüttental
28 Tecklenburg
37
Münster
49 Hamm-Beckum
50 Soest
60 Arnsberg
62 Lüdenscheid
70 Gummers-bach
38 Coesfeld
39 Ahaus
40 Bocholt
41 Wesel
42 Kleve
80 Bonn
81 Euskirchen-Schleiden
68 Düren
67 Jülich
66 Aachen

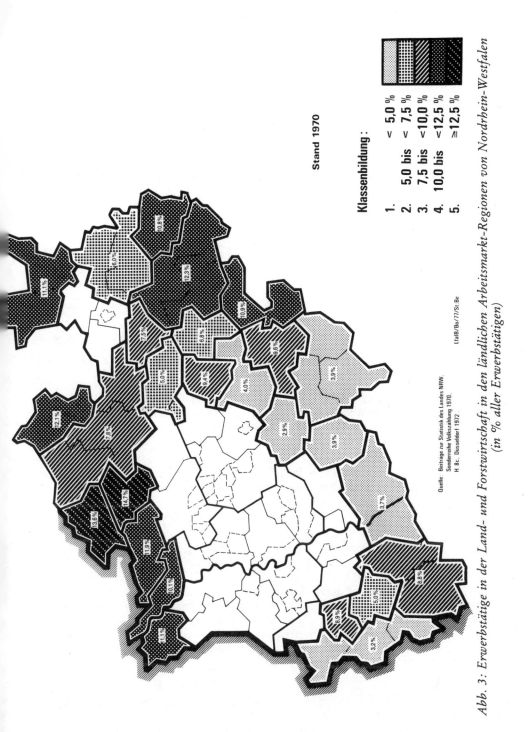

Quelle: Beiträge zur Statistik des Landes NRW.
Sonderreihe Volkszählung 1970.
H. 8c. Düsseldorf 1972.

LtalB/Bu/77/St.Be

Stand 1970

Klassenbildung :

1.		< 5,0 %
2.	5,0 bis	< 7,5 %
3.	7,5 bis	<10,0 %
4.	10,0 bis	<12,5 %
5.		≧12,5 %

Abb. 3: Erwerbstätige in der Land- und Forstwirtschaft in den ländlichen Arbeitsmarkt-Regionen von Nordrhein-Westfalen
(in % aller Erwerbstätigen)

127

Für die Studie wurden die Arbeitsmarktregionen *Kleve* und *Paderborn* ausgewählt, die einen Anteil landwirtschaftlicher Erwerbstätiger von 11,1 bzw. 12,3 % aufweisen. Dabei war mit entscheidend, daß für diese Gebiete zusätzliche Informationen aus anderen Studien zur Verfügung standen[9]).

Die *natürlichen Produktionsbedingungen* für die Landwirtschaft lassen sich vereinfacht durch die Bodenklimazahlen (BKZ) kennzeichnen, in denen sich die natürliche Ertragskraft der Böden widerspiegelt. In Tabelle 1 ist die Verteilung der landwirtschaftlichen Nutzfläche nach BKZ-Bereichen für die beiden Regionen dargestellt. Aus ihr geht hervor, daß im Bereich des Arbeitsmarktes *Kleve* mehr als zwei Drittel der LN auf die BKZ-Klasse über 50 entfällt, also eine hohe natürliche Ertragskraft besitzt. Demgegenüber ist nur etwa ein Viertel der LN im Bereich zwischen 41 und 50 zu finden, während der Anteil in den unteren BKZ-Klassen unbedeutend ist.

Tabelle 1:

Verteilung der landwirtschaftlichen Nutzfläche nach BKZ-Bereichen

Arbeitsmarktregion	%-Anteil der landwirtschaftl. Nutzfläche nach BKZ-Bereichen				
	bis 20	21–30	31–40	41–50	über 50
Kleve	–	–	1,2	25,1	73,7
Paderborn	–	3,7	39,3	36,5	20,5

Quelle: J. HOGEFORSTER: Die Entwicklung von Regionen im Lande Nordrhein-Westfalen – Ein Beitrag zur Agrarplanung –, Forschung und Beratung, Reihe B, H. 20, Hiltrup 1972, S. 40/41.

In *Paderborn* dagegen weist nur ein Fünftel der LN Bodenklimazahlen von mehr als 50 Punkten auf, während der weitaus überwiegende Teil in den Klassen 31 bis 40 und 41 bis 50 zu finden ist. Die natürlichen Produktionsbedingungen für die Landwirtschaft sind somit in der Region Kleve wesentlich günstiger zu beurteilen als im Paderborner Raum.

Zu letzterem bleibt noch anzumerken, daß es sich bei dem *Aggregat* der Kreise Büren, Paderborn und Warburg um ein von den natürlichen Bedingungen her recht heterogenes Gebiet handelt, in dem Böden minderer Qualität vor allem in den Kreisen Büren und Paderborn zu finden sind, während weite Teile des Kreises Warburg gute natürliche Bedingungen aufweisen[10]).

III. Strukturelle Entwicklung des Agrarsektors

Im folgenden soll zunächst die strukturelle Entwicklung des Agrarsektors während der letzten Jahre in den beiden ausgewählten Arbeitsmarktregionen dargestellt und analysiert werden. Die Ergebnisse bilden die Grundlage der danach vorgenommenen Projektionen des AK-Angebots. Das Hauptaugenmerk der Ausführungen liegt demzufolge auf der Kennzeichnung der Arbeitskräftemobilität, während die übrigen Bereiche des agrarstrukturellen Wandels außer acht bleiben können.

---

[9]) F. EBEL: Agrarstrukturelle Entwicklungsmöglichkeiten . . . a. a. O. – H.-R. JÜRGING: Analyse und Prognose . . ., a. a. O.

[10]) Vgl. F. EBEL: Agrarstrukturelle Entwicklungsmöglichkeiten . . ., a. a. O., S. 23 ff.

1. Datengrundlage

Die Quantifizierung der strukturellen Veränderungen basiert im wesentlichen auf dem einzelbetrieblichen Material der sozialökonomischen Betriebserhebungen 1969/70 und 1973, die von den Landwirtschaftskammern Rheinland und Westfalen-Lippe durchgeführt wurden[11][12]). Da in den Erhebungen nur Betriebe ab 5 ha LF erfaßt wurden, beziehen sich auch die im folgenden dargestellten Ergebnisse lediglich auf diese Gruppe, während für die Betriebe unter 5 ha nur einige globale Aussagen anhand der Massenstatistik abgeleitet werden können.

Bei einer *Erfassungsquote* von über 90 % in beiden Erhebungen kann davon ausgegangen werden, daß von seiten des Datenmaterials ein hohes Maß an Repräsentation gegeben ist. Die bei der Darstellung der bisherigen Entwicklung sowie bei den Projektionsergebnissen wiedergegebenen absoluten Zahlen sind anhand der kreisweisen Erhebungsquoten hochgerechnet[13]).

2. Ursachen und Erscheinungsformen der Arbeitskräftemobilität

Bevor auf die agrarsektorale Entwicklung der letzten Jahre näher eingegangen wird, erscheint es zunächst zweckmäßig, Ursachen und Erscheinungsformen der Arbeitsmobilität näher zu beleuchten. Die intrasektorale Mobilität, d. h. die Wanderung von Arbeitskräften zwischen den einzelnen landwirtschaftlichen Betrieben, ist dabei von untergeordnetem Interesse, da sie zum einen aufgrund der überwiegenden Familienarbeitsverfassung im Umfang gering ist, zum anderen der außerlandwirtschaftliche Arbeitsmarkt davon nicht tangiert wird.

Bei den *Erscheinungsformen* der intersektoralen Arbeitskräftemobilität ist in Anlehnung an Heidhues zu unterscheiden zwischen

- der Mobilität im Generationswechsel
- dem sukzessiven oder teilweisen Tätigkeitswechsel über Zu- und Nebenerwerb sowie
- dem direkten und vollständigen Tätigkeitswechsel[14]).

Die Mobilität im *Generationswechsel* entsteht dadurch, daß die Zahl junger Menschen, die einen landwirtschaftlichen Beruf ergreifen, niedriger liegt als die Zahl derer, die aus Altersgründen aus der Landwirtschaft ausscheiden. Durch die Mobilität im Generationswechsel, d. h. das Ausscheiden aus Altersgründen, entsteht somit *kein* zusätzliches Arbeitskräfteangebot, das die außerlandwirtschaftlichen Arbeitsmärkte belastet.

---

[11]) Zur sozialökonomischen Betriebserhebung 1969/70 vgl. P. H. BURBERG: Sozialökonomische Betriebserhebung 1969/70 in Nordrhein-Westfalen, Forschung und Beratung, Reihe C, H. 19, Hiltrup 1971.

[12]) Zur sozialökonomischen Betriebserhebung 1973 vgl. F. WUNRAM: Strukturwandel verändert die rheinische Landwirtschaft – Ergebnisse und Analyse der sozialökonomischen Betriebserhebung 1973, Schriften der Landwirtschaftskammer Rheinland, H. 21, Bonn 1974, Landwirtschaftskammer Westfalen-Lippe (Hrsg.): Westfalens Landwirtschaft im Wandel – Strukturanalysen und Entwicklungstendenzen der land- und forstwirtschaftlichen Betriebe in Westfalen-Lippe, Münster 1974.

[13]) Die kreisweisen Erhebungsquoten wurden berechnet nach: Stat. Landesamt NRW (Hrsg.): Beiträge zur Statistik des Landes NRW, Die Landwirtschaft in NRW, Jg. 1970 und 1973, Düsseldorf.

[14]) Th. HEIDHUES: Ursachen und Ausmaß der unzureichenden Faktormobilität in der Landwirtschaft, Schriften der Gesellschaft für Wirtschafts- und Sozialwissenschaften des Landbaues e.V., Bd. 9, München – Bern – Wien 1972, S. 46.

Mit einem *Wechsel* der *bisherigen Tätigkeit* verbunden sind dagegen die zweite und dritte der genannten Erscheinungsformen. Hier werden Arbeitsplätze im außerlandwirtschaftlichen Bereich nachgefragt. Bei einer künftigen Bewirtschaftung des landwirtschaftlichen Betriebes im Zu- oder Nebenerwerb kann es sich dabei auch um Teilzeitarbeitsplätze handeln. Untersuchungen zur Entwicklung der Nebenerwerbslandwirtschaft haben jedoch ergeben, daß der Anteil der Nebenerwerbslandwirte, die Teilzeitbeschäftigungen nachgehen, gering ist. Er liegt im allgemeinen unter 20 % [15]).

Der ökonomische *Anreiz* zu einem Tätigkeitswechsel resultiert aus der Differenz zwischen dem im landwirtschaftlichen Bereich erzielbaren und dem in einem nichtlandwirtschaftlichen Beruf erwarteten *Einkommen*, abzüglich der Transferkosten, die durch den Berufswechsel entstehen (z. B. bei einem möglicherweise notwendigen Ortswechsel). Damit wird deutlich, daß die Differenz zwischen landwirtschaftlichem und außerlandwirtschaftlichem Einkommensniveau einerseits sowie Alter und Ausbildungsstand der betroffenen Personen andererseits, die zu einer unterschiedlichen Einschätzung der Möglichkeit eines Tätigkeitswechsels führen, Einfluß nehmen auf den Umfang der intersektoralen Arbeitsmobilität.

Ungünstige *natürliche Standortverhältnisse*, wie sie z. B. im Raum Paderborn oft anzutreffen sind, verursachen somit einen höheren Anpassungsdruck für die Landwirtschaft und wirken in Richtung einer verstärkten Arbeitskräftemobilität. In gleicher Richtung wirken gute außerlandwirtschaftliche Erwerbsmöglichkeiten, während umgekehrt gute natürliche Voraussetzungen für die Landwirtschaft und schlechte außerlandwirtschaftliche Erwerbsmöglichkeiten den Strukturwandel verlangsamen.

Im folgenden soll nun die Entwicklung der Arbeitskräftesituation im Agrarsektor im Zeitraum von 1970 bis 1973 dargestellt und analysiert werden.

3. Entwicklung der Zahl der Betriebe und Arbeitskräfte von 1970 bis 1973

Einen ersten Einblick in die Arbeitsmarktsituation vermittelt die Entwicklung der Zahl der Betriebe und Arbeitskräfte in der Landwirtschaft, die in Tabelle 2 dargestellt ist. Bei den Arbeitskräften handelt es sich dabei um „Voll-AK", d. h. um Personen, die 2400 Std./ Jahr im Betrieb tätig sind. Alle in den Betrieben Beschäftigten wurden entsprechend dem Umfang ihrer tatsächlichen Tätigkeit in Vollarbeitskräfte umgerechnet [16]). Personen, die z. B. 4 Std./Tag einer Tätigkeit außerhalb des Betriebes nachgehen, sind somit in dem betreffenden Betrieb nur mit 0,5 AK angesetzt.

Der Arbeitsmarkt *Kleve* wies 1973 1510 Betriebe ab 5 ha aus. Ihre Zahl hat sich im Laufe der zurückliegenden drei Jahre insgesamt um 8,1 % ≙ 2,8 % je Jahr vermindert. Die Zahl der Vollarbeitskräfte betrug 1973 2437. Die jährliche Abnahme erreichte einen Wert von 12,3 %.

Aus einer *ergänzenden* Untersuchung für diesen Raum, in dem der AK-Besatz und der AK-Bedarf miteinander verglichen wurden, ist zu entnehmen, daß die 1973 vorhandenen Arbeitskräfte keineswegs ausgelastet waren. Überkapazitäten von 30 bis 40 % wurden

---

[15]) R. Küst: Formen der Nebenerwerbslandwirtschaft und ihre Funktion im Rahmen der Aufrechterhaltung der Wirtschafts- und Sozialstruktur im ländlichen Raum (vorl. Arbeitstitel), Bonner Diss. in Vorbereitung.

[16]) Zur Methodik der Voll-AK-Berechnung vgl. F. Wunram: Strukturwandel verändert die . . ., a. a. O., S. 166 ff.

ermittelt[17]). Diese nicht ausgelasteten Arbeitskräfte sind zum überwiegenden Teil in Betrieben mit niedrigem Einkommensniveau zu finden. Eine verdeckte Arbeitslosigkeit wird damit deutlich.

Der Arbeitsmarkt *Paderborn* wies 1973 4890 landwirtschaftliche Betriebe ab 5 ha aus. Die Abnahme in den zurückliegenden drei Jahren betrug 2,3 %/Jahr. Die Zahl der erfaßten Voll-AK verminderte sich auf 6211 AK bei einer jährlichen Reduzierung um 8,8 %.

Einer *Sonderstudie* ist zu entnehmen, daß im Durchschnitt nur 50 % der Arbeitskräfte technisch benötigt werden und ausreichend entlohnt werden können[18]). Wegen der schlechteren natürlichen Bedingungen und einer ungünstigeren Betriebsgrößenstruktur ist das Ausmaß der Unterbeschäftigung hier somit noch höher als im Raum Kleve–Emmerich.

Aufgrund der ungünstigeren Standortverhältnisse und dem daraus resultierenden Anpassungsdruck war im Raum *Paderborn* eine höhere Abwanderungsrate landwirtschaftlicher Arbeitskräfte zu erwarten als in der Arbeitsmarktregion Kleve. Voraussetzung dafür ist jedoch das Vorhandensein ausreichender außerlandwirtschaftlicher Erwerbsmöglichkeiten, die wiederum in der Nähe des Rhein-Ruhr-Ballungsgebietes offenbar wesentlich günstiger zu beurteilen sind als im Raum Paderborn, so daß die Abwanderungsrate in der Region Kleve-Emmerich mit 12,3 % deutlich über der des Paderborner Raumes (8,8 %) liegt.

Tabelle 2:

Entwicklung der Zahl der Betriebe und Arbeitskräfte von 1970 bis 1973

| | 1970 | 1973 | Änderung 1973/70 | | |
			absolut	in %	Ø jährliche Veränderung*) in %
Arbeitsmarkt Kleve					
Zahl der Betriebe ab 5 ha	1 643	1 510	− 133	− 8,1	− 2,8
Zahl der Voll-AK in den Betrieben ab 5 ha	3 608	2 437	−1 171	−32,5	−12,3
Arbeitsmarkt Paderborn					
Zahl der Betriebe ab 5 ha	5 236	4 890	− 346	− 6,6	− 2,3
Zahl der Voll-AK in den Betrieben ab 5 ha	8 192	6 211	−1 981	−24,2	− 8,8

*) In % zum Vorjahr.

Quelle: Eigene Berechnungen aus Daten der sozialökonomischen Betriebserhebungen 1969/70 und 1973 und Beiträge zur Statistik des Landes NRW, die Landwirtschaft in NRW, Jg. 1970 und 1973, Düsseldorf.

---

[17]) H.-R. Jürging: Analyse und Prognose ..., a. a. O., S. 96 ff.

[18]) F. Ebel: Agrarstrukturelle Entwicklungsmöglichkeiten, a. a. O., S. 111 ff.

4. Entwicklung der Altersstruktur von 1970 bis 1973

Wichtige Informationen zur Arbeitsmarktsituation liefert die Entwicklung der Altersstruktur der landwirtschaftlichen Erwerbspersonen, die in Tabelle 3 wiedergegeben ist. Dabei sind allerdings nur Familienpersonen erfaßt, da für Lohnarbeitskräfte Altersangaben nicht verfügbar sind. Ihr Anteil ist mit weniger als 10 % jedoch so gering, daß daraus keine schwerwiegenden Fehler entstehen dürften.

Für den Arbeitsmarkt *Kleve* ergibt sich, daß analog zur Zahl der Vollarbeitskräfte auch die Gesamtzahl der Erwerbspersonen in der Landwirtschaft von 4600 auf 3600 $\triangleq$ 21 % abnimmt. In den einzelnen *Altersgruppen* spiegelt sich diese Tatsache ebenso wider. Allerdings ist die relative Veränderung in den Einzelgruppen unterschiedlich. So weisen die AK über 60 Jahre in der Betrachtungszeit eine Abnahme von 7,9 Prozentpunkten auf, während alle anderen Altersgruppen eine Zunahme von 2 bis 4 Prozentpunkten zeigen.

Betrachtet man die einzelnen *Geschlechter*, so fällt auf, daß besonders die weiblichen AK über 60 Jahre eine starke Abnahme (10 Prozentpunkte) aufweisen. Ebenfalls unterschiedlich ist die Entwicklung zwischen männlichen und weiblichen Erwerbspersonen im Alter von 15 bis 30 Jahren. Die Zunahme bei den Männern ist stärker als bei den weiblichen Personen. Eine stärkere Abwanderung der weiblichen Arbeitskräfte ist hieraus zu schließen. Vermerkt werden muß außerdem die Zunahme des relativen Anteils bei den weiblichen Erwerbspersonen zwischen 46 und 60 Jahren. Bei den Männern dieser Altersgruppe bleibt der Anteil in etwa konstant. Offensichtlich ist in dieser Altersgruppe die Abwanderung weiblicher Arbeitskräfte besonders gering.

Ähnliche Werte zeigt die Region *Paderborn*. In der Gruppe von 15 bis 30 Jahren steigt der Anteil insgesamt um 2,6 Prozentpunkte, die 31- bis 45jährigen erhöhen ihren Anteil von 32,9 auf 34,9 %. Bei den über 60jährigen dagegen ist ein Rückgang von 18,3 auf 11,5 % zu verzeichnen.

Zusammenfassend läßt sich feststellen, daß in beiden Regionen die *Zahl* der Personen über 60 Jahre den stärksten Rückgang zu verzeichnen hatte, was zu einer erheblichen Verjüngung der in der Landwirtschaft Tätigen geführt hat. In den übrigen Altersgruppen verläuft die Abnahme relativ gleichmäßig, lediglich in der Region Kleve-Emmerich ist die Zahl der 31- bis 45jährigen Männer nahezu konstant geblieben.

5. Ausbildungsstand der landwirtschaftlichen Betriebsleiter und ihrer Nachfolger

Außer der Altersstruktur liefert der Ausbildungsstand der landwirtschaftlichen Betriebsleiter und ihrer Nachfolger wichtige Informationen über die Art der möglicherweise nachgefragten außerlandwirtschaftlichen Arbeitsplätze. Tabelle 4 informiert mit Hilfe der Daten der sozialökonomischen Erhebung aus dem Jahr 1973 über den Stand in den beiden Arbeitsmarktregionen. Die Ausbildungsvoraussetzungen für die verschiedenen Tätigkeiten sind in den beiden Regionen sehr unterschiedlich.

In *Kleve* weisen 72 % der derzeitigen Betriebsleiter und 65 % der Nachfolger eine landwirtschaftliche Ausbildung auf. Eine außerlandwirtschaftliche Vorbildung ist bei den jetzt wirtschaftenden Landwirten nur bei 2,7 %, bei den Nachfolgern jedoch zu 12 % vorhanden. Ohne Ausbildung wirtschaften auch bei den Nachfolgern noch 10 %.

Für den Raum *Paderborn* ist dieses Bild zu modifizieren. Auffallend ist einmal der hohe Anteil der Nachfolger, die eine außerlandwirtschaftliche Ausbildung durchlaufen (22 %), so daß hier gute Voraussetzungen für eine AK-Mobilität bestehen. Daneben sind jedoch

Tabelle 3: *Entwicklung der Altersstruktur der Erwerbspersonen in den Betrieben ab 5 ha von 1970 bis 1973*

Geschlecht	Einheit	Landwirtschaftliche Erwerbspersonen (Betriebsleiter und mithelfende Familienangehörige)										
		ab 15 Jahre insg.		davon im Alter von ... bis ... Jahren								
				15–30		31–45		46–60		über 60		
		1970	1973	1970	1973	1970	1973	1970	1973	1970	1973
Arbeitsmarkt Kleve											
männlich	Zahl	2 470	2 127	657	617	687	685	595	510	531	315
	%	100,0	100,0	26,6	29,0	27,8	32,2	24,1	24,0	21,5	14,8
weiblich	Zahl	2 139	1 537	507	377	648	546	597	490	387	124
	%	100,0	100,0	23,7	24,5	30,3	35,5	27,9	31,9	18,1	8,1
insgesamt	Zahl	4 609	3 664	1 164	994	1 335	1 231	1 192	1 000	918	439
	%	100,0	100,0	25,2	27,1	29,0	33,6	25,9	27,3	19,9	12,0
Arbeitsmarkt Paderborn											
männlich	Zahl	7 811	6 736	2 039	1 920	2 460	2 216	1 765	1 711	1 547	889
	%	100,0	100,0	26,1	28,5	31,5	32,9	22,6	25,4	19,8	13,2
weiblich	Zahl	6 231	4 106	1 184	838	2 156	1 568	1 869	1 339	1 022	361
	%	100,0	100,0	19,0	20,4	34,6	38,2	30,0	32,6	16,4	8,8
insgesamt	Zahl	14 042	10 842	3 223	2 758	4 616	3 784	3 634	3 050	2 569	1 250
	%	100,0	100,0	22,9	25,5	32,9	34,9	25,9	28,1	18,3	11,5

Quelle: Eigene Berechnungen aus Daten der sozialökonomischen Betriebserhebungen 1969/70 und 1973.

133

Tabelle 4: *Ausbildungsstand der landwirtschaftlichen Betriebsleiter und ihrer Nachfolger in den Betrieben ab 5 ha*

	insgesamt	Abitur/ mittlere Reife		davon mit . . . landw. Ausbildung		außerlandw. Ausbildung		ohne Ausbildung	
	Zahl	Zahl	%	Zahl	%	Zahl	%	Zahl	%
Arbeitsmarkt Kleve									
Betriebsleiter	1 510	110	7,3	1 093	72,4	41	2,7	266	17,6
Nachfolger	553	70	12,7	359	64,9	67	12,1	57	10,3
Arbeitsmarkt Paderborn									
Betriebsleiter	4 890	117	2,4	2 812	57,5	308	6,3	1 653	33,8
Nachfolger	1 607	145	9,0	691	43,0	354	22,0	418	26,0

Quelle: Eigene Berechnungen aus Daten der sozialökonomischen Betriebserhebung 1973.

26 % ohne Ausbildung. Eine landwirtschaftliche Ausbildung haben die Betriebsleiter zu 57 %, ihre Nachfolger zu 43 %. Dies sowie die Tatsache, daß im Raum Kleve 7,3 % der Betriebsleiter und 12,7 % der Nachfolger, in Paderborn dagegen nur 2,4 % der Betriebsleiter und 9 % ihrer Nachfolger eine höhere Schulbildung haben, kennzeichnet ein deutliches Bildungsgefälle gegenüber dem Niederrhein.

IV. Projektion des Arbeitskräfteangebotes bis 1979

Auf der Grundlage der beschriebenen Entwicklung soll im folgenden das *potentielle* Arbeitskräfteangebot aus dem Agrarsektor unter dem Einfluß alternativer Verhaltensweisen bis 1979 projiziert werden. Bevor auf das hierfür verwandte Modell näher eingegangen wird, soll zunächst ein kurzer Überblick über verschiedene Methoden gegeben werden, wobei keineswegs eine vollständige Diskussion aller Modelle sowie ihrer zahlreichen Einzelprobleme angestrebt wird, sondern lediglich die Einordnung des hier verwandten Ansatzes erleichtert werden soll.

1. Methoden zur Darstellung von AK-Mobilitäten

Zur Untersuchung von Faktormobilitäten steht eine Vielzahl von Methoden zur Verfügung. Zunächst kann der Versuch unternommen werden, aus makrostatistischen Daten des Arbeitsmarktes und Reihen hypothetischer Einflußfaktoren mit Hilfe *ökonometrischer Methoden* (z. B. Regressionsanalyse) die relevanten Einflußfaktoren zu quantifizieren[19]). Über eine Projektion dieser Einflußfaktoren gelangt man dann zur Vorschätzung der zu erwartenden Faktormobilität. Für die Beschäftigten in der Landwirtschaft ist diese Vorgehensweise jedoch problematisch, da die hierzu notwendigen Statistiken in ausreichender zeitlicher und regionaler Gliederung meist nicht vorhanden sind.

Eine zweite Gruppe von Ansätzen läßt sich unter dem Begriff *Wanderungsmodelle* zusammenfassen. Hier sind zunächst die Gravitationsmodelle[20]) zu nennen, die allerdings vorrangig für die Darstellung räumlicher Bewegungen (etwa der Bevölkerungsbewegung zwischen zwei Orten) Verwendung finden, weshalb darauf hier nicht näher eingegangen wird. Daneben lassen sich demographische Modelle anführen, die auf der Basis von Markov-Ketten über Sterbe- bzw. Überlebenswahrscheinlichkeiten die natürliche Veränderung und über sektorale Zu- und Abwanderungswahrscheinlichkeiten bzw. über Mobilitätsfunktionen, die durch die berufliche Mobilität bedingte Veränderung von Bestand und Altersaufbau der Erwerbspersonen eines oder mehrerer Wirtschaftssektoren darstellen[21]). Anwendungsprobleme ergeben sich hier insbesondere auf kleinräumiger Ebene, da Daten für die Erstellung kleinregionaler demographischer Input-Output-Matrizen in der Regel nicht verfügbar sind.

---

[19]) Vgl. z. B. E. HANF: Zur Prognose der Zahl der Arbeitskräfte im Agrarsektor, Schriften der Ges. f. Wirtschafts- und Sozialwissenschaften des Landbaues e. V., Bd. 9, München–Bern–Wien 1972.

[20]) Näheres siehe z. B. bei D. MEINKE: Gravitations- und Potentialmodelle, Handwörterbuch der Raumforschung und Raumordnung, Bd. I, Hannover 1970, Sp. 1048 ff.

[21]) Vgl. dazu z. B. E. GUTH: Analyse des Marktes für landwirtschaftliche Arbeitskräfte, Agrarwirtschaft, SH 52, Hannover 1974. H. DE HAEN, J. VON BRAUN: Regionale Veränderungen des Arbeitseinsatzes in der Landwirtschaft – demographische Analyse und arbeitsmarktpolitische Schlußfolgerungen, Vortrag zur 17. Jahrestagung der Gesellschaft f. Wirtschafts- und Sozialwissenschaften des Landbaues e. V. vom 7.–9. Oktober 1976.

Eine dritte Gruppe schließlich bilden die *mikroökonomischen,* d. h. auf Theorien über individuelles ökonomisches Entscheidungsverhalten von Wirtschaftssubjekten aufbauenden Modelle. Hier sind vor allem Ansätze auf der Basis der *linearen Programmierung* zu nennen, die in der neueren Forschung im Agrarbereich einen breiten Raum einnehmen[22]).

Für die Projektion von AK-Mobilitäten eignen sich dabei vor allem rekursiv-dynamische Regionalmodelle auf der Basis von Gruppenhöfen, die die strukturelle Entwicklung des Agrarsektors unter Berücksichtigung der Konkurrenz um regional beschränkte Produktionsfaktoren – insbesondere um den knappen Faktor Boden – darstellen[23]).

Daneben finden *Simulationsmodelle* vor allem in jüngster Zeit verstärkt Anwendung[24]). Sie haben den Vorteil, daß sie an keine durch einen bestimmten Lösungsalgorithmus vorgegebenen formalen Modellbedingungen gebunden sind und dadurch in starkem Maße problem- und datenorientiert gestaltet werden können. Dies wird erreicht durch den Verzicht auf analytische Lösungsverfahren, die eindeutige Ergebnisse liefern. Besondere Anwendungsprobleme ergeben sich zum einen durch das Fehlen allgemeingültiger Lösungsalgorithmen, was einen beträchtlichen Arbeitsaufwand für die Formulierung eines geeigneten Computerprogramms mit sich bringt, zum anderen durch das Fehlen ausreichend langer historischer Datenreihen für einen Vergleich zwischen tatsächlichem und „simuliertem" Systemverhalten. Letzteres trifft allerdings für die meisten der übrigen erwähnten Modelle in gleicher Weise zu.

Im folgenden soll nun ein solches Simulationsmodell für die Projektion des möglichen Arbeitskräfteangebots aus dem Agrarsektor kurz dargestellt werden. Auf eine ausführliche Erläuterung der einzelnen Teile des Modells muß aus Raumgründen verzichtet werden. Sie ist an anderer Stelle nachzulesen[25]). Hier soll lediglich auf den Gesamtablauf sowie auf den für die Interpretation der Ergebnisse wichtigen Teil der Ermittlung des Arbeitskräfteangebots näher eingegangen werden.

2. Ein Simulationsmodell zur Projektion von Agrarstrukturveränderungen

a) Der Modellansatz

Die *Datengrundlage* für die Modellrechnungen bilden die in den sozialökonomischen Betriebserhebungen 1969/70 und 1973 erfaßten Betriebe ab 5 ha in den Arbeitsmarktregionen.

---

[22]) Vgl. G. Weinschenck, W. Henrichsmeyer, C. H. Hanf: Experiences with Multi-Commodity Models in Regional Analysis, unveröffentl. Manuskript, o. J. – E. Berg: Überblick über Methoden und Modelle für die Regionalplanung, Beiträge der Betriebswirtschaftslehre zur Raum- und Umweltschutzplanung im Agrarbereich, Vorträge zum 3. Kontaktstudium der Fachrichtung „Wirtschafts- und Sozialwissenschaften des Landbaues" der Landwirtschaftl. Fakultät der Universität Bonn, Manuskript, Bonn 1975.

[23]) Vgl. u. a. W. Doppler: Die Anwendung rekursiver linearer Modelle zur Analyse und Prognose regionaler Strukturentwicklungen im Agrarsektor, Agrarwirtschaft, SH 56, Hannover 1974. – J. Hauser: Analyse der Nutzungsmöglichkeiten . . . a. a. O.

[24]) Vgl. u. a. E. Berg: Strukturentwicklung im Ballungsraum, Bonner Hefte für landwirtschaftliche Betriebslehre, H. 4, Stuttgart 1977. – C. H. Hanf: Ein Simulationsmodell zur Analyse der regionalen Entwicklung der Agrarstruktur, Agrarwirtschaft, Jg. 22, Hannover 1973. – H.-R. Jürging: Analyse und Prognose . . ., a. a. O. – R. Müller: Zur Analyse der Agrarstrukturentwicklung einer Kleinregion mit einem Simulationsmodell. Agrarwirtschaft. SH 68. Hannover 1976.

[25]) E. Berg: Strukturentwicklung im . . ., a. a. O., S. 122 ff.

Die primären *Informationen,* die in dem nachstehend dargestellten Modell Verwendung finden, beinhalten folgende einzelbetriebliche Angaben: die Zugehörigkeit zu einem Erwerbstyp, die landwirtschaftlich genutzte Fläche sowie den Umfang der Pachtflächen, den Arbeitskräftebesatz und den zur Bewältigung der Produktionsstruktur notwendigen Arbeitskräftebedarf, die Höhe des geschätzten Betriebseinkommens[26]), das Alter des Betriebsleiters und – falls vorhanden – seines Nachfolgers, die künftig beabsichtigte Betriebsführung und schließlich die Flächenentwicklung während der letzten drei Jahre.

Das *Modell* selbst kann als rekursives Simulationsmodell bezeichnet werden, das Zeitabschnitte von jeweils drei Jahren miteinander verknüpft. Es läßt sich in vier *Teilbereiche* untergliedern, und zwar in

- die Trennung von *potentiell* aufstockenden und potentiell abstockenden (bzw. auslaufenden) Betrieben,
- die Bestimmung der *tatsächlich* durchzuführenden Abstockungsalternativen und damit Ermittlung der ausscheidenden Arbeitskräfte und des Flächenangebots,
- die *Verteilung* der Flächen auf die potentiell aufstockenden Betriebe und
- die rekursive *Verknüpfung* der einzelnen Zeitabschnitte.

Die dem Modell zugrunde liegenden und für die hier zu bearbeitende Fragestellung wichtigen *Grundhypothesen* lassen sich wie folgt zusammenfassen[27]):

1. Die Gesamtheit der Betriebe läßt sich anhand weniger *Kennwerte* nach potentiell aufstockenden und potentiell abstockenden Betrieben differenzieren, wobei in erster Linie die derzeitige und künftig geplante Erwerbsfunktion der Betriebe sowie das Alter des Betriebsleiters und Fragen der gesicherten Hofnachfolge von Bedeutung sind. Daneben wurden das Betriebseinkommen sowie die Flächenentwicklung der letzten drei Jahre als Kriterien für die Beurteilung der Entwicklungsfähigkeit herangezogen.

2. *Entscheidungen* werden von den Betriebsleitern selbständig und unabhängig getroffen. Die einzigen berücksichtigten Interdependenzen zwischen den Betrieben ergeben sich aus der unvermehrbaren Regionsfläche. Die einzelnen Entscheidungen beinhalten bei potentiellen *Abstockungsbetrieben*

   - die Freisetzung von Arbeitskräften mit oder ohne gleichzeitigem Übergang zum Nebenerwerb sowie
   - die vollständige Betriebsaufgabe

   und bei den potentiellen *Aufstockungsbetrieben*

   - die Vergrößerung der Betriebsfläche, sofern Aufstockungsflächen in der Region vorhanden sind.

   Daneben können die Betriebe auch in ihrer ursprünglichen Art und Größe weiterbewirtschaftet werden.

3. Als *Bestimmungsgründe* für die AK-Mobilität werden neben der Absichtserklärung des Betriebsleiters dessen Alter sowie die Differenz zwischen dem in der Landwirtschaft erzielten Einkommen und einem vorgegebenen Einkommensanspruch angenommen.

---

[26]) Zur Ermittlung des Betriebseinkommens s. F. WUNRAM: Strukturwandel verändert die . . ., a. a. O., S. 153 ff.

[27]) Näheres s. E. BERG: Strukturentwicklung im . . ., a. a. O., S. 128 ff.

b) Der Modellablauf

Der Gesamtablauf des Modells läßt sich anhand der schematischen Darstellung in Abb. 4 verdeutlichen: Zu *Beginn* des Simulationslaufes werden sämtliche Ausgangsbetriebe einer Region nach potentiell ab- bzw. aufstockenden Betrieben *differenziert* und gespeichert.

Danach erfolgt nacheinander für alle potentiellen Abstockungs- oder Auslaufbetriebe die Kalkulation der tatsächlichen *Arbeitskräfte-* und *Flächenfreisetzung.*

Nach Abschluß dieser Berechnungen steht das Bodenangebot für die potentiell aufstockenden Betriebe fest, so daß nun die Kalkulation der tatsächlichen *Flächenaufstockung* erfolgen kann. Eine LF-Aufnahme kann dabei nur solange erfolgen, bis das vorhandene Bodenangebot erschöpft ist.

Anhand der erfolgten AK- und LF-Mobilität, die die Ergebnisse einer Periode darstellen, werden unter Verarbeitung zusätzlicher exogener Informationen die Ausgangsdaten der Betriebe transformiert und in die *nächste Periode* übertragen (Feedback-System). Zwischen den einzelnen Zeitabschnitten bestehen damit einseitig kausale Beziehungen in der Weise, daß die Ergebnisse einer Periode stets Einfluß haben auf die Ergebnisse höher indizierter Zeitabschnitte, wodurch das Modell rekursiv-dynamischen Charakter erhält.

Da in einzelnen Bereichen des Modells stochastische Elemente enthalten sind, weisen die Ergebnisse verschiedener Simulationsläufe zufallsbedingte *Abweichungen* auf. Von Interesse sind damit nicht die Einzelergebnisse eines Laufes, sondern die Verteilungen der Ergebnisvariablen bei einer Reihe von Wiederholungen. Daher werden stets mehrere Simulationsläufe unter gleichen Anfangsbedingungen durchgeführt, an die sich eine statistische Auswertung anschließt. Die ausgegebenen Modellergebnisse enthalten dann die Mittelwerte und Standardabweichungen aller Ergebnisvariablen.

Auf diese Weise können nacheinander verschiedene Regionen abgearbeitet werden, wobei zwischen den einzelnen Teilräumen eines Untersuchungsgebietes allerdings keinerlei Interdependenzen bestehen, so daß das Modell vom Typ her als rekursives Regionalmodell zu bezeichnen ist.

Bei der *Trennung* der Betriebe nach potentiell aufstockenden bzw. abstockenden Betrieben wird in der Weise vorgegangen, daß als potentielle *Abstockungsbetriebe* alle diejenigen bezeichnet werden,

- die bereits im *Zu- oder Nebenerwerb* bewirtschaftet werden, daneben
- *Vollerwerbsbetriebe,* bei denen nach der Absichtserklärung der Betriebsleiter der Übergang zum Zu- oder Nebenerwerb bzw. die Betriebsaufgabe in Zukunft vorgesehen ist,
- Vollerwerbsbetriebe, falls der Betriebsleiter *60 Jahre* oder *älter* und kein *Nachfolger* vorhanden ist, wobei ein Hofnachfolger auch dann als nicht vorhanden angesehen wird, wenn er mehr als 6 Monate im Jahr außerlandwirtschaftlich tätig ist,
- Vollerwerbsbetriebe, wenn das *Betriebseinkommen* je AK unter einem vorgegebenen Einkommensanspruch liegt, der für das Jahr 1973 auf 17 500 DM beziffert wird, und der Betrieb in den letzten Jahren keine zusätzlichen Flächen aufgenommen hat.

Neben Alter und Absichtserklärung des Betriebsleiters wird somit die Erzielung eines angemessenen *Betriebseinkommens* als Kriterium für die Beurteilung der Entwicklungsfähigkeit herangezogen.

138

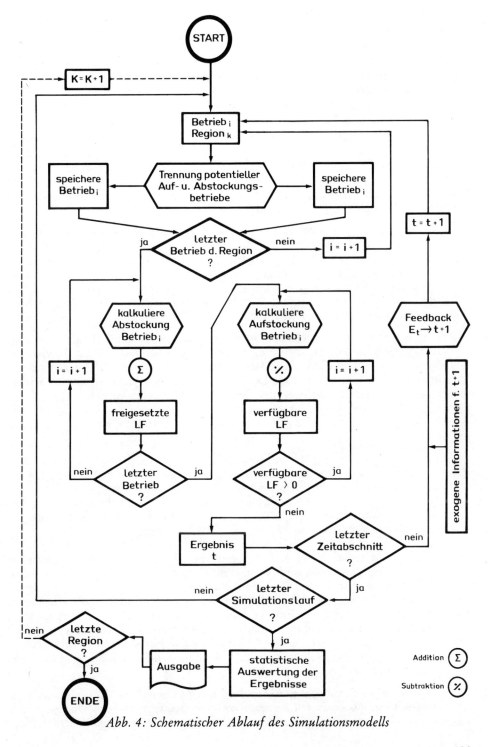

START

K = K+1

Betrieb $_i$
Region $_k$

speichere
Betrieb $_i$

Trennung potentieller
Auf- u. Abstockungs-
betriebe

speichere
Betrieb $_i$

t = t+1

ja — letzter
Betrieb d. Region
? — nein — i = i+1

kalkuliere
Abstockung
Betrieb $_i$

kalkuliere
Aufstockung
Betrieb $_i$

Feedback
$E_t \rightarrow t+1$

i = i+1

Σ

%

i = i+1

freigesetzte
LF

verfügbare
LF

nein — letzter
Betrieb
? — ja

verfügbare
LF > 0
? — ja

nein

Ergebnis
t

letzter
Zeitabschnitt
? — nein

ja

nein — letzter
Simulationslauf
?

exogene Informationen f. t+1

nein — letzte
Region
? — ja

Ausgabe

statistische
Auswertung der
Ergebnisse

ja

ENDE

Addition Σ

Subtraktion %

Abb. 4: Schematischer Ablauf des Simulationsmodells

Allerdings werden auch Betrieben, die derzeit kein befriedigendes Einkommen erwirtschaften, Wachstumschancen eingeräumt, falls sie in den letzten drei Jahren ihre *Nutzfläche* ausdehnen konnten. In Ermangelung einzelbetrieblicher Angaben zur Kapitalausstattung wird somit die Flächenentwicklung der letzten Jahre als Indiz dafür gewertet, daß der Betrieb in der Lage ist, sich bietende Aufstockungsmöglichkeiten zu nutzen, d. h., auch die notwendigen Folgeinvestitionen zu tätigen und damit seine Einkommenssituation entscheidend zu verbessern.

Die tatsächliche *Arbeitskräfte-* und *Flächenfreisetzung* kann auf verschiedene Art und Weise erfolgen, wobei als Erscheinungsformen der Arbeitsmobilität neben der Mobilität im Generationswechsel der vollständige und teilweise Tätigkeitswechsel herangezogen werden (vgl. Abschn. III/2). Tabelle 5 zeigt die modellmäßige Erfassung der einzelnen *Mobilitätsarten* mit den sie auslösenden Bedingungen und den damit verbundenen betrieblichen Veränderungen (Aktionen):

Die Arbeitskräfte- und Flächenmobilität im Zuge des *Generationswechsels* kommt danach für alle Betriebe in Betracht, in denen der Betriebsleiter zu Beginn des dreijährigen Kalkulationszeitraumes das 62. Lebensjahr vollendet hat – also innerhalb dieses Zeitraumes 65 Jahre alt wird – und kein Nachfolger vorhanden ist. Diese Betriebe werden bis zum Ende des Kalkulationszeitraumes aufgegeben, d. h., die darin beschäftigten Arbeitskräfte scheiden aus der Landwirtschaft aus, die Flächen stehen den potentiell aufstockenden Betrieben als Pachtflächen zur Verfügung.

Nur eine *AK-Mobilität* im Generationswechsel kann auch dann erfolgen, wenn die Hofnachfolge gesichert ist, eine Betriebsaufgabe also nicht in Frage kommt. Erreicht ein Betriebsleiter solcher Betriebe innerhalb des Kalkulationszeitraumes die Altersgrenze, so scheidet er aus dem Arbeitsprozeß aus bzw. vermindert seinen Arbeitseinsatz im Betrieb, soweit dies bei Aufrechterhaltung der derzeitigen Produktionsstruktur möglich ist. Entsprechend reduziert sich auch sein Anspruch an das Betriebseinkommen. Diese Form der AK-Mobilität ist rein altersbedingt und wird von der wirtschaftlichen Situation nicht beeinflußt.

Ein *vollständiger Tätigkeitswechsel* beinhaltet stets die Aufgabe des landwirtschaftlichen Betriebes. Falls aus der Absichtserklärung der Betriebsleiter hervorgeht, daß der Betrieb in naher Zukunft aufgegeben werden soll, wird die Betriebsaufgabe bis zum Ende des Projektionszeitraumes (1979) tatsächlich realisiert. Der Zeitabschnitt (Kalkulationszeitraum), in dem die Entscheidung vollzogen wird, wird nach Zufall bestimmt unter der Annahme, daß die Wahrscheinlichkeit für alle Perioden gleich ist.

Außerdem wird angenommen, daß ein bestimmter Prozentsatz von *Nebenerwerbsbetrieben* auch dann aufgegeben wird, wenn es in der Absichtserklärung nicht vorgesehen war. Als Bestimmungsgröße hierfür wird das Alter des Betriebsleiters herangezogen, wobei davon ausgegangen wird, daß die Bereitschaft zur Betriebsaufgabe mit zunehmendem Alter geringer wird. Die Entscheidung im konkreten Einzelfall erfolgt mit Hilfe eines *Zufallszahlengenerators* über vorgegebene Mobilitätswahrscheinlichkeiten, die den Prozentsatz derjenigen Betriebe in einer Altersgruppe angeben, die die Betriebsaufgabe realisieren. Diese Mobilitätswahrscheinlichkeiten sind anhand der historischen Entwicklung zu quantifizieren.

Für Vollerwerbsbetriebe kommt neben den beiden dargestellten Mobilitätsarten auch ein *teilweiser* bzw. sukzessiver *Tätigkeitswechsel* in Betracht, der den Übergang zum Nebenerwerb beinhaltet und folgendermaßen definiert ist: Alle zugepachteten Flächen

Tabelle 5: *Modellmäßige Erfassung der Arbeitskräftemobilität*

Erscheinungsformen der Mobilität / Erwerbstyp	Mobilität im Generationswechsel		vollständiger Tätigkeitswechsel		teilweiser bzw. sukzessiver Tätigkeitswechsel	
	alle Betriebe	alle Betriebe	alle Betriebe	Zu-/Nebenerwerbsbetriebe	Vollerwerbsbetriebe	Vollerwerbsbetriebe
Bedingungen						
Betriebsleiter 62 Jahre oder älter, kein Nachfolger vorhanden	ja	nein	nein	nein	nein	nein
Betriebsleiter 62 Jahre oder älter, Nachfolger vorhanden		ja	nein	nein	nein	nein
Betriebsaufgabe beabsichtigt			ja	nein	nein	nein
Übergang zum Nebenerwerb beabsichtigt					ja	nein
Betriebseinkommen/AK liegt mehr als 20 % unter außerlandwirtschaftlichem Vergleichslohn						ja
Aktionen						
Betriebsaufgabe innerhalb des Kalkulationszeitraumes (3 Jahre)	bestimmt		möglich	möglich		
Betriebsaufgabe innerhalb des Projektionszeitraumes (1973–1979)			bestimmt	möglich		
Übergang zum Nebenerwerb innerhalb des Kalkulationszeitraumes (3. J.)					möglich	möglich
Übergang zum Nebenerwerb innerhalb des Projektionszeitraumes (1973–1979)					bestimmt	möglich
Freisetzung überschüssiger AK ohne Flächenänderung innerhalb des Kalkulationszeitraumes (3 Jahre)	bestimmt					bestimmt

werden abgegeben und der AK-Besatz um den sich daraus ergebenden Überschuß reduziert. Dabei muß mindestens eine halbe Arbeitskraft – entsprechend einer sechsmonatigen außerlandwirtschaftlichen Tätigkeit – freigesetzt werden. Reicht die Abgabe der Pachtflächen hierfür nicht aus, so werden zusätzlich in notwendigem Umfang Eigenflächen verpachtet.

Falls der Übergang zum Nebenerwerb nach der Absichtserklärung des Betriebsleiters vorgesehen ist, wird dieser Schritt mit Sicherheit innerhalb des *Projektionszeitraumes* vollzogen. Der Zeitabschnitt, in dem der Übergang realisiert wird, wird dabei wiederum zufällig ermittelt.

Darüber hinaus können *ökonomische Gründe* zu einem Wechsel des Erwerbstyps veranlassen. Im dargestellten Modell ist ein solcher Anlaß dann gegeben, wenn das erzielte Betriebseinkommen je Arbeitskraft um mehr als 20 % unter dem vorgegebenen Einkommensanspruch liegt (17 500 DM/AK im Jahr 1973). Ist dies der Fall, so werden zunächst eventuell bestehende AK-Überschüsse bis auf einen Rest in Höhe von 10 % des AK-Besatzes abgebaut, der als technisch oder soziologisch fixiert und damit als immobil angenommen wird[28]).

Ist eine AK-Freisetzung nicht möglich oder nicht ausreichend, um das Betriebseinkommen soweit zu verbessern, daß es um weniger als 20 % unter dem Einkommensanspruch liegt, so wird noch in derselben Periode der Übergang zum Nebenerwerb in Erwägung gezogen. Ob dieser Übergang dann tatsächlich realisiert wird, entscheidet sich im konkreten Einzelfall wiederum anhand vorgegebener altersabhängiger Mobilitätswahrscheinlichkeiten.

3. Modellvarianten

Wie aus der Darstellung des Ablaufs hervorgeht, ist das Modell zunächst auf einen *zurückliegenden Zeitraum* anzuwenden, um die genannten Mobilitätswahrscheinlichkeiten zu quantifizieren. Auf der Basis dieser Verhaltensparameter lassen sich dann *Status-quo-Projektionen* der künftigen Entwicklung vornehmen.

Da das durch die Mobilitätswahrscheinlichkeiten charakterisierte *Verhalten der Landwirte* eine zeitliche Dimension hat und insbesondere aufgrund der konjunkturellen Entwicklung seit 1973 nicht zu erwarten ist, daß es in Zukunft unverändert weiterbesteht, haben die Ergebnisse dieser Status-quo-Projektionen hypothetischen Charakter und können in erster Linie zu Vergleichszwecken herangezogen werden (daher auch der Begriff der „Projektion" im Gegensatz zu „Prognose"[29]).

Daneben sind Modellvarianten auf der Basis *alternativer Verhaltensweisen* zu berechnen, um einerseits das Spektrum der möglichen Entwicklungen zu erfassen und andererseits denkbare Einflüsse der Rezession auf das Mobilitätsverhalten in ihrer Auswirkung auf die künftige Entwicklung aufzeigen zu können.

Die *Merkmale* der zu diesem Zweck berechneten Modellvarianten sind in Tabelle 6 zusammengestellt. Sie sollen im folgenden kurz erläutert werden:

---

[28]) Vgl. H.-R. JÜRGING: Analyse und Prognose . . ., a. a. O., S. 149 ff.

[29]) Zur Definition der Begriffe Prognose und Projektion vgl. E. BERG: Strukturentwicklung im . . . a. a. O., S. 58 ff. und die dort angegebene Literatur.

Tabelle 6:

Merkmale der Modellvarianten für die Projektion bei verschiedenem Mobilitätsverhalten in 2 Arbeitsmarktregionen

Merkmale / Modellvariante Nr.	jährliche Steigerung des Einkommensanspruchs %	jährliche Steigerung d. Betriebseinkommens/ha %	Mobilität im Generationswechsel	Übergang zum Nebenerwerb (Wahrscheinlichkeit)	Mobilitätsarten Betriebsaufgabe (Wahrscheinlichkeiten)					
					bis 25 Jahre	26 bis 30 Jahre	31 bis 35 Jahre	36 bis 40 Jahre	41 bis 45 Jahre	über 45 Jahre
1) beide Regionen	5,0	2,5	ja	–	–	–	–	–	–	–
2) beide Regionen	5,0	2,5	ja	100	100	100	100	100	100	100
3) Kleve	5,0	2,5	ja	40	50	47	45	44	43	41
Paderborn				40	30	27	25	24	23	21
4) Kleve	5,0	2,5	ja	20	25	22	20	19	18	16
Paderborn				20	15	12	10	9	8	6

Für *beide* Arbeitsmarktregionen wird die gleiche jährliche Steigerung des *Einkommens-anspruches* (5 %) und des Betriebseinkommens/ha unterstellt (2,5 %). Der erste Kennwert verdeutlicht die geforderte Einkommenssteigerung/Jahr, der zweite Wert kennzeichnet die mögliche Leistungssteigerung der landwirtschaftlichen Nutzfläche, aus der im Vollerwerb allein der Lohnanspruch befriedigt werden muß.

Die übrigen Merkmale kennzeichnen die *Annahmen* bezüglich des *Mobilitätsverhaltens.* Die Modellvarianten *1 und 2* stellen dabei die Extreme dar. Während im ersten Fall nur eine Mobilität im Generationswechsel unterstellt ist, kennzeichnet Variante 2 ein uneingeschränkt ökonomisches Verhalten, was bedeutet, daß alle Betriebe, für die eine Betriebsaufgabe bzw. die Freisetzung von Flächen und/oder Arbeitskräften in Frage kommt, entsprechende Organisationsänderungen auch tatsächlich durchführen.

Variante 3 arbeitet mit den Mobilitätswahrscheinlichkeiten, wie sie für den Zeitraum von 1970 bis 1973 ermittelt wurden, und stellt somit die Status-quo-Projektion dar[30]). Dabei ist in den beiden Untersuchungsregionen von unterschiedlichem Verhalten auszugehen. Während von 1970 bis 1973 der *Übergang zum Nebenerwerb* in beiden Regionen einheitlich von 40 % der Vollerwerbsbetriebe mit unzureichendem Einkommen realisiert wurde, weist die zurückliegende Entwicklung für den Raum Paderborn eine wesentlich geringere Bereitschaft zur *Betriebsaufgabe* aus als für den Arbeitsmarkt Kleve. Diese Zahlen spiegeln die Unterschiede bezüglich der außerlandwirtschaftlichen Erwerbs-möglichkeiten wider.

Vergleicht man die Wahrscheinlichkeiten für den Übergang zum Nebenerwerb und die Betriebsaufgabe miteinander, so wird weiterhin deutlich, daß in der Region *Kleve* dem ersten Schritt zum Ausscheiden aus der Landwirtschaft – nämlich dem Übergang vom Vollerwerb zum Nebenerwerb – die größten Mobilitätshemmnisse entgegenstehen. Ist dieser Schritt erst einmal vollzogen – damit eine außerlandwirtschaftliche Arbeit aufgenommen –, so wächst die Bereitschaft zu einer weiteren Einschränkung der landwirtschaftlichen Tätigkeit bis hin zur vollständigen Aufgabe.

Im *Raum Paderborn* dagegen ist die Bereitschaft für den Übergang zum Nebenerwerb höher als für die Betriebsaufgabe. Die schlechten Einkommensverhältnisse und der damit verbundene hohe Anpassungsdruck lassen vielen Betrieben hier offenbar keine andere Möglichkeit, als einem außerlandwirtschaftlichen Zuerwerb nachzugehen, während diese Erwerbsmöglichkeiten wiederum zu negativ beurteilt werden, als daß viele Betriebsleiter bereit wären, auch den nächsten Schritt – die Aufgabe des landwirtschaftlichen Betriebes – zu realisieren. Das in Kapitel III/5 dargestellte relativ niedrige Ausbildungsniveau dürfte dabei ebenfalls von Bedeutung sein.

In *Modellvariante 4* schließlich wird versucht, den Einflüssen der Rezession auf die Strukturentwicklung Rechnung zu tragen, indem davon ausgegangen wird, daß die Mobilitätsbereitschaft infolge der Verschlechterung der außerlandwirtschaftlichen Erwerbsmöglichkeiten auf die Hälfte der im Zeitraum von 1970 bis 1973 zu beobachtenden Werte absinkt.

4. Ergebnisse der Modellrechnungen

Mit Hilfe des beschriebenen Modells wurden für die ausgewählten Arbeitsmarktregionen Kleve und Paderborn Simulationsrechnungen der genannten Alternativen durchgeführt. Die im folgenden dargestellten Ergebnisse sind die Erwartungswerte (= Mittelwerte) des Simulationsmodells, die sich bei zehn zufälligen Wiederholungen ergeben

---

[30]) Zur Ermittlung der Mobilitätswahrscheinlichkeiten vgl. auch E. Berg: Strukturveränderungen im ..., a. a. O., S. 145 ff.

(vgl. Kap. IV/2b). Von den Informationen über die zahlenmäßige und strukturelle Entwicklung der Betriebe, die das Modell liefert, werden hier nur die des Arbeitskräfte-bereichs dargestellt und interpretiert. Dabei sollen zunächst die Einzelergebnisse für die untersuchten Regionen näher erläutert werden. Im Anschluß daran werden diese Daten in Verbindung gesetzt mit Koeffizienten, die die derzeitige Arbeitsmarktsituation der Gebiete kennzeichnen.

a) Arbeitsmarktregion Kleve

Die aus den verschiedenen Modellannahmen resultierende Entwicklung der Zahl der Betriebe und Arbeitskräfte in der Region Kleve-Emmerich ist in Tabelle 7 wiedergegeben.

Den Ergebnissen der *Variante 1* ist zu entnehmen, daß sich im Zuge des Generationswechsels die Zahl der *Betriebe* ab 5 ha bis 1979 um 158 entsprechend einer mittleren jährlichen Rate von 1,8 % verringern dürfte. Dabei sind es fast ausschließlich Vollerwerbsbetriebe, die aus Altersgründen aufgegeben werden, während die Zahl der Zu- und Nebenerwerbsbetriebe nahezu konstant bleibt.

Im Zuge dieser Entwicklung scheiden 299 *Voll-AK* entsprechend jährlich 2,2 % aus der Landwirtschaft aus. Unterstellt man diese Abwanderungsrate auch für die Zahl der landwirtschaftlichen *Erwerbstätigen,* so ergibt sich bis 1979 ein Rückgang um 478 Personen.

Aus Tabelle 3 ist zu entnehmen, daß 12 % der in der Landwirtschaft tätigen Familienpersonen 1973 über 60 Jahre alt waren. Unterstellt man den gleichen Anteil bei den Fremdarbeitskräften und geht davon aus, daß die daraus resultierende Zahl von 468 Personen bis 1979 tatsächlich altersbedingt aus dem Arbeitsprozeß ausscheiden und gegebenenfalls durch jüngere Lohnarbeitskräfte ersetzt werden, so verbleibt ein Saldo von 10 Personen, die von auslaufenden Betrieben freigesetzt werden und einen *außerlandwirt-schaftlichen Arbeitsplatz* suchen.

Die Zahl von 468 Erwerbstätigen, die altersbedingt ausscheiden, ist als *Maximalgröße* aufzufassen, da nicht alle mithelfenden Familienangehörigen, die das 65. Lebensjahr erreichen, durch Fremdarbeitskräfte ersetzt werden. In vielen Fällen wird die Reduktion des Arbeitseinsatzes älterer Familienpersonen durch arbeitsextensivere Betriebsorganisationen ausgeglichen.

Während Variante 1 das Minimum der zu erwartenden Entwicklung andeutet, kennzeichnet *Variante 2* das andere Extrem, nämlich die bei uneingeschränkt ökonomischem Verhalten zu erwartenden maximalen Veränderungen. Die Zahl der *Betriebe* verringert sich hier bis 1979 um 325 entsprechend 4 %/Jahr, wobei etwa die Hälfte der insgesamt aufgegebenen Betriebe Zu- und Nebenerwerbsbetriebe sind, die damit eine wesentlich höhere jährliche Abnahmerate aufweisen. Letzteres ist bedingt durch die Modellannahmen, nach denen in dieser Variante der Zu- bzw. Nebenerwerbsbetrieb als reine Vorstufe zur Betriebsaufgabe charakterisiert ist, so daß alle Betriebe, die in einem Zeitabschnitt zum Nebenerwerb abstocken, in der nächsten Periode vollständig aufgegeben werden.

Die Zahl der *Arbeitskräfte* vermindert sich um jährlich 4,1 %. Diese Abwanderungsrate entspricht einer Zahl von 837 *Erwerbstätigen,* die aus der Landwirtschaft ausscheiden. Unterstellt man wiederum, daß 468 Personen altersbedingt aus dem Erwerbsleben ausscheiden, so verbleiben noch 369, die einen außerlandwirtschaftlichen Arbeitsplatz suchen.

Tabelle 7: Entwicklung der Zahl der Betriebe und Arbeitskräfte bis 1979 in der Arbeitsmarktregion Kleve

| | 1973 | Differenz 1979/1973 | | | | | | | |
| | Zahl | Variante 1 | | Variante 2 | | Variante 3 | | Variante 4 | |
		Zahl	%/Jahr	Zahl	%/Jahr	Zahl	%/Jahr	Zahl	%/Jahr
Zahl der Betriebe ab 5 ha davon	1 510	−158	−1,8	−325	− 4,0	−238	− 2,8	−171	−2,0
Zu-/Nebenerwerbsbetriebe	186	− 1	−0,1	−169	−32,9	− 97	−11,6	− 35	−3,4
Vollarbeitskräfte	2 437	−299	−2,2	−545	− 4,1	−516	− 3,9	−492	−3,7
landw. Erwerbstätige*)	3 905	−478	−2,2	−837	− 4,1	−801	− 3,9	−765	−3,7
notwendige gewerbliche Arbeitsplätze		10		369		333		297	

*) Einschl. ständige Fremdarbeitskräfte.

Tabelle 8: Entwicklung der Zahl der Betriebe und Arbeitskräfte bis 1979 in der Arbeitsmarktregion Paderborn

| | 1973 | Differenz 1979/1973 | | | | | | | |
| | Zahl | Variante 1 | | Variante 2 | | Variante 3 | | Variante 4 | |
		Zahl	%/Jahr	Zahl	%/Jahr	Zahl	%/Jahr	Zahl	%/Jahr
Betriebe ab 5 ha insgesamt davon	4 890	− 510	−1,8	−2 250	− 9,8	−1 094	−4,1	− 683	−2,5
Zu-/Nebenerwerbsbetriebe	1 699	− 89	−0,9	−1 547	−33,1	− 473	−5,3	− 71	−0,7
Voll-Arbeitskräfte	6 108	− 671	−1,9	−2 056	− 6,6	−1 472	−4,5	−1 257	−3,8
landw. Erwerbstätige*)	11 251	−1 201	−1,9	−3 584	− 6,6	−2 611	−4,5	−2 256	−3,8
notwendige gewerbliche Arbeitsplätze		(−96)		2 287		1 314		959	

*) Einschl. ständige Fremdarbeitskräfte.

Variante 3 kennzeichnet die Entwicklung bei gegenüber der Vergangenheit unverändertem Verhalten und kann damit als *Status-quo-Projektion* bezeichnet werden. Die Zahl der Betriebe vermindert sich hier um 2,8 %/Jahr entsprechend einer absoluten Zahl von 238, wobei 97 auf den Zu- und Nebenerwerb entfallen, der damit vom Umfang her an Bedeutung verliert.

Die jährliche Abwanderungsrate landwirtschaftlicher *Arbeitskräfte* liegt bei 3,9 %, was dazu führt, daß bis 1979 801 *Erwerbstätige* die Landwirtschaft verlassen. Um die nicht altersbedingt ausscheidenden Arbeitskräfte aufzunehmen, sind mindestens 333 Arbeitsplätze erforderlich.

Geht man von einer aufgrund der derzeitigen Arbeitsmarktsituation *reduzierten Bereitschaft* zur Aufgabe der landwirtschaftlichen Tätigkeit aus *(Variante 4)*, so beläuft sich die Verminderung der Zahl der *Betriebe* auf 171, entsprechend 2 %/Jahr. Auch in dieser Variante liegt die Abnahmerate bei den Zu- und Nebenerwerbsbetrieben – allerdings geringfügig – über der im Vollerwerb, was zu einer leichten Reduzierung des Anteils der Nebenerwerbslandwirtschaft führt.

Die Zahl der *Voll-AK* vermindert sich um jährlich 3,7 %. Bis 1979 scheiden damit 765 Erwerbstätige aus der Landwirtschaft aus, für die mindestens 297 Arbeitsplätze benötigt werden.

Vergleicht man die in den dargestellten Modellvarianten zum Ausdruck kommenden Veränderungen mit der bisherigen Entwicklung (Tabelle 2), so wird deutlich, daß sich durch das hohe Tempo des Strukturwandels zu Beginn der siebziger Jahre der Anpassungsdruck für die Landwirtschaft erheblich verringert hat. Abwanderungsraten von mehr als 12 %/Jahr, wie sie von 1970 bis 1973 zu beobachten waren, sind somit in Zukunft nicht mehr zu erwarten, wenn nicht überproportional steigende Einkommen im außerlandwirtschaftlichen Bereich den Anpassungsdruck wieder erhöhen.

b) Arbeitsmarktregion Paderborn

Die Projektionsergebnisse für den Bereich des Arbeitsmarktes Paderborn sind in Tabelle 8 zusammengestellt.

Für den Fall einer alleinigen Mobilität im Zuge des Generationswechsels *(Variante 1)* vermindert sich hier die Zahl der *Betriebe* um 510 entsprechend ebenfalls 1,8 % jährlich, wobei wiederum in erster Linie Vollerwerbsbetriebe betroffen sind.

Bei den *Arbeitskräften* ist eine Verminderung um 2,2 %/Jahr zu beobachten. Dies führt bis 1979 zu einem Rückgang der Zahl der landwirtschaftlichen Erwerbstätigen um 1201 Personen. Geht man von der Tatsache aus, daß 11,5 % der Erwerbstätigen bereits 1973 älter sind als 60 Jahre (vgl. Tabelle 3), so können bis zu 1297 Personen altersbedingt aus dem Arbeitsprozeß ausscheiden. Läuft diese Entwicklung in vollem Umfang ab, so entsteht durch die Mobilität im Generationswechsel keine Belastung für den außerlandwirtschaftlichen Arbeitsmarkt des Raumes Paderborn; es würden im Gegenteil noch 96 landwirtschaftliche Arbeitsplätze frei, die aus anderen Wirtschaftssektoren besetzt werden könnten.

Bei uneingeschränkt ökonomischem Verhalten *(Variante 2)* verringert sich die Zahl der *Betriebe* bis 1979 um 2250 entsprechend jährlich 9,8 %. Aufgrund der in Kap. IV/2 genannten Zusammenhänge sind dabei wiederum in erster Linie die Zu- und Nebenerwerbsbetriebe betroffen, die einen Rückgang um 33,1 %/Jahr aufweisen.

147

Die *Abwanderungsrate* landwirtschaftlicher *Arbeitskräfte* liegt bei 6,6%, was eine Verminderung der Zahl der Erwerbstätigen um 3854 Personen impliziert, von denen mindestens 2287 einen außerlandwirtschaftlichen Arbeitsplatz nachfragen.

Zwischen diesen extremen Entwicklungen liegen die Ergebnisse der Varianten 3 und 4. Bei unverändertem Mobilitätsverhalten *(Variante 3)* werden jährlich 4,1% der landwirtschaftlichen Betriebe aufgegeben. Höher liegt der Rückgang der Zu- und Nebenerwerbsbetriebe (5,3%), was zu einer leichten Verminderung des Anteils der Nebenerwerbsbetriebe führt.

Die *Abwanderungsrate* bei den *Arbeitskräften* erreicht in der Status-quo-Projektion 4,5%. Dies bedeutet, daß 2611 Personen bis 1979 aus der Landwirtschaft ausscheiden, von denen mindestens 1314 von den übrigen Wirtschaftssektoren aufgenommen werden müßten.

Bei geringerer Mobilitätsbereitschaft, wie sie in *Variante 4* unterstellt ist, vermindert sich die Zahl der *Betriebe* dagegen nur um 2,5% jährlich. Dies wird in erster Linie durch die geringe Bereitschaft zur Betriebsaufgabe hervorgerufen, die zu einem Rückgang der Zahl der Nebenerwerbsbetriebe um nur 0,7%/Jahr führt. Bei dieser Variante erhöht sich somit bis 1979 der Anteil der Zu- und Nebenerwerbsbetriebe von 34,7 auf 38,7%.

Mit 3,8% liegt auch die *Abwanderungsrate* landwirtschaftlicher *Arbeitskräfte* deutlich unter dem entsprechenden Wert in Variante 3. Von 2256 Erwerbspersonen, die die Landwirtschaft verlassen, belasten mindestens 959 den außerlandwirtschaftlichen Arbeitsmarkt.

Ein *Vergleich* der Projektionsergebnisse mit der bisherigen Entwicklung zeigt, daß das für die Region Kleve Gesagte auch für den Raum Paderborn Gültigkeit hat: Strukturveränderungen im Ausmaß des Zeitraumes von 1970 bis 1973 sind künftig nicht mehr zu erwarten, da der Anpassungsdruck insgesamt geringer geworden ist.

Vergleicht man die bisherige und mögliche künftige Entwicklung der *beiden* untersuchten Regionen miteinander, so sind jedoch erhebliche *Entwicklungsunterschiede* feststellbar: Während der Maximalwert der zu erwartenden Abwanderungsrate *(Variante 2)* im Bereich des Arbeitsmarktes Kleve bei 4,1% liegt, erreicht diese im Raum Paderborn einen Wert von 6,6% jährlich.

Ähnliche Unterschiede sind auch in den *Varianten 3 und 4* festzustellen. Das stärkere Ausmaß der Entwicklung von 1970 bis 1973 im Raum Kleve hat somit zu einer günstigeren Struktur geführt, die zusammen mit den besseren natürlichen Produktionsbedingungen in einem geringeren Abwanderungsdruck und somit künftig niedrigeren Abwanderungsraten zum Ausdruck kommt.

5. Beurteilung der Ergebnisse im Hinblick auf die derzeitige Situation am Arbeitsmarkt

Für die Beurteilung der Alternativen zur Abschätzung der zukünftigen AK-Mobilität ist es notwendig, das Verhalten der Landwirte primär unter *Rezessionsbedingungen* zu diskutieren. Hierbei handelt es sich um Hypothesen, die bisher nicht empirisch unterbaut sind. Da das Mobilitätsverhalten altersabhängig ist, wird dieses Kriterium zur Grundlage der Systematik gemacht.

Bei den *jungen Menschen* sind verschiedene Alternativen denkbar: Der Hoferbe leistungsfähiger Vollerwerbsbetriebe bereitet sich wie bisher auf eine landwirtschaftliche Tätigkeit durch eine entsprechende Ausbildung vor, die Nichthoferben wandern ab und suchen trotz Ausbildungsproblemen einen Ausbildungsplatz außerhalb der Landwirtschaft. Andere Hoferben, primär von wenig entwicklungsfähigen Betrieben, veranlaßt die Unsicherheit der Arbeitsplätze im gewerblichen Bereich dazu, trotz möglicherweise höheren Einkommens zunächst eine landwirtschaftliche Ausbildung zu absolvieren und den landwirtschaftlichen Betrieb zu übernehmen.

Primär in dieser Altersgruppe besteht die Gefahr, daß sich die *Grundeinstellung* der jungen Landwirte, die bisher sehr stark auf die Abwanderung ausgerichtet war, wieder stärker in Richtung Verbleiben in der Landwirtschaft ändert und damit den Strukturwandel entscheidend verlangsamt.

Betroffen sind ebenfalls die Landwirte in nicht entwicklungsfähigen Betrieben im Alter von *30 bis 40 Jahren,* die bei einem Fortschreiten des wirtschaftlichen Wachstums zum Teil noch abgewandert wären, jetzt jedoch verunsichert sind und möglicherweise durch eine Intensivierung der Betriebe zusätzliches Einkommen erwirtschaften wollen. Die sonst für die Aufstockung anderer Betriebe freigewordene Fläche wird jetzt nicht angeboten.

Ähnliche Überlegungen sind für die *40- bis 50jährigen* anzustellen, die bisher schon zögernd Teilbeschäftigungen aufgenommen haben, jetzt möglicherweise hierauf verzichten, weil die Tätigkeit in geringerem Umfange angeboten wird.

Am sichersten ist das Abschätzen des Verhaltens der *älteren Landwirte,* deren Betriebsflächen anderen Landwirten zur Verfügung stehen, wenn kein Hofnachfolger herangewachsen ist. Sie scheiden altersbedingt aus dem Produktionsprozeß aus. Dasselbe trifft für den Fall zu, daß zwar ein Hoferbe vorhanden ist, der alte Landwirt jedoch keinen Lohnanspruch mehr stellt, weil er nicht mehr im Betrieb tätig ist und eventuell ein Altersruhegeld bezieht.

Vergleicht man diese altersabhängigen Verhaltensweisen mit den Modellalternativen, so ist festzustellen, daß die Variante 1, die nur eine Abwanderung im Zuge des Generationswechsels unterstellt, eine Entwicklung beschreibt, die unabhängig von der wirtschaftlichen Entwicklung rein altersbedingt abläuft.

Eine Verminderung der *Zahl der Betriebe* ab 5 ha um 1,8 %/Jahr müßte dann eintreten. Die Zahl der Voll-AK würde sich unter dieser Bedingung um 2,2 bzw. 1,9 % je Jahr verringern. Für die gesamte Bundesrepublik wurde für das Jahr 1976 eine Verminderung des AK-Besatzes um 1,7 % ermittelt. Dies läßt vermuten, daß sich die AK-Reduzierung sehr stark auf die Verminderung im Zuge der Generationsfolge konzentriert hat.

Er erscheint unrealistisch, von der *Alternative 2* in naher Zukunft auszugehen, für die eine Abwanderungsrate von 4,5 bis 6,6 %/Jahr ermittelt wurde, da die Rezession das Verhalten nachhaltig beeinflußt hat und die Inflation die Wertvorstellungen über Grund und Boden und damit die Abgabe landwirtschaftlicher Nutzflächen negativ beeinflußt.

Am realistischsten erscheint die *Variante 4* mit einer Reduzierung der Zahl der Betriebe um 2 bzw. 2,5 % und der Voll-AK von 3,7 bzw. 3,8 %. Allerdings würde ihre Realisierung voraussetzen, daß im gewerblichen Bereich verstärkt Arbeitsplätze angeboten werden, die nicht nur der Beseitigung der strukturellen Arbeitslosigkeit, sondern auch der Wiederbeschaffung der durch die Rezession verlorengegangenen Arbeitsplätze dienen.

Die derzeitige geringe Mobilität ist kein Ausdruck einer *Konsolidierung* der *Agrarstruktur* im Hinblick auf eine gelungene Anpassung an den technischen Fortschritt. Die hohe Diskrepanz zwischen technischen Möglichkeiten und betrieblich vollzogener Anpassung verdeutlicht dies. Die derzeitige Situation ist vielmehr stark gekennzeichnet durch die gesamtwirtschaftliche Entwicklung mit hohen Arbeitslosenzahlen, die die psychologischen und ökonomischen Bedingungen für die Mobilität von Fläche und Arbeitskräften negativ beeinflussen.

Zur Verdeutlichung der *Arbeitsmarktprobleme* sollen die *Arbeitslosenzahlen* der behandelten Arbeitsmarktregionen in Verbindung gebracht werden mit den freisetzbaren Arbeitskräften aus der Landwirtschaft. Ein derartiger Vergleich wirft eine Reihe statistischer Probleme auf, da die Arbeitsamtsbezirke nicht übereinstimmen mit den Arbeitsmarktregionen. Ein grober Anhaltspunkt über die absolute Zahl der Arbeitslosen in den untersuchten Regionen kann jedoch durch Anwendung der Arbeitslosenquoten auf die Zahl der 1970 dort vorhandenen Erwerbstätigen gewonnen werden.

Für den Arbeitsamtsbezirk *Krefeld* wurde im Dezember 1976 eine Arbeitslosenquote von 4,8 % ausgewiesen[31]). Bezieht man diese auf die nichtlandwirtschaftlichen Erwerbstätigen von 1970, so ergibt sich für den Arbeitsmarkt Kleve eine Zahl von etwa 1700 Arbeitslosen.

Höher lag die Arbeitslosenquote im gleichen Monat im Arbeitsamtbezirk *Paderborn*, für den 5,0 % angegeben wurden[32]). Bei entsprechender Umrechnung erhält man für die Arbeitsmarktregion eine Zahl von etwa 4200 Arbeitslosen.

Setzt man diese Zahlen in Beziehung zu den Ergebnissen der Modellrechnungen, so zeigt sich, daß die Zahl der bis 1979 ausscheidenden und um einen nichtlandwirtschaftlichen Arbeitsplatz nachsuchenden Personen im Raum *Kleve* je nach Mobilitätsverhalten bis zu 22 % der derzeitigen Arbeitslosenzahl beträgt. Selbst bei niedriger Mobilitätsbereitschaft (Variante 4) werden noch 17 % erreicht.

Noch ungünstiger ist die Entwicklung im *Paderborner Raum* zu beurteilen: Die Zahl der bis 1979 maximal freigesetzten Personen (Variante 2) beträgt 54 % der derzeitigen Arbeitslosen. Bei Unterstellung niedriger Mobilitätsbereitschaft sinkt dieser Wert auf 23 %. Probleme dürfte im Bereich des Arbeitsmarktes Paderborn darüber hinaus der relativ niedrige Ausbildungsstand mit sich bringen.

V. Zusammenfassung

Aufgabe der vorliegenden Untersuchung war es, den Einfluß agrarsektoraler Veränderungen auf die Arbeitsmarktentwicklung in ländlichen Räumen abzuschätzen.

In der Studie wurden beispielhaft zwei *Arbeitsmarktregionen* des Landes Nordrhein-Westfalen behandelt. Deren *Auswahl* orientierte sich an der Erwerbsstruktur, wobei solche Gebiete herangezogen wurden, in denen ein relativ hoher Anteil landwirtschaftlicher Erwerbstätiger darauf schließen ließ, daß der Agrarsektor im gesamten Arbeitsmarktgeschehen von nicht unwesentlicher Bedeutung ist. Ferner sollten die beiden Untersuchungsregionen Unterschiede bezüglich der natürlichen Produktionsbedingungen für die Landwirtschaft sowie der außerlandwirtschaftlichen Erwerbsmöglichkeiten aufweisen. Als solche wurden die Arbeitsmarktregionen Kleve und Paderborn herangezogen.

Im zweiten Teil der Studie wurde die *agrarstrukturelle Entwicklung* im Zeitraum von 1970 bis 1973 als Grundlage für die später vorzunehmenden Projektionen dargestellt und analysiert. Dabei zeigte sich, daß in beiden Regionen erhebliche Veränderungen stattgefunden haben, die in einem Rückgang der Zahl der Betriebe ab 5 ha sowie den darin beschäftigten Arbeitskräften ihren Niederschlag finden. Die günstigeren außerlandwirtschaftlichen Erwerbsmöglichkeiten bewirkten dabei im Bereich des Arbeitsmarktes Kleve

---

[31]) Monatsberichte des Landesarbeitsamtes Nordrhein-Westfalen, Düsseldorf, Januar 1977.
[32]) Ebenda.

eine höhere *Abwanderungsrate* landwirtschaftlicher Arbeitskräfte (12,3 %) als im Raum Paderborn (8,8 %), obgleich die ungünstigeren Standortverhältnisse die Landwirtschaft dieses Gebietes unter einem höheren Anpassungsdruck stellen als am Niederrhein.

Die Analyse der *Altersstruktur* zeigte, daß insbesondere die Zahl der Personen über 60 Jahre stark rückläufig war, was zu einer erheblichen Verjüngung der in der Landwirtschaft Tätigen geführt hat. Ergänzende Informationen über den *Ausbildungsstand* der Betriebsleiter und ihrer Nachfolger kennzeichnen ein deutliches Bildungsgefälle des Paderborner Raumes gegenüber dem Niederrhein, was zusätzliche Probleme auf dem südost-westfälischen Arbeitsmarkt hervorrufen kann.

Der letzte Abschnitt des Beitrages befaßte sich mit der *Projektion* des möglichen *Arbeitskräfteangebots* bis zum Jahre 1979. Hierfür gelangte ein rekursives, mikroanalytisches Simulationsmodell zur Anwendung, das die Vorschätzung der zu erwartenden Arbeitskräftemobilität unter alternativen Verhaltensannahmen ermöglicht.

Bei unterschiedlichen Annahmen zum Mobilitätsverhalten der Landwirte konnten vier alternative Entwicklungen aufgezeigt werden. Dabei wurde deutlich, daß sich durch das hohe Tempo des Strukturwandels zu Beginn der siebziger Jahre der Anpassungsdruck für die Landwirtschaft erheblich verringert hat. Abwanderungsraten in dem Ausmaß wie sie von 1970 bis 1973 zu beobachten waren, sind daher in Zukunft nicht mehr zu erwarten, wenn nicht überproportional steigende Einkommen im außerlandwirtschaftlichen Bereich den Anpassungsdruck wieder erhöhen.

Unterstellt man eine infolge der wirtschaftlichen Rezession *eingeschränkte Mobilitätsbereitschaft*, so können noch Abwanderungsraten von 3,7 bis 3,8 % erreicht werden. Setzt man die daraus für den Zeitraum von 1973 bis 1979 sich ergebende Nachfrage nach außerlandwirtschaftlichen Arbeitsplätzen in Beziehung zu den derzeitigen *Arbeitslosenzahlen*, so wird das Ausmaß der Arbeitsmarktprobleme deutlich: Bei Arbeitslosenquoten von 4,8 % am Niederrhein und 5,0 % im Raum Paderborn erreicht die Zahl der potentiell aus der Landwirtschaft ausscheidenden und einen außerlandwirtschaftlichen Arbeitsplatz nachsuchenden Erwerbstätigen eine Größenordnung von 17 bzw. 23 % der augenblicklichen Arbeitslosenziffern. Die daraus resultierende geringe Aussicht für die abwanderungsbereiten Landwirte, einen Arbeitsplatz zu finden, dürfte die agrarstrukturelle Entwicklung in naher Zukunft in entscheidendem Maße hemmen, wenn nicht gar – bis auf altersbedingte Veränderungen – völlig zum Erliegen bringen.

Literaturhinweise

1. BERG, E.: Überblick über Methoden und Modelle für die Regionalplanung, Beiträge der Betriebswirtschaftslehre zur Raum- und Umweltschutzplanung im Agrarbereich, Vorträge zum 3. Kontaktstudium der Fachrichtung „Wirtschafts- und Sozialwissenschaften des Landbaues" der Landwirtschaftlichen Fakultät der Universität Bonn, Manuskript, Bonn 1975.

2. BERG, E.: Strukturentwicklung im Ballungsraum, Bonner Hefte für landwirtschaftliche Betriebslehre, H. 4, Stuttgart 1977.

3. BURBERG, P. H.: Sozialökonomische Betriebserhebung 1969/70 in Nordrhein-Westfalen, Forschung und Beratung, Reihe C, H. 19, Hiltrup 1971.

4. DOPPLER, W.: Die Anwendung rekursiver linearer Modelle zur Analyse und Prognose regionaler Strukturentwicklungen im Agrarsektor, Agrarwirtschaft, SH 56, Hannover 1974.

5. EBEL, F.: Agrarstrukturelle Entwicklungsmöglichkeiten in Südost-Westfalen – regionale und einzelbetriebliche Planungen – Forschung und Beratung, Reihe B, H. 22, Hiltrup 1974.

6. GUTH, E.: Analyse des Marktes für landwirtschaftliche Arbeitskräfte, Agrarwirtschaft, SH 52, Hannover 1974.

7. DE HAEN, H., VON BRAUN, J.: Regionale Veränderungen des Arbeitseinsatzes in der Landwirtschaft – demographische Analyse und arbeitsmarktpolitische Schlußfolgerungen, Vortrag zur 17. Jahrestagung der Gesellschaft für Wirtschafts- und Sozialwissenschaften des Landbaues e. V. vom 7.–9. Oktober 1976.

8. HANF, C. H.: Ein Simulationsmodell zur Analyse der regionalen Entwicklung der Agrarstruktur, Agrarwirtschaft, Jg. 22, Hannover 1973.

9. HANF, E.: Zur Prognose der Zahl der Arbeitskräfte im Agrarsektor, Schriften der Gesellschaft für Wirtschafts- und Sozialwissenschaften des Landbaues e. V., Bd. 9, München – Bern – Wien 1972.

10. HAUSER, J.: Analyse der Nutzungsmöglichkeiten von Grenzertragsflächen und der Entwicklung der Agrarstruktur in schwach strukturierten Agrarregionen. – Einzelbetriebliche und regionale Planungen –, Forschung und Beratung, Reihe B, H. 23, Hiltrup 1975.

11. HEIDHUES, Th.: Ursachen und Ausmaß der unzureichenden Faktormobilität in der Landwirtschaft, Schriften der Gesellschaft für Wirtschafts- und Sozialwissenschaften des Landbaues e. V., Ed. 9, München – Bern – Wien 1972.

12. HOGEFORSTER, J.: Die Entwicklung von Regionen im Lande Nordrhein-Westfalen – Ein Beitrag zur Agrarplanung –, Forschung und Beratung, Reihe B, H. 20, Hiltrup 1972.

13. JÜRGING, H.-R.: Analyse und Prognose von Faktormobilitäten in Ballungsrandgebieten und ländlichen Räumen, Forschung und Beratung, Reihe B, H. 24, Hiltrup 1975.

14. KLEMMER, P., KRAEMER, D.: Regionale Arbeitsmärkte, Bochum 1975.

15. KUST, R.: Formen der Nebenerwerbslandwirtschaft und ihre Funktion im Rahmen der Aufrechterhaltung der Wirtschafts- und Sozialstruktur im ländlichen Raum (vorl. Arbeitstitel), Bonner Diss. in Vorbereitung.

16. Landesarbeitsamt Nordrhein-Westfalen (Hrsg.): Monatsberichte des Landesarbeitsamtes Nordrhein-Westfalen, Düsseldorf 1977.

17. Landwirtschaftskammer Westfalen-Lippe (Hrsg.): Westfalens Landwirtschaft im Wandel – Strukturanalysen und Entwicklungstendenzen der land- und forstwirtschaftlichen Betriebe in Westfalen-Lippe, Münster 1974.

18. VON MALCHUS, V.: Tendenzen der Bevölkerungsentwicklung und der Bevölkerungsverteilung im Lande NRW, Vortrag vor der Landesarbeitsgemeinschaft NRW der Akademie für Raumforschung und Landesplanung.

19. MEINKE, D.: Gravitations- und Potentialmodelle, Handwörterbuch der Raumforschung und Raumordnung, Bd. I, Hannover 1970.

20. MÜLLER, R.: Zur Analyse der Agrarstrukturentwicklung einer Kleinregion mit einem Simulationsmodell, Agrarwirtschaft, SH 68, Hannover 1976.

21. SCHLÜTER'-CRAES, F.: Entwicklung von Produktionsstruktur und Arbeitskräftebesatz unter Berücksichtigung von Umweltschutzauflagen (vorl. Arbeitstitel), Bonner Diss. in Vorbereitung.

22. Statistisches Landesamt Nordrhein-Westfalen (Hrsg.): Beiträge zur Statistik des Landes Nordrhein-Westfalen, Die Landwirtschaft in NRW, Jg. 1970 und 1973.

23. Statistisches Landesamt Nordrhein-Westfalen (Hrsg.): Beiträge zur Statistik des Landes Nordrhein-Westfalen, Sonderreihe Volkszählung 1970, H. 1, H. 4, H. 8c, Düsseldorf 1972.

24. WEINSCHENCK, G., HENRICHSMEYER, W., HANF, C. H.: Experiences with Multi-Commodity Models in Regional Analysis, unveröffentl. Manuskript, o. J.

25. WUNRAM, F.: Strukturwandel verändert die rheinische Landwirtschaft – Ergebnisse und Analyse der sozialökonomischen Betriebserhebung 1973, Schriften der Landwirtschaftskammer Rheinland, H. 21, Bonn 1974.

Anhang

Übersicht 1:
Statistische Kennziffern und Namen der Kreise in den ländlichen Räumen
Nordrhein-Westfalens
(Gebietsstand 1.1.1970)

136	Kleve	831	Lüdenscheid
138	Rees	832	Arnsberg
233	Geldern	833	Brilon
		836	Lippstadt
331	Bergheim	837	Meschede
333	Euskirchen	838	Olpe
335	Oberbergischer Kreis	839	Siegen
337	Rhein-Sieg-Kreis	840	Soest
		842	Wittgenstein
432	Düren		
433	Erkelenz		
434	Jülich		
435	Monschau		
436	Schleiden		
437	Selfkantkreis Geilenkirchen-Heinsberg		
531	Ahaus		
532	Beckum		
533	Borken		
534	Coesfeld		
535	Lüdinghausen		
536	Münster		
538	Steinfurt		
539	Tecklenburg		
540	Warendorf		
732	Büren		
733	Detmold		
734	Halle (Westf.)		
736	Höxter		
737	Lemgo		
738	Lübbecke		
739	Minden		
740	Paderborn		
741	Warburg		
742	Wiedenbrück		

153

Diskussionsbericht zum Beitrag Berg/Steffen:
Zur Entwicklung des Arbeitskräfteangebots aus dem Agrarsektor

Die anschließende Diskussion ist im wesentlichen methodischen Aspekten, inhaltlichen Ergebnissen und Schlußfolgerungen für die Planung gewidmet.

Im Zusammenhang mit einer Frage von Herrn LEHMANN nach der Mitberücksichtigung der Entwicklung der landwirtschaftlichen Nutzfläche fragt Herr RÖPER, inwieweit die Forstwirtschaft in die Analyse mit einbezogen sei. Die Referenten bestätigen, daß in Abb. 3 die Erwerbstätigen in der Land- *und* Forstwirtschaft dargestellt seien, daß sich in anderen Darstellungen die Daten nur auf die Landwirtschaft beziehen, daß jedoch der Unterschied immer beachtet und klar bezeichnet sei. Im übrigen spiele die Forstwirtschaft für die Beschäftigungssituation auch der Mittelgebirgsregionen nur eine untergeordnete Rolle.

Bezüglich der Beurteilung der inhaltlichen Ergebnisse fragt Herr SCHÖLLER zunächst nach der Repräsentanz der an zwei Beispielregionen gewonnenen Aussagen. Herr STEFFEN bestätigt, daß verallgemeinernde Schlüsse etwa auf ganz Nordrhein-Westfalen noch nicht gezogen werden könnten. Zunächst gehe es um eine beispielhafte Anwendung des Analyseinstruments auf zwei unterschiedlich strukturierte Regionen.

Herr GADEGAST weist auf die hohen Zahlen der für die Region Paderborn für 1973–1979 errechneten Arbeitskräfte-Freisetzungen hin und fragt, inwieweit etwaige Prognoseaussagen nicht noch weiter differenziert werden müßten, da auf die Dauer so hohe Freisetzungszahlen nicht vorstellbar seien. Die Referenten betonen, daß es sich bei ihren Projektionen um degressive Abnahmen handele, daß also die absoluten Freisetzungen abnehmen müßten trotz gleichbleibender relativer Abnahme. Im übrigen müsse mit einem – unter Rezessionsbedingungen allerdings verlangsamten – ständigen Freisetzen weiterer Arbeitskräfte aus der Landwirtschaft gerechnet werden, bedingt durch weiteren technischen Fortschritt und Einkommensdisparitäten.

In diesem Zusammenhang fragt Herr KLEMMER, ob sich auf Abb. 3 in den stärker industrialisierten Regionen mit einem landwirtschaftlichen Erwerbstätigenanteil von 3 bis 4 % vielleicht schon die untere Grenze der Entwicklung abzeichnen könne. Demgegenüber betont Herr BERG, daß auch diese Regionen durchaus vergleichbare landwirtschaftliche Erwerbstätigenzahlen aufweisen und daß die geringen Prozentwerte mit entsprechend höheren Industriebeschäftigtenzahlen zusammenhängen, so daß auch hier mit einer vergleichbaren degressiven Abnahme zu rechnen sei.

Herr BRÖSSE fragt nach den Auswirkungen bei einer künftig möglicherweise verstärkten Berücksichtigung von Umwelterfordernissen; ferner sei auch die Frage zu stellen, inwieweit künftiger technischer Fortschritt durch die Erfordernisse des LEP III eingeschränkt werde, so daß dadurch möglicherweise auch die Zahl der aus der Landwirtschaft ausscheidenden Arbeitskräfte reduziert werde. Herr STEFFEN bestätigt, daß eine verstärkte Berücksichtigung von Umweltschutzauflagen durch zusätzliche Kosten ökonomische Probleme hervorrufe und möglicherweise zu Standortverschiebungen der Agrarproduktion führen könne. Auf die zweite Frage von Herr BRÖSSE bestätigt Herr STEFFEN, daß die Zuweisung von Freiraumfunktionen die Form der landwirtschaftlichen Nutzung beeinflussen könne, etwa indem der Maschineneinsatz beschränkt werde, so daß sich Änderungen der Bewirtschaftungsintensität ergeben.

Herr BLOCH gibt zu bedenken, ob nicht die Relevanz der Aussagen für die Planungspraxis durch die seiner Ansicht nach problematische räumliche Bezugsbasis eingeschränkt werde. Vor allem der Raum Paderborn sei zu groß und heterogen; statt dessen sei zumindest eine mittelzentrale Aufgliederung erforderlich. Herr STEFFEN stimmt weitgehend zu. Die Planungspraxis stelle an die Wissenschaft bestimmte Anforderungen, die jedoch häufig nicht mit den Möglichkeiten und Vorstellungen der Wissenschaft zur Deckung zu bringen seien. So sei hier versucht worden, die räumliche Bezugsbasis an die KLEMMERschen Arbeitsmarktregionen anzulehnen, da lediglich Kreisdaten zur Verfügung stünden, obwohl Aussagen auf der Ebene der Gemeinden sicherlich wünschenswert seien. Herr KLEMMER ergänzt hierzu, daß die Region Paderborn in der Tat eine in sich sehr differenzierte Struktur aufweise und wegen geringer Mobilitätsbereitschaft nicht eindeutig auf die Stadt Paderborn ausgerichtet sei, so daß eine kleinere Regionalisierung, etwa die Abtrennung des Warburger Raumes, sinnvoll erscheine.

Bezüglich der Schlußfolgerungen für die Landesplanung bezeichnet es Herr LOWINSKI als sehr wünschenswert, wenn die Berechnungen so fortgeführt werden könnten, daß bilanzierende Aussagen für ganz Nordrhein-Westfalen oder für größere Regionen gemacht werden könnten. Möglich sei auch eine Ergänzumg um zwei bis drei weitere Beispielregionen, von denen dann vielleicht für das ganze Land hochgerechnet werden könne. Herr STEFFEN warnt davor, die Aussagen vorschnell zu verallgemeinern und hält die Einbeziehung mehrerer zusätzlicher Regionen für erforderlich. Vor allem wäre es wünschenswert, wenn die Daten der z. Z. laufenden sozioökonomischen Erhebungen 1976/77 in die Analyse mit einbezogen werden könnten, da diese eine bessere Basis für die Verhaltensvariablen böten.

Abschließend weist Herr RÖPER auf zwei überraschende Einzelergebnisse der Analyse hin: Demnach erfolgte zwischen 1970 und 1973 eine erstaunlich hohe Abnahme der über 60jährigen landwirtschaftlichen Erwerbspersonen (absolut und prozentual) (Tab. 3). Ferner wird aus Tabelle 4 ein bemerkenswertes Bildungsgefälle zwischen den Regionen Kleve und Paderborn deutlich, das sich vor allem in einem hohen Prozentsatz der Betriebsleiter ohne Ausbildung in der Region Paderborn dokumentiert.

Hans Heinrich Blotevogel

Erfahrungen aus dem Beteiligungsverfahren zur Novellierung der Landesentwicklungspläne I und II

von

Heinrich Lowinski, Düsseldorf

1. Seit Juni 1977 ist das Thema „Novellierung der Landesentwicklungspläne I/II" aktuell, weil seither das sogenannte Beteiligungsverfahren läuft. Es sieht erstmals die unmittelbare Beteiligung aller Mandatsträger in den Gemeinden und Gemeindeverbänden sowie selbstverständlich der Bezirksplanungsräte und der gesamten funktionalen Selbstverwaltung vor. Dieses völlig neuartige Verfahren für die Erarbeitung von Landesentwicklungsplänen hat eine Diskussion über die Landesplanung und ihre Ziele auf breiter, landesweiter Basis ausgelöst.

   Diese Diskussion ist verbunden mit der unabweisbaren Notwendigkeit, sich mit zum Teil erheblich veränderten oder sich erheblich verändernden Rahmenbedingungen der Landesentwicklung auseinanderzusetzen. Veränderte Rahmenbedingungen sind z. B. die Ergebnisse der kommunalen Neugliederung, sich verändernde Rahmenbedingungen sind z. B. die absehbaren Tendenzen und Auswirkungen der Bevölkerungsentwicklung.

   Von den Beteiligungsfristen her gesehen geht der erste Verfahrensabschnitt am 1. März zu Ende. Dann nämlich werden die Stellungnahmen der Gemeinden und Gemeindeverbände vorliegen. Sodann sind die Bezirksplanungsräte aufgefordert, bis zum 1. Mai ihrerseits Bedenken und Anregungen zum Entwurf der Landesplanungsbehörde zu äußern. Bis zum 1. Juni schließlich wird die abschließende Stellungnahme der Regierungspräsidenten erwartet.

2. Der bisherige Verlauf der Diskussion im Beteiligungsverfahren ist durch sehr unterschiedliche Reaktionen auf den von der Landesplanungsbehörde vorgelegten Entwurf zur Novellierung der Landesentwicklungspläne I/II gekennzeichnet. Dafür zwei Beispiele, aus denen die ganze Bandbreite der Einschätzung des Entwurfs erkennbar wird.

   Erstes Beispiel:

   „Dieser weitere Versuch, jetzt auch noch über einen Landesentwicklungsplan auf kaltem Wege sozialistische Planwirtschaft, insbesondere auf Kosten der kleineren Gemeinden in unserem Lande einzuführen, muß gestoppt werden . . . Auch diejenigen, die der Plan scheinbar begünstigt, dürften im Rahmen der verlangten Diskussion sich der Gefährlichkeit des Papiers bezüglich der Grundlagen unseres freiheitlichen Systems bewußt werden." (Entnommen aus der Zeitung „Die Glocke" vom 23. September 1977.)

Zweites Beispiel:

Der Gemeinderat der Gemeinde X hat in seiner Sitzung am ... den Entwurf des Landesentwicklungsplanes I/II einstimmig gutgeheißen. Irgendwelche kritische Anmerkungen sind seitens der Gemeinde X zu diesem Plan nicht geltend zu machen. Im Gegenteil begrüßt die Gemeinde den Landesentwicklungsplan I/II in der Fassung des vorliegenden Entwurfs außerordentlich. Insbesondere hält sie die Ausweisung der Gemeinde X als Unterzentrum mit 10 000 bis 25 000 Einwohnern im Versorgungsbereich für zutreffend dargestellt. Auch ist die Gemeinde hinsichtlich des Bereiches oberzentraler Verflechtungen (Oberbereich), des Kernbereiches mittelzentraler Verflechtungen (Mittelbereich) und der Grenze der Arbeitsmarktregion richtig ausgewiesen worden. Die Gemeinde X würde daher die baldige Verabschiedung des Landesentwicklungsplanes I/II in der Fassung des vorliegenden Entwurfes außerordentlich begrüßen.

Grund genug also für eine Diskussion des Planentwurfs hier in der LAG der Akademie, die – wie sollte es bei einer Akademie auch anders sein – in der Sache vorbehaltlos und nüchtern, aber in der Form fair sein sollte, unterscheidend zwischen Sachproblematik, politischer Interessenlage und persönlichem Engagement. Eine derartig faire Haltung kann man leider nicht allen anderen Bühnen bescheinigen, auf denen der Planentwurf diskutiert wird. So wird man in der Diskussion z. B. teilweise mit einem Vokabular konfrontiert, das von einer emotionellen Polemik geprägt ist, die manchmal eher an eine feindselige Auseinandersetzung denn an eine sachbezogene, wenn auch selbstverständlich politische Diskussion erinnert. Auch muß man mit der wissenschaftlich wie kollegial gesehen zweifelhaften Tatsache rechnen, daß unveröffentlichte Manuskripte ohne Genehmigung des Verfassers zitiert werden, oder daß man aufgrund von spontan formulierten Diskussionsbeiträgen gewissermaßen als „Zeuge der Anklage" wörtlich zitiert wird.

Für derartige hektische Randerscheinungen, durch die sich die dafür Verantwortlichen selbst am meisten in Frage stellen, mag es verschiedene verständliche wie unverständliche Gründe geben.

3. Aus meiner Beobachtung heraus möchte ich stichwortartig einige solcher denkbaren Gründe nennen:

Das neuartige Verfahren für die Erarbeitung von Landesentwicklungsplänen ist in jeder Hinsicht unerprobt für alle Beteiligten. Insofern haben wir es hier alle mit einem Lernprozeß zu tun, der durch die typischen Merkmale solcher Prozesse gekennzeichnet ist.

3.1 Lernprozeß im Rollenverständnis der Beteiligten:
   - nach Ebenen, Gemeinde/Region/Land
   - nach Interessenvertretung (z. B. Verbände und Kammern).

3.2 Lernprozeß hinsichtlich der Verfahrensdauer und gekoppelt damit der Verfahrenstechnik:
   - Entscheidungsvorbereitung in den Verwaltungen und Entscheidungsfindung in den politischen Gremien braucht Zeit (Ausschüsse, Räte, Tagungshäufigkeit und Ladungsfristen),
   - von vornherein Datenkataloge beifügen.

158

3.3 Lernprozeß hinsichtlich der Einschätzung des Sachwissens, des Problembewußtseins und des politischen Diskussionsstandes:

- hierbei war besonders unwägbar der Grad des Mitvollzugs der Diskussion zum LEPro von 1974,

- gleichermaßen unwägbar war auch die Bewältigung der vielfach veränderten Bedingungen im kommunalen Bereich nach der Neugliederung hinsichtlich der notwendigen Neuorientierung der kommunalen Entwicklungsplanung.

3.4 Lernprozeß auch insoweit, als es trotz aller Bemühungen um Kontinuität der landespolitischen Entwicklungsziele in der Sache und ihrer Formulierung zu unvorhersehbaren psychologischen Reaktionen gekommen ist, z. B. wird in anderen Bundesländern schon seit mehr als 10 Jahren der Begriff Unterzentrum verwandt, jetzt wurde plötzlich eine Analogie zu „Untermenschen" hergestellt.

3.5 Lernprozeß hinsichtlich der Verarbeitung von objektiven Informationen über einzelne Aspekte der Landesentwicklung. Viele gereizte Reaktionen gegenüber dem Entwurf des Landesentwicklungsplanes I/II scheinen Ausdruck einer Verunsicherung in der sachlichen Einschätzung und Bewertung völlig veränderter Rahmenbedingungen zu sein. Vielleicht sollen dadurch auch offenkundige Probleme verdrängt werden – angesichts einer offenbaren Ohnmächtigkeit, diesen Problemen beizukommen. Dies gilt insbesondere für die Bevölkerungsentwicklung und ihre Auswirkungen.

Man hat manchmal den Eindruck, daß hier ein regelrechter „Problemverdrängungswettbewerb" stattfindet nach dem Motto, „daß nicht sein kann, was nicht sein darf" im Stil der bekannten „St.-Florians-Methode" „mag's überall kommen, bei mir nicht".

3.6 Lernprozeß über Sinn des Gegenstromverfahrens in der Landesplanung. Offenbar wird das Wesen eines Gegenstromverfahrens falsch gesehen. Grundlage eines solchen Verfahrens muß ein Entwurf sein. Dieser Entwurf muß offen für begründete Veränderungen sein, sonst wäre die Beteiligung unsinnig und fragwürdig. Zum anderen liegt es in der Natur der Sache begründet, daß man auf den einzelnen Ebenen der Raumplanung (Gemeinde – Region – Land) manchmal selbstverständlich zu unterschiedlichen Bewertungen desselben Tatbestandes kommen kann und muß.

Aus der Sicht des Landes sollte man dabei allerdings insbesondere auch folgende Gesichtspunkte mit berücksichtigen:

- Die Aufgabe, flächendeckend für das gesamte Landesgebiet die Voraussetzungen für gleichwertige Lebensbedingungen zu schaffen, bedeutet, daß gleiches Recht auf das öffentliche Angebot zur Daseinsvorsorge bei gleichen Ansprüchen in der Nachfrage nach öffentlicher Daseinsvorsorge gelten muß. Das Sozialstaatsprinzip des Grundgesetzes impliziert auch das Gerechtigkeitsprinzip hinsichtlich gleichwertiger öffentlicher Daseinsvorsorge.

- Die Landesplanungsbehörde hat bei der Erarbeitung von Landesentwicklungsplänen durch die Entscheidung des Gesetzgebers im Rahmen des Gesetzes zur Landesentwicklung gesetzliche Vorgaben zu beachten, die bei der Entfaltung in Landesentwicklungsplänen selbstverständlich nicht zur Disposition stehen.

– Ein für alle Teile des Landes gleichermaßen gesamtverträgliches Zielsystem, z. B. für die zentralörtliche Gliederung, kann und soll nach dem Willen des Gesetzgebers nur eine Rahmenplanung sein, die eine gleichartige und gleichmäßige Bewertung vergleichbarer Tatbestände in allen Teilen des Landes ermöglicht.

Regionale und lokale Besonderheiten können nicht die Grundlage für ein solches gesamtverträgliches Zielsystem, z. B. der zentralörtlichen Gliederung sein. Soweit jedoch das einer Rahmenplanung eigene Grobraster derartige regionale und lokale Besonderheiten etwa nicht erfaßt oder in unzulässiger Weise schematisch nivelliert, sind selbstverständlich entsprechende Ausnahmeregelungen und Korrekturen möglich, sinnvoll und vorgesehen. Die Berücksichtigung regionaler und lokaler Besonderheiten kann jedoch erst nach Auswertung des Beteiligungsverfahrens erfolgen.

– Das neuartige Beteiligungsverfahren hat auch die Aufgabe, mögliche Informationslücken durch die Beteiligung der Betroffenen zu schließen:

Mängel im Informationssystem (z. B. im Bereich der Infrastruktur),

Bereitstellung neuester Daten (z. B. aufgrund jüngster tatsächlicher oder geplanter Veränderungen in den Gemeinden),

Aufdeckung landesweit nicht verfügbarer Daten (z. B. grenzüberschreitende Verflechtungen, besondere Formen zwischengemeindlicher Zusammenarbeit).

3.7 Dieser Lernprozeß, den ich eben in einigen Punkten angesprochen habe, wird, so ist zu hoffen, dennoch für alle beteiligten Ebenen in Würdigung der gemachten Erfahrungen zu einer Versachlichung des neuartigen, auf eine breite demokratische Mitwirkung angelegten Beteiligungsverfahrens für die Aufstellung von Landesentwicklungsplänen führen. Man kann diesen Wunsch jedenfalls nur nachdrücklich unterstützen, damit es auch künftig gelingt, entsprechend der in Nordrhein-Westfalen schon traditionellen All-Parteien-Koalition in Sachen Landesplanung allseits ausgewogene, anerkannte und darum auch gemeinsam vertretene Ziele der Landesentwicklung aufzustellen.

4. Kontroverse Einschätzung der veränderten Rahmenbedingungen der Bevölkerungsentwicklung:

Im Beteiligungsverfahren werden die veränderten Rahmenbedingungen der Bevölkerungsentwicklung besonders kontrovers diskutiert. Daher möchte ich diese Frage abschließend kurz ansprechen.

Der Entwurf des Landesentwicklungsplanes I/II geht davon aus, daß die Gesamtbevölkerung (Deutsche und Ausländer) bis 1985 von derzeit rund 17,1 Mio. Einwohnern auf rund 16,4 und bis 1990 auf rund 16,0 zurückgehen wird. Diese Status-quo-Prognose geht gemäß Erläuterungsbericht (vgl. S. 10/11) von folgenden Annahmen aus:

– Langfristig im wesentlichen unveränderten Sterbeziffern stehen zunächst sinkende, ab 1978 gleichbleibende Geburtenraten (Lebendgeborene auf Tausend Frauen) gegenüber.

– Die Gesamtzahl der Ausländer im Lande bleibt im wesentlichen konstant.

– Die im Verhältnis zu früheren Jahren zu erwartenden geringen Wanderungsverluste gegenüber den anderen Bundesländern von durchschnittlich 12 000 pro Jahr werden durch die voraussichtliche Zuwanderung deutscher Aussiedler aus osteuropäischen Staaten weitgehend ausgeglichen.

Aufgrund dieser Annahmen für die Status-quo-Prognose ergibt sich aus der Sicht der Landesplanung, daß man, um bis 1985 zu anderen Ergebnissen hinsichtlich der Bevölkerungsentwicklung insgesamt zu kommen, sowohl das generative Verhalten der Bevölkerung im Lande selbst, als auch die Wanderungsströme zwischen Nordrhein-Westfalen und den übrigen Bundesländern sowie dem Ausland zielgerichtet beeinflussen müßte. In dem relativ kurzen Zeitraum bis 1985 ist das für die natürliche Bevölkerungsentwicklung bestimmende generative Verhalten jedoch erfahrungsgemäß nicht zu beeinflussen. In bezug auf die Zuwanderung ausländischer Arbeitnehmer sprechen im übrigen alle überschaubaren Gesichtspunkte dafür, daß sich im Prognosezeitraum bis 1985 die restriktive Haltung der Bundesregierung nicht wesentlich ändern wird, da in diesem Zeitraum sowohl geburtenstarke Jahrgänge der deutschen Bevölkerung in das erwerbsfähige Alter vorrücken als auch mit einer Zuwanderung von deutschen Aussiedlern aus osteuropäischen Staaten zu rechnen ist. Von daher erscheint es nicht ausgeschlossen, daß die Gesamtzahl der Ausländer im Lande von derzeit 1,2 Mio. nicht gehalten werden kann, sondern langfristig auf weniger als 1 Mio. absinkt.

Folglich ist im Rahmen der Landesentwicklung davon auszugehen, daß die Bevölkerungsentwicklung insgesamt kurz- bis mittelfristig im wesentlichen nicht zu beeinflussen ist. Die Richtwerte der Bevölkerungsentwicklung bis 1985 in der textlichen Darstellung entsprechen deshalb den Ergebnissen der Status-quo-Prognose.

5. „Bevölkerungspolitik" als neues Problemfeld der Bundes- und Landespolitik?
Aus der Sicht der Raumordnung und Landesplanung stellt die Bevölkerungsentwicklung seit jeher eine grundlegende Rahmenbedingung der Landesentwicklung dar. Während sich das Interesse an dieser Rahmenbedingung der Landesentwicklung bisher jedoch vorwiegend einerseits auf deren sachliche Bedeutung und methodisch-theoretische Erfassung, andererseits auf die Ausgestaltung und Verbindlichkeit sogenannter Richtwerte für die Bevölkerungsentwicklung im einzelnen konzentrierte, ist in jüngster Zeit ihr politischer Stellenwert mehr und mehr in den Vordergrund der Diskussion getreten. Es ist nicht zu übersehen, daß wir offenbar am Beginn einer Phase stehen, in der „Bevölkerungspolitik" als neues Problemfeld der Bundes- und Landespolitik erkannt worden ist.

„Bevölkerungspolitik, verstanden als die Gesamtheit der zielgerichteten Einwirkungen auf die zahlenmäßige Entwicklung einer Bevölkerung und deren Altersaufbau (quantitative Bevölkerungspolitik), ist" – um eine These von WINGEN aus seinem 1975 erschienenen Buch über „Grundfragen der Bevölkerungspolitik" aufzunehmen – „auch in den europäischen Industriegesellschaften nicht nur prinzipiell berechtigt, sondern darüber hinaus eine dauernde gesellschaftspolitische Aufgabe. Das gilt im Hinblick auf den international seit der Mitte der 60er Jahre zu beobachtenden Geburtenrückgang, der in der Bundesrepublik Deutschland durch sein besonders starkes Ausmaß . . . zu einer Aktualisierung der bevölkerungspolitischen Fragestellung maßgeblich beigetragen hat . . .[1]"".

[1] M. WINGEN: Grundfragen der Bevölkerungspolitik, Stuttgart 1975, S. 118.

Auf der letzten gemeinsamen wissenschaftlichen Plenarsitzung der Akademie für Raumforschung und Landesplanung und der Deutschen Akademie für Städtebau und Landesplanung Ende 1975 in Duisburg hat ein wissenschaftlich zweifellos kompetenter Bevölkerungsstatistiker die demographischen Aspekte der „Planung unter veränderten Verhältnissen" wie folgt charakterisiert:

„Mit hervorgerufen durch den starken Bevölkerungszuwachs der Nachkriegszeit gehört die Bundesrepublik heute zu den am dichtesten besiedelten Ländern der Erde. Infolgedessen wäre es töricht, eine Entwicklung zu provozieren, bei der die Bevölkerung weiter zunimmt. Ebenso problematisch wie uferloses Bevölkerungswachstum erscheint jedoch ein ständiger Bevölkerungsrückgang. Hält das Geburtentief an, müssen wir daher eines Tages die Frage nach dem Zeitpunkt beantworten, an dem eine weitere Schrumpfung der Bevölkerung nicht mehr tragbar erscheint. Spätestens dann müßte eine Politik eingeschlagen werden, welche die Bevölkerung zu einer größeren Zahl von Kindern ermutigt oder eine gezielte Einwanderung erstrebt. In diesem Zusammenhang ist es wichtig, festzuhalten, daß die Erhaltung des Bevölkerungsstandes ohne Einwanderung nicht möglich ist, wenn die Ehepaare höchstens zwei Kinder haben wollen, weil es immer Ehepaare geben wird, die keine Kinder oder nicht mehr als ein Kind bekommen können. Im größeren Umfang müßte es daher auch Ehepaare mit mindestens drei Kindern geben. Das setzt sicherlich eine Verbesserung der sozialen und wirtschaftlichen Rahmenbedingungen der Familien mit mehreren Kindern voraus ... Wenn wir uns im Hinblick auf die zu erwartende weitere Bevölkerungsentwicklung nicht auf bloße Anpassung beschränken wollen, muß also darüber nachgedacht werden, ob direkte oder indirekte bevölkerungspolitische Interventionen durch Setzung von Leitbildern oder Änderung der gesellschaftlichen Rahmenbedingungen oder eine gezielte Einwanderungspolitik nötig und möglich sind. Dabei ergibt sich für das praktische politische Handeln die große Schwierigkeit, daß sich die Überlegungen auf große Zeiträume zu erstrecken haben. Abgesehen von den Auswirkungen der Wanderungen haben die demographischen Prozesse die Eigentümlichkeit, daß sie sehr langsam verlaufen und ihre ganzen Wirkungen erst nach und nach in Jahrzehnten entfalten. Von daher wird verständlich, daß die politischen Entscheidungsträger, ... sich nur sehr vorsichtig und zögernd mit bevölkerungspolitischen Überlegungen und Zielsetzungen befassen. Die für Raumordnung und Städtebau Verantwortlichen werden dies ohne Verzug tun müssen"[2].

Um die Begründung für die Frage nach „Bevölkerungspolitik" als einem neuen politischen Problemfeld abzurunden, ist darauf hinzuweisen, daß im August 1974 zum ersten Mal in der Geschichte der Vereinten Nationen eine groß angelegte und lang vorbereitete „Weltbevölkerungskonferenz" stattgefunden hat, auf der der Bundesminister des Innern der Bundesrepublik Deutschland eine Erklärung zur „Bevölkerungspolitik als Gesellschaftspolitik" abgegeben hat. Ich beschränke mich darauf, aus dieser Erklärung nur den folgenden Satz zu zitieren, der die anstehende Grundsatzproblematik einer „Bevölkerungspolitik" auch bei uns in der Bundesrepublik Deutschland schlaglichtartig beleuchtet:

„Wenn die hochentwickelten Industriegesellschaften mit starkem generativen Defizit nicht nach und nach mit Millionenheeren nicht wirklich integrierbarer und assimilierbarer Gastarbeiter in ein neues Helotensystem zurückfallen wollen, in dem

---

[2] K. SCHWARZ: Planung unter veränderten Verhältnissen – Demographische Aspekte. In: Forschungs- und Sitzungsberichte der Akademie für Raumforschung und Landesplanung, Bd. 108, Hannover 1976, S. 2.

die Fremden grundsätzlich die niederen, die Eigenen die höheren Arbeiten verrichten, dann kommen auch und gerade solche Länder um eine vernünftige Verbindung von generativer Stabilisierung der eigenen Bevölkerung und maßvoller Aufnahme ausländischer Arbeitskräfte bei voller Gleichheit der realen Lebenschancen auch der Fremden zur sozialen und politischen Integration früher oder später nicht herum"[3].

Abschließend ist darauf hinzuweisen, daß im Oktober 1977 die Regierungschefs der Länder zum Thema „Bevölkerungsentwicklung in der Bundesrepublik Deutschland" folgenden Beschluß gefaßt haben:

„Die Regierungschefs der Länder halten eine weit über den Zeithorizont der fünften koordinierten Bevölkerungsvorausschätzung hinausgehende abgestimmte Vorausschätzung für erforderlich. Sie befürworten räumlich und nach relevanten Altersgruppen aufgegliederte statistische Modellrechnungen der natürlichen Bevölkerungsentwicklung, die ihre langfristigen Auswirkungen für die einzelnen Fachbereiche sichtbar machen.

Die Regierungschefs der Länder bitten die zuständigen Minister in Bund und Ländern, die Vorausschätzung und die Modellrechnungen soweit erforderlich unter Einschaltung der zuständigen Stellen, einschließlich des Statistischen Bundesamtes sowie des Bundesinstituts für Bevölkerungsforschung, zu erstellen. Sie nehmen von dem Beschluß der Arbeits- und Sozialministerkonferenz vom 30.6./1.7.1976 Kenntnis, der darauf abzielt, die längerfristigen Auswirkungen eines anhaltenden Geburtenrückgangs zu untersuchen und die Faktoren darzustellen, die als Ursachen für diesen Geburtenrückgang in Betracht kommen.

---

[3] W. MAIHOFER: Bevölkerungspolitik als Gesellschaftspolitik, Presse- und Informationsamt der Bundesregierung – Bulletin Nr. 96, Seite 98, Bonn, 21. August 1974.

Forschungs- und Sitzungsberichte
der Akademie für Raumforschung und Landesplanung

Band 104 (LAG Nordrhein-Westfalen 2):

Voraussetzungen und Auswirkungen landesplanerischer Funktionszuweisungen

Der gesamte Band umfaßt 133 Seiten; Format DIN B 5; 1975; Preis 34,– DM

Auslieferung

HERMANN SCHROEDEL VERLAG KG · HANNOVER